周蓓 主編

『民國專題史』叢書

(俄羅斯)博克老夫斯基 著 鬱文 譯

河南人民出版社

俄國大革命前史

是《一九〇五》一書的又一譯本。叙述了俄國大革命前夕，俄國的經濟、社會、政治和國際關係情況

圖書在版編目(CIP)數據

俄國大革命前史 / (俄羅斯)博克老夫斯基著; 鬱文譯. —鄭州 : 河南人民出版社, 2016. 4(2017. 1 重印)
(民國專題史叢書 / 周蓓主編)
ISBN 978-7-215-10053-4

Ⅰ. ①俄… Ⅱ. ①博… ②鬱… Ⅲ. ①1905 年俄國資産階級民主革命 Ⅳ. ①K512.44

中國版本圖書館 CIP 數據核字(2016)第 079724 號

河南人民出版社出版發行
(地址 : 鄭州市經五路 66 號　郵政編碼 : 450002　電話 : 65788063)
新華書店經銷　　河南新華印刷集團有限公司印刷
開本 710 毫米×1000 毫米　1/16　印張 24.75
字數 360 千字
2016 年 4 月第 1 版　　2017 年 1 月第 3 次印刷

定價 : 159.00 圓

出版前言

中國現代學術體系是在晚清西學東漸的大潮中逐步形成的。至民國初建，中央政治權威進一步分散和削弱，加之新文化運動帶給國人思想上的空前解放，新學的啓蒙，新知識分子的産生，民國學術如草長鶯飛，進入一個自由而蓬勃的時代。中國傳統學科乃中國學術之根基與菁華所在，民國學人采用“取今復古，别立新宗”之方法，引入西方的學術觀念，積極改造，使史學、文學等學科向現代學術方向轉型。此外，大力推介西方社會科學的新學科和自然科學，在學習、借鑒乃至移植西方現代學術話語和研究範式的過程中，逐漸建立中國現代學科，使中國的學科門類迅速擴展。一時間，新舊更迭，中西交流，百花齊放，萬壑争流，開創了中國現代學術的源頭。

伴隨知識轉型和研究範式轉换而來的，還有學術著作撰寫方式的創新。中國古代的著作向來以單篇流傳，經後人整理匯編後，方以成册成集的面目出現并持續傳播。直到十九世紀末，東西方的歷史編撰體裁不外乎多卷本的編年體、紀傳體和紀事本末體等，章節體的出現標志着近代西方學術規範的産生和新史學的興起。章節體具有依時間順序，按章節編排；因事立題，分篇綜論；既分門别類，又綜合通貫的特點。以章、節搭建起論述之框架，結構分明，邏輯清晰，較傳統的撰寫體裁容量大、系統性强。它的傳入，使中國現代學術體系從内容到形式被納入了全球化的軌道。民國時期專題史的研究、譯介、編纂、出版恰恰是在這樣的背景下欣欣而發，是學術的實驗場，也是歷史的記録儀。編選“民國專題史”叢書的初衷正是爲了從一個側面展示中國學術從傳統向現代過渡的歷史進程。

專題史是對一個學科歷史的總結，是學科入門的必備和學科研究的基礎，也是對一個時代艱深新鋭問題的解答，是學術研究的高點。民國專題史著作中，既包含通論某一學科全部或一時代（區域、國别）的變化過程的，又囊括對一時代或一問題作特殊研究的，還有少部分是對某一專題的史料進行收集的。原創與翻譯并重，翻譯的底本大多選擇該學科的代表著作或歐美大學普及教本，兼顧權威性和流行性，其中日本學者的論著占據了相當比重。日本與中國同屬東亞儒家文化圈，他們在接納西方學術思想和研究模式時，已作了某種消化與調適，從思維轉換的角度看，更便于中國借鑒和利用，他們的著作因而被時人廣泛引進。

與當代學術研究日趨專業化、專門化、專家化的"窄化"道路迥乎不同的是，中國傳統學術崇尚"學問主通不主專，貴通人不尚專家"的通識型治學門徑，處于過渡轉型期的民國學術在不同程度上保留了這種特徵。民國學術大師諸學科貫通一脉、上千年縱横捭闔之功力自不待冗言，外交家著倫理政治史、文學家著哲學史、化學家著戰争史等亦不乏其人，民國專題史研究呈現出開放、融通、跨界撰述的特點。與此同時必須看到，自晚清以來，中國的命運就在外侮屢犯、内亂頻仍的窘境中跌宕彷徨，民族存亡仿若命懸一綫。這股以創建學科、總結經驗、解决問題爲指歸的專題史出版風潮背後，包裹着民國學人企望以西學爲工具拯民族于衰微的探索精神，及以學術救亡的愛國之心。梁任公曾言："史學者，學問之最博大而最切要者也，國民之明鏡也，愛國心之源泉也。"這種位卑未敢忘憂國的歷史使命感和國民意識是今人無法漠視和遺忘的。

"民國專題史"叢書收録的範圍包括現代各個學科，不僅限于人文社會科學，學科分類以"民國總書目"的分科爲標準，計有哲學、宗教、社會、政治、法律、軍事、經濟、文化、藝術、教育、語言文字、中國文學、外國文學、中國歷史、西方史、自然科學、醫學、工業、交通共19個學科門類。本叢書分輯整理出版，内不分科，單本發行，方便讀者按需索驥。既可作爲大專院校圖書館、學術研究機構館藏之必備資源，也可滿足個人研讀或興趣之收藏。

與目前市場已有的一些專題史叢書相比，"民國專題史"叢書具有規模大、學科全、選本精、原版影印的特點。本叢書選目首重作者的首創、權威和著作影響力，尤其注重選本的稀見性。所謂稀見，即建國後没有再版，且多數圖書館没有收藏，或即便有收藏，也是歸于非公開的珍本之列予以保存，普通讀者難以借閱。部分圖書雖有電子版，但作爲學術研究的經典原著讀本，紙質版本更利于記憶和研究之用。本叢書精揀版本最早、品相最佳的原版圖書作爲底本，因而還具有很高的版本收藏價值。

"民國專題史"的著作是民國學者對于那個時代諸問題之探究，往往有獨到之處，無論其資料、觀點短長得失如何，要之在中國現代學術史的構建與發展進程中，自有其開宗立論之地位。

目　　錄

緒　言

我們要研究的俄國最近史(一八九七——一九二二)完全是關於一個偉大事件——俄國大革命——的準備與其最近的結果。因爲這次革命發生於一九一七年舊歷十月二十五日，推翻克倫斯基的政府，我們簡稱之曰十月革命。十月以前的事情是準備十月革命的歷史，以後是保障十月革命所得勝利的歷史，這種保障的工作自然到現在還未完結。假如我們把這件事忘掉，那麽烏洛夫斯克被殺一件事實，就足以提醒我們了。伊里基同志常以爲這個保障的工作比得到勝利還難。他在一九〇五年三月寫道：“假如俄國專制政府不能脫除困難，不但是地位動搖，并且被推翻了，那麼整個先進的階級須要多用革命的力量來保障這已得的勝利。”就是因爲這個緣故，伊里基同志在一九〇五年已經主張工農專政；就是因爲如此，他以爲這種專政是必要的。只是西歐無產階級得到最後的勝利時，我們才能提到這個專政的完結，我們才能把俄國大革命的歷史告個結束。

在這個大綱的第一二冊，我們研究過去的史事，現在我們要來解釋現在的史事了，這件工作也有便宜，也有困難。所謂便宜者，就是我們可以少敍述和解釋些純粹赤裸裸的事實。特別是十月革命本身，我們不必講解了；給兒童編教科書敘述事實是必要的，但是在成人讀的書中，就不同了；我敢大膽的斷定每個讀者差不多都親眼看見當時的事件。簡短的敍述，對於這種讀者也是無用的。有許多人自然還記得一九一四——一九一八年的帝國主義戰爭及一九〇五年無產階級和沙皇政府第一次爭鬥的事實；似乎在這本小書中也可以提一提，但是關於這一點已經有了托洛斯基的一九〇五年的完善的書。有了這本完善的書後，再重述那年的事實，簡直可說是贅瘤了。

但是說到"解釋"當時的事件，就是有了托洛斯基的書，也不算是多事；因爲他其中有些解釋，我們是不敢贊同的。說到此地，我們的地位和讀者就發生不便和困難了，解釋完全告終的事件是容易的；事的始終都排在我們眼前，一目瞭然。但是你若當着事件未完結時，述寫事實，你不得不隨事件之發展而變動。好像我們在山道行走，每個新的洞口，就呈現出新的景象，解釋未終的事件也是如此。新發生的事實使我們必得採用新的觀點，這種新觀點，從前想也沒想到過，我現在在讀者面前明白的承認：這個大綱第三册的緒言，我在一九二〇年十一月寫過一次，但是現在完全不適用，只得都拋棄了。只是有些事實，現在仍然取來。這幷非是說我現在改變了態度。當時我的思想和現在一樣；但是當時我以爲最重要的事，現在却以爲不是最重要的了。現在用的辭句和口氣和當時一樣，但有些新的意思加進去；這些新的意思，不是那時未想到，就是以爲不重要的。

親眼看見革命和親身參加革命的人所著的革命的歷史，有普通的所謂迴憶的價值，或者這類史書是議論的著作，著作者（有時已死的）和他的政治上的敵人解決了爭論的問題。說到此處，馬克思主義者比起資產階級的學者佔些便宜：我們有解釋所有事件的方法和鎖鑰，無論這些事是最近發生的也好，三千年前發生的也好；他們沒有這種方法和鎖鑰。在我們中間，或者也起爭論，但是我們所爭論的只是運用這個方法的對與不對的問題。就是關於解釋事實的問題，也能起這種爭端，讀者在這本書就可見到。但是我們爭論之後，還得要採用馬克思的方法。讀者大概都知道，大凡沒有完結的事件，我們不能給他一個最後的判斷。在歷史的進程中，新的變動可以揭出十月革命我們前時未曾注意到的新的方面來。或者把我們從前以為最要的事反使為不足注意的事實。

就是有了這些變動，有一點是不變的；無論你站在什麼觀點上，十月革命總是俄國的"大"革命。這是什麼意思呢？這種榮顯的尊號從前也加給沙皇過：如"大"彼得"大"愛加台爾林娜。但是現在我們所用的"大"字有種特別意義。革命的結果不是把舊制度推翻，就是投降於舊勢力之前，舊制度少微改良。當我們的資產階級敵人在一九〇五年的革命前他們也知道革命是一定發生的。他們所切望的是一件事：就是那次革命不是推翻舊制度的革命，而是革命失敗，舊制度稍加改革的革命。我們這些資產階級敵人爲淸楚起見，還引出例子證明：讓今次的革命和一八四八年的革命一樣，不要同一七八九年一樣。從這兩個例子我們可以明白大革命和非大革命的區別了。假設我們提到一八四八年的革命，是指一個法國未成功的工人運動（與我們的一九〇五年的革命相似），和普奧的所謂資產階級的革命。什麼是資產階級的革命和非資產階級的革命，關於這一點我們以後再說，現在先說說一八四八年和一七八九年的革命罷。一八四八年普奧的政府未被推倒：在奧大利，政府一時逃跑了，但不久又回去了；在普魯士，政府仍然未動。革命的結果是政府被逼迫的頒布了憲法（在奧大利不久就收回，只是二十年後才又恢復），這就是說只給了資產階級和富有的智識階級（普通所謂有產階級）一部分參政權。工農也參加過革命運動，得到很少的參政的權利；但大都是紙上的規定，未能見諸事實。一九〇五年俄國自由資產階級也是希望如此。這次的革命後，舊制度的基礎——專制政府，貴族階級，官僚統治——絲毫未曾變動。革命只是動搖了政權，而未推翻他。但一七八九年法國的革命就與此不同了，他是推翻舊政權的革命的起首。已經在一七八九年，國王實際上就實行了資產階級的國民會議的要求。以後的爭鬬只反對大資產階級和與他聯合的貴族僧侶的餘孽（大部分的貴族逃往國外）。在這次爭鬥當中，君權正式的推翻（一七九二年八月十日），改稱共和，不久卽成了城市小資產階級和農民的民主的政府了（一七九三的憲法）。

這次革命把舊制度的上層階級完全掃除了。特權階級與腐舊的官僚隨國王一起倒了；僧侶藏在地窖去了。在這一方面法國革命比我們的革命更進一步。法國革命似乎把外面的東西掃除的乾淨些，改變的多些。例如我們還襲用舊曆，在法國改稱共和以後，卽採用新歷了。月日都有新的名稱。但這都是形式上的變更。法國剷除了腐敗的上層階級，但未曾絲毫變動下層凡庸的階級：土地和生產工具私有一點沒敢觸犯。大部分貴族和教堂的土地沒收，不是依據普遍的法律，而是根於某種特殊的情形：譬如有些土地沒收，是因爲地主跑往外國。沒收的土地不是分給勞動者，而是賣給革命造成的新的資產階級，然後又高價轉賣給農民，勞動的狀況不但未曾改善，反而因革命更壞了。例如罷工之禁止，同時廠主保有所有權利。工廠未曾收歸國有。大部分是手工業者和農民的勞動羣衆們——那時工人還未單成一階級——取到政權後，沒有始終保持政權的決心。指導他們的資產智識階級——與我們的社會革命黨左派一樣——只是整天的說什麼土地法恐嚇資產階級，但實際上對於所謂神聖不可侵犯的財產權還是有一種莫明其妙的恐懼心理。其結果是勞動階級專政，在法國的時期特別的短。在一七九三年六月初旬握到的政權，到了一七九四年七月二十七日（按革命的年曆是七月——Termedor——九日）他們的首領羅波斯比爾——就被推翻了；爲資產階級的黨派（和我們的右派社會革命黨和立憲民主黨相當）處以死刑，不久卽取消了民主共和制，恢復了資產階級的統治（恢復了財產限制的選舉法）。純粹的革命的政權在法國只存在了十四個月。

如此說來，法國大革命比俄國革命緩和，時間快些而時期短些。這兩件事是有密切關繫的。爲什麽羅波斯比爾失敗了呢？因爲在起初民衆雖然竭力愛戴他——他當時和伊利琪（列寧名）同樣的有名——但是到了後來，他們不幫助他了，因爲他們看見革命的專政沒有一點用處。所有的富豪，商人，廠主，投機巨商，以至大地主，他們是被屈服而承認共和制的，但是他們的地位絲毫未變，不過更較前富庶了。所有革命的費用都是人民担負。所以民衆終究絕望，倦於奮鬥，這是不足奇的。因此法國革命的專政存在尙不到一年半；而我們的勞農專政已存在了八年了。

如此說來，歐洲過去最大的革命還不及俄國革命之深烈。我們要可靠的評衡；我們親眼看過和親身參加過的事件時，必得把這件事實記着。假設一七八九——一七九四法國革命可稱爲大革命，那麽我們的革命更加可以享得這個名稱了。

法國大革命這個例子同時也可解答上邊提到的別個問題：資產階級和非資產階級革命的問題。"資產階級革命"這個名辭有兩個意義：可以指造成資產社會所必須的條件的革命，也可以指資產階級所指導的革命。第一種意義的資產階級革命，就是一九〇五——一九〇七年一類的革命，特別是布爾塞維克這般解釋。門塞維克以爲這類革命是第二種意義的資產階級的革命，特別是蒲列漢諾夫如此解釋，他主張無產階級應以全力幫助"從事"革命的資產階級。

法國革命是資產階級的革命，也有兩個意義。第一：法國革命把從前法國所有阻礙資本主義工業發展的障礙都掃除了。舊法國的國家和社會四分五裂，統一的障礙很多。各省的稅制各不相同；譬如若不得省長的允准，粮米不能從一省運往別省。在各省中，都有他自己的法律，存在至數百年之久，這就是說這些法律和近代的資本主義的貨物流通不相適應。在各個鄉村中間有千種百樣的地主和敎堂的"特權"也是存在了數時代而毫無意義的（譬如農民須負嚇靜地主池中的蛤蟆的責任，不要讓他們嚷醒地主）。自然哪，因爲這類特權太無理，無人肯自由的享受這類特權，但是農民必得贖免他；這樣大部分農民的剩餘產物就落到地主和僧侶手中去了，就落到不生產的階級手中去了。這類"特權"給勞農階級很大的担負，所以在一七八九年革命起始時，就提出"廢除特權"的口號來了。

假設我們說各省的自訂的特權，阻礙商業之發展和一般的投資，那麼使農民破產的特權階級的特權(農民幾時不作工，就沒有飯吃)，更妨礙國內市場的統一了；沒有統一的市場，大的資本主義生產無從發展。若是要法國的資本主義發展，必須廢除這些特權；這件工作，革命已經完成了。革命破壞了中世紀式的省分，代替了現時的近代的純粹是行政區域的省區，組織一律，彼此莫有障礙。所有於地主和僧侶有利的都已廢除。在上面我們提到的國民會議也是要想讓農民贖免最重要的特權，這也是革命繼續進行和建設勞動階級專政的原因。不付任何贖價廢除舊有的特權，可說是民主共和給法國農民重大的儥物。革命之後，農民變成了小地主，而法國工業最後也得到了廣大的國內市場。

從上邊我們可以知道，法國革命實際上只是把妨礙法國資本主義發展的障礙除掉而已；我們還許記得，資本主義的基礎，土地和生產工具的私有，他絲毫未敢觸犯。正是因此，在法國革命的時候充滿了資產階級的思想。被革命潮流所湧出的幾個社會主義者，不能不出來謀反，反對革命政府，他們因此也就被政府處死了。可是他們出來的太晚了，只是在推翻羅波斯比爾之後。羅波斯比爾雖然自己有時談談社會主義，但是不喜歡社會主義者，很殘忍的把所有想觸犯神聖財產權的人都一一殺死。

從此可知，法國革命無論從那方面看，也是個資產階級的革命了。一八四八——四九的德國"非大"革命也是這樣的革命，俄國大革命是不是這種革命呢？第一要問：當時在俄國有沒有像革命前法國一樣妨礙資本主義發展的障礙呢？有的，但是非常之少。阻止商業發展和投資的地方省區的特權在俄國廿世紀初以前就沒有了。俄國商業資本主義，在此時已給他的弟弟——工業資本主義——開闢出道路來了。若說到特權階級的特權，那最大的特權所謂農奴蓄有權，我們已經知道，在一八六一年就廢除了。其所餘下的痕跡仍爲俄國農民和資本主義的鎖鍊。最大的痕跡，就是把農民强縛在農村公社內，在農村公社裏邊，還存在着"連環保"這一種制度。關於妨礙俄國資本主義發展的封建餘痕，我們可以引幾個數目來證明：俄國最重要的四種麥子（黑麥，小麥，蕎麥，大麥）的出產，在一八七〇——一八九〇，廿年之間共總增加了百分之十五：從二萬七千萬俄斗增到三萬一千二百萬俄斗，但在此時期俄國人口增加到一倍半。因此“解放運動”所給的刺激不久就消滅了。若說我們的工業在此時仍是繼續發展，這只是一半因爲鐵路之建築，一半因爲鄉村自然經濟之破壞和農民之破產罷了。像捷爾諾瑟夫斯克已經在一八六一年所預言的，農民此時不在家自己織布——什麼東西也不織——而買工廠製造的布了。

我們從此可以明白革命也是把俄國的“特權”廢除。但是俄國革命和法國的大革命有很大的區別的。法國革命時，就是所謂革命的政權——國民會議——還沒肯把特權自然的廢除了；但是在俄國就是舊沙皇政府還不很愛惜的鄉間封建制度的殘餘與“連環保”的制度，在革命前一九〇三年就廢除了；後受一九〇五年的革命的影響，把鄉村的農村公社完全掃除。所以我們的革命發生，立時就提出法國革命時所不敢提出的問題來：沒收所有大的私有土地歸還耕種土地的人——農民。布爾塞維克已經在一九〇六年提出土地國有的計畫（列寧在一九〇五年秋，就寫到這一層）；在一九一七年十月革命剛得到最後勝利時，就頒布"土地法"，但是法國革命者只拿着這種土地法嚇嚇小孩子。法國革命時所不敢完成的，才是俄國革命開始的工作。沒收一切大財產，這雖不是社會主義，但是給所謂神聖財產權很大的打擊，此事在資產階級的社會中，未曾發生過。俄國革命也同資產階級革命一樣，也是有界限的革命——到了一定界限就不前進了。

我們是知道的，我們並不只限於土地國有，就完了——一九一八年所有的大工業企業都收歸國有這顯然無疑是比最急進的資產階級革命進步的多了，因爲他的目的，只是自由無礙的私人資產的積蓄，並不是把私人的資本變爲國產。只是社會主義者，時時處處要求私產收歸國有；沒有一個資產階級的革命者，能提出這樣的要求來。和我們爭鬥的資產階級，如我們的白黨與外國的協約諸國的資產階級，他們的口號是工業的私有，國家企業歸還合法的物主。只是反革命派這一個口號，就能夠證明我們革命的這一部分是社會主義的革命了。

我們革命的思想（理論）也是社會主義的；雖然是資產階級的革命者，也挂上社會主義的幌子，也效法我們，頂上社會主義者的招牌。民粹派的社會主義者，就是這類人；其實他們不過是資產階級的民主派罷了。我們的資產階級的民主左派還敢取上"社會革命黨"的名字；只是他們取到政權後而一步也沒向社會主義方面作去，於是人人就明白他是欺人的了。就是這類人的欺騙也是很有趣的表現出來；在古時他們就要作皇帝，但是在二十世紀的俄國，這些騙子就自稱作社會主義者。

我們的革命是資產階級的革命，同時也是社會主義的革命，但是其中社會主義的成分佔大多數。社會主義分子領導革命運動，而與以社會主義的理論，若是有人提到我們的革命，他一定是聯想到社會主義的理論，而不是資產階級德謨克拉西的理論。在十月革命前，民衆對"共和國"口號的態度上就很好表現出這個事實出來。你們還記得法人宣佈共和後就改用新歷了。可是誰記得我們那日宣佈的共和呢？我可以告訴你一個新鮮事罷，在一九一七年九月宣佈的。這一天沒人完全記得。我們沒有人需要資產階級的共和。

因此我們的資產階級對於革命的態度和法國的資產階級不同，這是自然的事。在法國一七八九年夏天，資產階級開始攻擊君權，決意不屈服於君權之下；後受暴動的羣衆之助，使君主屈服於他們的國民會議之下。但是我們的資產階級，時時和專制政府勾結，民衆運動高漲時，他們就從政府多得些便宜；但是領導民衆的可不是資產階級。當着城市的民衆——無產階級——在一九〇五年十二月被摧殘後，很難說誰得到的勝利大，——資產階級，還是專制政府與其走狗呢？

當着資產階級沒隄防，專制政府於一九一七年舊歷二月被無產階級推翻時，資產階級在只要能得保護舊制度的地方就用盡全力保護舊制度。在這裏比較比較一九一七年，俄國資產階級的行爲和一七八九年法國資產階級的行爲是很有益的事。當時極左的資產階級政黨——和我們的立憲民主黨相當——是很明顯的共和黨，在起首還領導過民主運動；皇室推倒，只在革命六週後立卽召集了憲法會議——康文梯——（皇室一七九二年六月十日倒的，康文梯在九月廿號開幕）。當着革命要想觸犯"神聖的財產權"時，法國當時的資產階級就專注向經濟的問題了。在一九一七年二月後，顯然是另一種的資產階級，就竭力救護專制政府。只是他們看出新國王半時也不能登王殿，不待受加冕禮，人們就能把他推倒，到這時才在口頭上贊成共和。在實際上，資產階級在可能的範圍內還是掣制共和國的建設，遲延召集憲法會議，似乎在俄國一九一七年，有鐵路和電報時召集憲法會議比法國一七九二年行走只是乘馬，通信只有郵局召集還要難似的。在革命勝利時起，俄國資產階級就公然的變成反革命的反動勢力了。一件必須作的事，就是怎樣使俄國的革命不要走出資產階級革命的範圍。法國革命不能讓財產在跑在外國與外國商議怎樣攻打革命的法國的反革命的地主手中，一樣的，俄國革命也不能讓工廠在與各國公使會議怎樣撲滅工農運動的反革命的資本家手中；設若就是領導革命的無產階級不提出社會主義的口號，爲了純粹的政治目的，也能把大工業機關收爲國有作與反動的資產階級爭鬥的方法。社會主義的理論可以證明什麽是政治上必須的事。

我們還可以加上一句，就是除政治的需要外，還有經濟的需要。因戰爭而生的農村經濟的破壞（小白麥在一九一五——一九一七之間的生產減少百分之四十，黑麥在此時期減少百分之三十）和運輸的破壞，完全改變了農產品的價格（特別是食物）和工業製造物價格的平常關係。在和平時期，四蒲特白麥粉可換一雙鞋，但戰時一個半蒲特就可換一雙鞋了。工人藉以養生的食物，比他製造的產品在市場上的價格貴。現在業主不是減少工資使工人挨餓，保存自己的利益——但是正得到政治勝利的工人不允許這一着——就是暫時犧牲利潤把工廠關閉了。假設無產階級在十月得不到勝利，那麼就能發生歷史上以前所未有的廣大的閉廠和資本家辭退多數工人的事情。就是要保存一部分俄國工業，必須得把大小工廠給與不需要利錢而從自己腰包掏錢付工資的業主手中去。但是這類業主只是政府。所以要明白的，不但指導者主觀環境，就是事實的客觀環境也使俄國的革命不得不是社會主義的革命。

但是，不是一時就能成社會主義革命的。我們現在所述的物質條件在一九一七年前就漸漸完備。我們可以說，俄國革命在一九〇五年正月九——二二號，就開始存在了。俄國革命第一次爆發，還是在資產階級口號之下——憲法會議和民主共和。在實際上，一九〇五年的革命，結果並未實行這些口號，我們可以說，在俄國當時，也同一八四八年德國一樣，專制政府能以憲法從革命中買出來。 只是第二次革命，專制政府才最後的被推翻了。 俄國革命走過兩個階段，於是我們也能有根據的把以後我們的研究分爲二部。 第一部的材料是一九〇五年的革命及其最近的原因與直接的結果。 第二部的材料是：工人運動的復興，——自一九一〇——一九一二年——歐戰及第二次革命。

第一章

第一次革命時期的經濟狀況

（一九〇〇——一九一〇）

要了解一九〇五 —— 一九〇七年第一次俄國的革命，就必須詳細的去研究二十世紀最初十年間的經濟環境。

俄國半封建的制度一直存留到二十世紀，其原因並不單在地主與他們的政府的有意識的力量。 假使這種力量，能夠得到成功，那是由於重新世界市場的低廉的麵包的價格。最容易表示出這一點的，就是土地價格的變更。自六十年代起，在黑土的各省如像阿爾洛夫斯基，都利斯基，加察斯基，達姆波夫斯基，佩謝斯基，弗羅聶斯基與梏爾斯基等，土地的價格不斷的增高。在八十年代，一俄畝值105盧布，在八十三年時就增加到145盧布了。但是在1889年阿爾洛夫斯基省，一俄畝祇值116盧布了。在弗羅聶斯基與佩謝斯基等省，也是同樣的情形。在弗羅聶斯基省，土地價格從1860年每俄畝54盧布，1883年每俄畝133盧布，至1889年跌落到每俄畝124盧布。在佩謝斯基省，1860年每俄畝36盧布，1883年100盧布，至1889年跌落到80盧布。

在這時期的土地的最大的買主是誰呢？自然是農民了。這從地主中農民數量在1878年爲5•46%，在1900年爲19•5%的增加，就完全表明出來了。土地價格跌落不過指示出購買土地的大主顧——農民——因爲低廉的麵包的價格的壓迫，不能不停止他們的購買。所以1890年時，俄國的鄉村，進了一個停頓時代，正像在尼古拉一世時一樣。它所表現的現象，也正像1840年時代所表現的一樣。但是1840年起，世界市場上麵包的價格，又開始高漲。如若1893——97年間麵包的價格爲100，那末1898——1904年間爲122，1905——12年增加到165了。

在二十世紀最初的十年內，麵包的價格增加到了很高的程度，超過了1825年十二月十四日，1861年二月十九日以前的價格。世界市場的條件，又恢復了從前的情形，而且比從前更加穩定了。1861年前，麵包的價格不及現在到達的百分之六十五。那時最高的程度，也不過等於現在的百分之二十至百分之二十五。這是因爲在十九世紀之末，北美合衆國比十九世紀中葉更其劇烈的增加了麵包的輸出，差不多歐洲麵包需要總量的百分之五十二，都由美國來供給。但是在1908——1912年間，美國祗能供給百分之十八了。這當然並不是由於美國農業的衰落，而是由於在美國產生了各種在七十年代從未有過的現象，如像大工業的長足的發展，與需要購買麵包的無產階級數量的增加。這種變遷決定了世界市場的條件，並且更充分的解釋了二十世紀最初十年中俄國鄉村內所發生的情形。這是很明白的，麵包價格的提高，俄國麵包的出產量也增加，而且耕種麥子的土地也擴大了。 如若我們假定在二十世紀最初的四年內耕種麥子的土地爲100，那未在1909——13年間的五年內，該項土地就增加到了110。 此外更在大麥與小麥出產量的比例上，我們可以看出同樣的情形（我們知道，我們自己吃的是大麥，小麥是預備出賣的）。 在我們所說的最初四年內，大麥佔全部耕種土地的31%，1909——13年的五年內就減低至28%，而小麥的耕種地却從百分之18•6%，增加到21•4%。

換一句話說，麵包的生產量不但它本身絕對的增加，而且變成更其商品化了，這就是說更多量的麵包的生產是爲了出賣的。 在最後的五年內，麵包的生產量從5，500,000,000蒲特增加到6,200,000,000蒲特。 從1877年到1898年的二十五年內，麵包的生產量不過增加了15%，現在只有八年功夫，就增加了23%。 你們想想世界市場的條件的變遷，給與俄國鄉村經濟的推動力是如何的大！

依據統計——當然是不十分正確的統計——耕種麥子的土地的92•1%是屬於農民的，祇有7•9%是屬於大地主的。

這樣說來，麵包的生產大部是屬於農民經濟方面的。在市場上出賣的1,100,000,000蒲特的麵包的商品，其中屬於農民的有78•4%。 可是你們從這裏可以看出農民耕種的土地的數量與麵包出產量的相差。 他們耕種麵包的土地是佔了全部的92•1%，而出賣的麵包却祇佔了78•4%。 這兩個數目字，不是不相符合嗎？

這種相差是由於農民土地的收成額比較低下的緣故。 如若我們把1861——71年的收成額爲100，那我們就可以得到如下的統計：——

年代	農民土地的收成額	大地主的收成額
70	107	112
80	117	127
90	134	142
900	148	164

你們看，農民用了種種的力量跟在地主的後面。 農民的經濟，雖然也是進步的，可是它比了地主的經濟總是落後的。 這是什麽原因呢？第一個理由我們所能想到的，就是地主的土地所用的耕種方法比較的進步。 但是我們知道，全俄羅斯地主所有的 70,000,000 俄畝的土

地，其中用比較進步的耕種方法的，祇有 3,000,000 俄畝。這樣少的百分數，對於農民與地主麵包生產量的差別，不能有怎樣大的影響。

我們知道這並不是因爲地主能更好的耕種他們的土地（這不過是偶然的事，而且也不是因爲他們的土地的肥沃，而是因爲他們的土地接近於大都市的便利）；而是因爲大地主在"解放"之下，從農民那裏拿去了最好的土地，所以結果農民總是落在地主的後面。而國內國外麵包市場的供給大都支持在農民的肩上，最大的利益自然給地主拿去了。

農民用盡了他們所有的一切力量，把在1861年時認爲不便利於耕種的土地與草坪都開墾了，可是他們總是追不上地主，他們看見地主田裏，蓋滿茂盛的麥子，心上眞是十分的焦急。他們固然可以購買地主的土地，可是地主們當麵包可以賣到好價時，即抬高土地的價格，致農民無力購買。如若我們把1900年土地的價格作爲 100，那末在哈利哥夫斯基省的土地在1898年爲85，在1902年爲132。在苦爾斯基省的土地，在1898年爲122，在1902年爲207。

其實地主從自己的土地能夠得到好的收入，肯把土地賣給農民嗎?他想更好是耕種自己的土地，個別的去剝削農民。這裏就表示出農民對地主的關係的眞實影響了。農民和地主間有了衝突，這種衝突就是生產領域中的衝突，無論如何是不能消滅的。地主妨害了農民為市場生產麵包，農民的經濟是不能夠發展了，因為地主阻碍着他。這兩種經濟，勢不兩立，要別一個生存，這一個就要死亡。

我們看，俄國資本主義的發展中，農民和地主間衝突的性質是怎樣的變化:從前是貴族和農民間的等級衝突。後來經濟方面把這種法律方面的等級消滅了。現在經濟方面出現的是有特許權的大生產者和沒有特許權的小生產者間的爭鬥了。這種法律方面的特許權就是封建時代所完全爭論的。實際上，農民不僅反對封建制度的遺孽，而且反對新發生的農業資本主義。可是農民這樣的起來反對資本主義，並不是為了鄉村經濟的社會主義，而是為了他自己私有資產的小經濟。由此可知:農民本身不是社會主義者，而是無產階級建設社會主義的同盟者，這是為客觀(不管他願意與否)所證明了。

這當然是反映了農民運動的階級性。但是關於這個問題，下面再說。現在要說市場條件變更的別個結果。

市場條件的變更，不僅僅是反映在農村的命運上。俄國本國資本的積纍，主要的是麵包的輸出：在麵包價格低落的時期，積纍是非常之慢的，這是必然的。在十九世紀最後的二十年間，假使沒有外國資本的流入，則經濟就要完全停頓了。在1893——96年的四年間，每年全俄輸出的平均價值是6,614,000,000盧布，而這四年的積纍是104,000,000盧布。在1905——08年的四年間，雖然這個時候發生了革命和恐慌，每年平均輸出的數目是1,055,000,000 盧布。這裏麵包價格的高漲有怎樣的作用：假使我們把麵包輸出的蒲特增加方面和金盧布價格高漲方面比較一下，就可知道了。1900年俄國輸出的麵包是4,188,000,000蒲特，1910年是 8,471,000,000 蒲特。若使我們假定1900年的輸出是100，則1910年就是196。1900年所有輸出的麵包是值3,047,000,000盧布，而1910年是7,353,000,000盧布；若使我們假定第一個數目是100，則第二個數目就是245。這就是麵包的輸出少了兩倍，而從輸出所得到的收入要大兩倍半。

積槊顯然是很快的，這是二十世紀最初十年間很奇特的現象，這個可以叫做“俄國的國有資本主義”。十九世紀末葉，俄國的工業大都由外國資本生存的；本國資本只佔所有工業的百分之二十一，其餘的都是外國資本。但是到了1901——1904年，俄國工業中的外國資本只有182,000,000盧布了，而俄國資本只有209,000,000。在這最初十年代的末後，外國資本在俄國工業中的作用幾乎完全失去了；1910年所有外國公司(有十七個公司)的資本只有337,000,000盧布，那個時候俄國的資本由181,000,000盧布增到1,904,000,000，增加了六倍。這種不是用國家借款的和外國資本的俄國工業，就可叫做“祖國的工業”。

若在鄉村中麵包價格增漲的政治影響，爲農民和地主間衝突的增劇，則尙有同樣明顯的其他政治影響，卽資產階級對於政府態度的改變。從昂格斯時代起，愈到歐洲東部，資產階級愈落後，已成很顯著的事實。俄國資產階級的落後，俄國黨在第一次宣言中就指出了。這種進步的落後，到底是那些神奇的原因呢？豈是俄國資產階級的血統中有這種性質嗎?不是的,這全是經濟的原因。俄國資本的積累,是靠外國的借貸。就是那些名義上算是俄國的本國企業,也有一部分的資本,是由政府向外國借貸,而津貼與各企業的,但這種外國資本,是借給政府,而不是借給私人企業的;你要反叛政府,你就沒有津貼,——這就須俄國資本家自己已經有了積累。在1905年俄國第一次革命時,外國資本輸入俄國,實是大大減少竟至停頓,於是外人開始出售俄國債劵,而獲巨利。在這幾年內,俄國資產階級與政府間起了很大的爭執;而在從前俄國資產階級從未敢與沙皇爭執,如這幾年的樣子。假如我們將與從西方流入俄國的黃金河的枯涸同時發生的一個重要事實忽略了,則我們將無從明白以上的情形。這個重要事實,就是黃金已從俄國本土內源源採出。從1,800,000,000金盧布(1897)增至4,500,000,000金盧布(1812),因之資產階級的重要,也成正比例的增加。企業家已得更自由,更强大了。好在麵包價格的漲高,農產物得與工業品的價格,維持平衡,若是穀價仍和十九世紀末一樣,則工業的生產力,將遠出農業之上。

假使俄國的資本主義在十九世紀末葉比在十九世紀

中葉要更發達呢，那麼在二十世紀初比十九世紀末更要發達兩倍半了。但羅馬諾夫皇朝盡力地保持着1861年時政府所施用的政策；單就這個事實，雖不精細，已足解釋1905年的革命。俄國工業的發展，速度非常之快，他發展的性質正像美國，而比歐洲各國爲速，且拿僱用不到一百零二人的最小企業來看，在二十世紀初，俄國只有10%的工人在這些企業中做工，而在德國則有22%。若拿僱用五百至一千二百人的大企業來看，在俄國爲10%的工人，而在德國爲6%。最後看那僱用一千以上工人的大工廠，在德國爲8%的工人，而在俄國則足有24%。俄國在二十世紀初，生產集中，比德國還高。俄國工業資本主義的結構，在歐洲算是最進步的形式。而當時俄國的政治結構，只適用於商業資本主義，而不適用於工業資本主義；却將新興工業，硬要放在這舊的政治形式之內。

但是俄國工業資本主義比較的完善，就產生了俄國資產階級從自由主義轉變到革命主義的障礙。工業的大發展，促企業家剝削工人的利益更加厲害，階級的矛盾亦更加銳利。

要說明這種現象，最好拿俄國驟然的工業生產中的工人狀況與漸進發展的資本主義國家如英國的工人狀況相比較一下。

假設英國工人在1880年獲得的工資爲100，則1900年就增到178，就是增高了半倍多。假如1880年英國的價格爲100，但在1900年時爲97。這樣貨幣工資增漲而生活品的價格降低，就是說英國工人眞實工資或生活狀况在這十五年後改良了。英國資本家是增加了工人的工資了。他從那裏得來的呢？難道由於他的仁愛，從他自己的荷包裏塡出的嗎？近似如此，實則不然。英國資本家對於工人的剝削當然只有增加沒有減少的。企業家利用勞動生產力之改良，只拿了生產品價格的少部分給與工人，而大部分却留給自己。1819——21年間，英國每磅棉花的製造工資是十五個半辨士，1880——1882年祇要兩辨士又三，幾乎要減少了七倍。在第一期內工人每年製出322金鎊貨物，第二時期是4,030金鎊，因此工資自然增加了。這種情形是怎樣達到的呢？自然是生產工具的改良與機器的發明：那個時期，英國機器在世界上是最先出現了。而英國工廠的生產品在世界上也最先實現了。　英國在十九世紀壟斷全世界的市場，販賣於各地，而定價方法，一方使其他資本主義不能抵抗，他方面給與工人的甚微。祗有在與德國競爭的影響之下，才變更了政策，他開始失了世界商場的霸權，英國勞動者和他的廠主的關係，很快的就破壞了。這種情形我們在他的地位中可以看出。

但是，你們說：這樣主人給予工人的，雖不是從自己腰包裏塡出而取之於他人的，而也不是爲怎樣貪慾吧？爲完全明白起見，可以這樣說：事實強迫英國企業家走到似仁愛的而不是眞正仁愛罷了。

事實是如此：當十九世紀前半期，英國人口增加非常之快，（1821——1841年的二十年間，由一千二百萬增到一千六百萬，增了三分之一）同時北美合衆國和英國殖民地（加拿大，澳洲）的經濟也照例地發展，增加了勞動者的需要，英國的"剩餘人口"就向那裏移殖。1853——1906年從英國本國移民的數目有5,500,000人以上，在二十世紀初，英國這種移民還未減少，如1903年移殖爲178,000人，1806年爲220,000人。

在十九世紀上半期，英國勞動者是很多的，所以工廠廠主可以不客氣的對待他們，但愈後來，就愈想設法使工人不離開去，如此祗有“引誘”工人了。這就是英國資本家的“自由”和“仁愛”的經濟層；英國的工人沒有認識自己的企業家壓迫的工具，這種工具是歐洲大陸工人中所沒有受到的。

俄國這樣情形是完全沒有的，在十九世紀末，俄國的企業家是想不到爲他做工的工人的數量是否永遠足夠的問題。農民的無產階級化，就是“勞動後備軍”的形成，是愈趨愈快了，這些例子，我們已經見過了，現還有別個例子。在1888——1893年中，中部黑土帶的九省農村所有的馬匹減少25%（自4,000,000匹減到931,000匹），在十九世紀六十年代每千人耕種土地爲825俄畝，至1900年只有547畝了。農民向西北利亞的移殖，因爲與地主利益有損，遂受官廳的阻止；蓋地主不願喪失廉價的勞力和豐厚的租銀。於是“自由”的向西北利亞遷徙，在1890年有五分之四是如此去的。但是這種“自由”的遷徙於西北利亞的過程中，孩童竟無一個活着，大半的成年人都死亡於途次，這種恐怖情況，是窮困與失望驅策他們去嘗試的。惟有小康的農民，有積蓄的和有糧草的，非無產階級，才多少得着比較的安全。農村的無產階級甯願競爭去做傭傭，能夠進到工廠裏作工算是幸運。衰落的農村，凡遇到附近開設工廠了，往往能恢復原狀。所以移殖西比利亞者，幾乎沒有一個從工業省區來的，這是無足怪的。

據當時二十一省的統計，至少有5,000,000過剩工人的數目，在農業上找不着什麼工作。在工業區域的工人總數，約爲2,500,000人；所以"產業後備軍"的人數比常備軍的人數要多百分之百。在這種情形之下，工廠主往往自己認爲，就是農村中求得工作做的工人也認爲"恩主"，如果多少給他們一點錢。這種情形我們在莫斯科或在莫斯科省可以看見的。所以俄國的工廠主用不着去怎樣"餌誘"工人，祇要給他們一些工資就好了，這也不足怪的，假使我們拿 1892 年俄國工廠工人的工資當作100，則一九○二年的工資增爲105。同時我們再拿十九世紀九十年代的麵包價格爲100，則一九○二年的價格爲125。所以實際上俄國工人的眞實工資減低了。英國工人的生活遮蔽了英國資產階級的剝削面目，而俄國工人的生活在每分鐘的時候都使他想到資產階級殘酷的剝削。 所以俄國工人只要一覺悟了，瞭解了本階級的利益，就成爲一個革命者；俄國的“覺悟工人”和“革命者”是一而二，二而一，是毫不足怪的。

第二章

工業的危機和工人羣衆的運動

俄國工人羣衆的這樣情形，早已在一八九〇年代中間，發出了一些的政治結果。在一八九五年至一八九七年間，罷工的次數，依工廠監督的統計，已增加到兩倍了。一八九五年末後，財政部長秘密通知工廠監督，說："在俄國並沒有像西方那樣的工人階級的存在，所以現今也沒有勞動問題的存在，並且這個那個的問題，在我國將來不至於'也不能'發生。——只要工廠監督好好地注意，就得了。” 不到兩年後，內務部長又密祕通知各省長說：“在許多有多數工人的城市中，大小工廠和作坊的工人，簡直拿着罷工，當作家常便飯，以後應該特別的注意工人中的所謂‘自衛隊’。” ——就這最富於革命性的工人組織，他們以威嚇和武力的手段去強迫一般意志薄弱的工人一同罷工，或者阻止希望復工的工人，並且他們對於那種鼓動夥計們停止罷工的，在警察前或在工廠管理部前告發罷工首領的嫌疑工人，用種種暴力去對待，以至於謀殺他們。

我們引用這兩段話，並不是表明說這是實在情形正確的表現 —— 財政和內務兩總長都是寫的明顯的廢話 ——我們不過拿來作一個例子，來說明在當時罷工給了沙皇政府什麼印象罷了。 在這二年中間他們都說俄國沒有任何的工人運動，但兩年以後，他們就嚷全俄都傳遍了工人的運動了。 一八九六年五月到六月間當着尼古拉第二行加冕禮時，彼得格拉大罷工，給了總長們一個大的驚惶（尼古拉第二的加冕却是罷工的一個直接的原因：在慶祝的時候，工廠停工，工人要求這個責任不在自己的“賦閑”時候的工資，但這種要求竟被廠主拒絕了）。

據當時官廳方面的消息，罷工波及十九個工廠，工人參加的約一萬五千人；在聖彼得堡罷工人數計有三萬五千人。政府方面消息聲稱，彼得堡別的工人"袖手旁觀"沒有參與大膽放恣罷工的紡織工人：然工人聲稱，此次罷工之所以能支持到這樣長久者，（有些工廠罷工兩週以上，大部分都是一星期以上，）全靠彼得格拉的五金工廠工人把他們自己的工資來幫助罷工工人。在這次罷工時，"爭鬥勞動階級解放同盟""勞動聯合會""莫斯科工人聯合會"曾發表了二十五通宣言。

此外，政府更恐怖覺悟運動的別的表現。那時內務部對於一八九六——九七年的罷工公文上寫着："工人提出全體一致的正式要求，一起堅決的去進行這種要求，罷工工人能維持對外的秩序與沈靜，這都是這些罷工的特色。"

罷工能維持對外的秩序與沈靜，特別使他們恐慌，因爲把慣於"彈壓"工人"騷動"，的警卒置於很難的地位。只要兵士服從，"彈壓"就能繼續進行，於是在九十年代中間就鼓勵兵士高興作這些勾當了。一八九五年四月在雅羅斯拉夫爾城考爾子金的作坊罷工。發生了騷動之事，就是工人大批的集合起來了。 如是省長就把充當雅羅斯拉夫爾城守備隊的擲彈團調集起來，鎗殺了十三個工人。 才登位不到一年的尼古拉第二在上諭上說："我很滿意雅羅斯拉夫爾工廠罷工時軍隊的措置"。 但看這個沙皇又開始屠殺工人了！其後，這種沙皇的"賜謝"就很迅速的又給莫斯科軍區一切的軍隊了，——意在訓導和鼓勵！其所以在此我們應當加上一句，鎗殺罷工工人也不是尼古拉第二的政府他自己想出來的，他的聯盟者法國資產階級，在這一點上是他的老師。 在法國罷工的時候，軍警的唯一的策略就是用各種挑戰方法對付工人。有南方的一觸即發的性情，所以很容易受他們的圈套，罷工的工人只要擲石子到軍警隊伍中間去，這就引起對方開起鎗來，"騷動"一發就是拘捕放逐了。 我們也易於採取這種簡單的方法。 但假使工人們不願意有什麼騷動的時候，那他們又怎樣對付工人們呢？

一八九六年聖彼得堡的罷工，給當局一個重大深刻的印象，於是他就決意滿足罷工工人的根本要求——在俄國史上是第一次。 要求發給加冕禮時假日的工資。這不過僅僅是罷工的運動罷了，以後工人就提出共同的要求來；其中第一條就是工作時間的減少。那時紡織工廠工作日很長，竟達十四小時之多。聖彼得堡織工，要求工作日減至十時半。（一八九七年六月二日的法案規定全俄實行十一小時半的工作日。）廠主們一定要用超過規定的工作日，所以法案等於虛設，但是罷工要求出來的法案在二十世紀的俄國憲法上，實際上正是同從前一樣。

假使減少工作時間，還可和工廠主磋商，這也是不容易的事：在討論一個新法案的委員會上，廠主們都說這個法案給了俄國工業什麼的担負，並引據法國等要使他增加工資，簡直不可能。大多數的罷工，就是發生於工資的問題。就如一八九六年的彼得堡大罷工的近因，也是爲此，這是我們所見到的。依工廠監督處的統計，在一八九五年到一九〇四年的十年間，發生過的一七六五次的罷工，有一〇七二次(61%)是爲工資和支付工資方法發生的。爲工作時間的只二八四次，(16%)。廠主給工人讓步的，不是他們最需要的地方，而是最便宜於工廠主的地方。在一八九〇年末，雖是沒有工人的要求，廠主也是想縮減生產的。

俄國大規模的製造工業的發展，在這十年中是大大的進步了。在世界上沒有一個國家的大工業生產，這樣迅速地發展。有一部分的統計數目，我們已經看過了，現在可以提一提來比較一下。俄國紡機數，到一八九〇年間，除了英國外已經比歐洲其他各國都要多了。在一八八九——一八九九的十年中，紡機數目的增加，全歐洲僅是33%，而俄國則為76%。在世界發達最快的國家，要算美國和德國，他們熟鐵的出產的增加，在北美合衆國僅是50%，德國只是72%；而俄國則增至190%。當一八八九年時，俄國的熟鐵出產，在世界上佔第七，至一八九九年已升至第四了。但工業之發展，不僅是工廠生產力的增加，並且工廠所用的工業原料，也同時增加。在這個時期，俄國煤的出產增至131%，而德國僅增至52%，北美合衆國是61%；那時俄國煤油的出產增至132%，而北美合衆國僅9%：所以在一八九九年，俄國的煤油生產已經占世界的第一位了。

我們已經知道，俄國工業的發展是倚靠國內市場的擴大；而市場又是農民無產階級化的結果：農民從生產自給的地位，變到僱傭苦工的地位，他們家內一無所有，一切要到市場去購買。因此增加了市場的需要。 這種需要，雖不是對於各種工業的，但是平均的發展。 譬如直接供給人民需要的大工廠，重要是紡織工廠；布疋完全是爲個人的需要。 五金業供給個人需用的範圍是很小的：如鞋扣衣扣和鞋釘等。 所以五金業是供給大經濟和小經濟需要的：供給犂耙鐮刀，斧子馬蹄鐵等。 假使這種沒有家織物的無產階級農民是紡織工業家市場的顧主，但是五金工業正是相反，農村資產階級是他的市場的顧主。

我們已經知道，農村無產階級的形成和農村資產階級的發生，一個現象的兩方面——農村階級的分化。 此兩種分化的過程，不是接踵相進完全彼此平行的；就是無產階級形成的速度，超過了小地主資產階級形成的速度，小地主資產階級發展的遲緩，可以拿兩個數目來證明；自一八八二——一八九五年農民藉農民銀行的幫助，買了二百萬俄畝的土地。 大量的購買占了大多數：計合購買的土地的80％。 這是鄉村資產階級的發展，毫無疑義的；可是他們的發展是如何地遲緩！在這十餘年中，農村資產階級購買地主的土地，尚不足二百萬俄畝（只算有五百俄畝以上的地主產業），而地主手裏仍有六千八百萬俄畝的土地。在這十餘年中，地主還沒有失了4%土地，這還是麵價格很低的時期，此時大農產尙未恢復原狀，地主有時口頭上還不知道怎樣“脫淸”了土地。但是從九十年代下半期起，麵包價格就開始穩定了。我們假定一八九三——一八九七年間的麵包價爲一〇〇，則一八九八——一九〇四年七年間就爲一二八。地主們漸漸的也不想要“脫淸”地主了，土地可以得到收入了。十九世紀八十年代末，俄國地價之高漲，是異常遲緩，在這五年中增加尙不足18%。但在一八九八——一九〇二的五年中，地價立時增加36%了。而黑土帶的地價更大大的增漲：在波爾大夫斯基省，每俄畝的價格，自一〇三盧布增至二〇七盧布，哈爾哥夫斯基省，由八五盧布增至一三八盧布，苦爾斯基省，由一二二盧布增至二〇七盧布。

俄國的農村，一方面僅是農民，別方面是大地主，在此基礎上資產階級的大農業開始發展了。但一方面，在“解放”時候，分地被欺的和需要土地的農民的存在，別一方面，可以獲得高利的工業資本的要求，使地主的慾望傾向於別的方面，就是衝突最少的方面去。地主不賣去他的土地，也沒有採用久已存在的土地資本主義經濟，只是把土地租借給需要土地的農民。因此地租的價格增高，比較麵包價格增加的還快。我們記得自從十九世紀九十年代起，到二十世紀初，麵包的價格僅增到28%，而地租的價格則增至113%。地主是這樣急於利用老百姓的“奢望”呵。換言之，農民不僅要把自己所有在麵包高價時候所得到的“利潤”統統付給地主，而且還要從自己的袋裏取出錢來給地主。這樣的情形，中農怎能“積蓄”成爲農村資本家呢？就是能夠成功的，也不過是千中之一罷了！

這種情形，怎樣影響到農民運動，以後我們可以見得到的。現在我們說他在俄國工業情形的影響。我們剛說過的俄國五金工業猛速的發展不能單倚靠“國內市場”的發展，就是不能單倚靠農民經濟的購買力。俄國人民每個需用鐵，較任何國家要低，每人一年僅用一六蒲特；甚至五金工業比俄國落後的法國，每人一年需要的鐵還要四二蒲特；而英國每人一年的需要是八一蒲特；北美合衆國每人一年的需要爲九七蒲特，則比俄國要多六倍有奇了。俄國的鐵工業如何能維持呢？假若是我們看看我們的工廠從大批煉出的鐵，製造了一些什麼，答覆這個問題是容易不費事的。 我們知道所煉鐵的四分之一或三分之一是用來製造鐵軌的。 設使再加上別種鐵路的用品，如鐵箝，鐵條，車箱和車輪等等，這就是說俄國五金工業主要的是供給鐵道的建設。

俄國工業資本很顯明地是倚賴商業資本。 俄國商業資本開了以巴黎交易所爲中心的世界的金融商場，借欵與俄國。 利用從法國借來的大批借款，完成一八六〇年起首的俄國鐵道的建設。 到一八九二年初，俄國鐵道僅有三萬二千俄里之長，到一九〇二年初，就增加到六萬俄里了。 不錯，俄國的鐵道，在一千俄方里面積中，就是較尙有很多荒地的北美合衆國要少四倍，若是與人口稠密的西歐諸國相較，則相差更甚了。 例如英國一，〇〇〇俄方里的地方，有鐵道一一九俄里，而俄國僅有$19\frac{1}{4}$俄里。 在資本主義社會中鐵路是由於企業家或是算爲企業家的國庫的利益，或是由軍事和別的國家的需要而建築的，不是爲人民的需要而建築的，——若說爲人民的需要，只是"美飾"之詞罷了。 因爲資產階級的國家就是資本家的國家，國家的需要與單個資本家利益不同者，在於他是整個資產階級的需要。

從一八八〇年之末，在俄國鐵道建築中，國家的需要超勝了單純商業的原因 —— 單個資本家與資本家的聯合的直接利益。 當時這種國家的需要已經使鐵道建築到歐俄國的邊界。 一八八七年就决定要建築西比利亞鐵道。 爲這事組織的委員會，一致地認爲站在全國的，特別是站在戰略的關係上，俄國與遠東的關係一年一年的更不能免。 雖在最近的將來，得不着什麼利潤，但一定要建築這條路線。 建築這條鐵道差不多費了一八九〇年代全俄五金工業的產量一半去。 許多新的工廠特別建設起來供給這條路線的需用。 當這條路的建築漸漸的要結束的時候，俄國五金工業的生產力就明顯也漸漸地衰落下去：在一八九七年，鐵軌占這些工廠“製造品”的28•1%，一八九八年爲29•1%，一八九九年僅爲26•5%。 特別是主要供給鐵軌的南俄五金工業，更猛烈地衰落；此時以前鐵軌平均占“製造品”百分之六十，有時還占百分之七十（一八九五年），到一八九九年時，竟減至44•5%了。

自鐵道建築完成後，俄國五金工業的恐慌就開始了。一九〇一年起，不僅鐵軌的生產衰落，就是鎔鐵的數量也減少了，雖然減少的數量不大（自$177\frac{1}{2}$百萬蒲特減到一七三百萬蒲特）。南俄五金工人的人數，一八九九年爲四萬五千人，至一九〇一年減爲三萬九千。在此以前，只是實際的工資（工資可以購買多少必需品）減少，現在形式的工資，卽盧布所能買的物品的數量也減少了。一九〇一年時，全俄國生產中的平均的工資每年每人可得二〇一盧布三七哥比，而在一九〇三年僅獲二〇〇盧布三三哥比了。但同時麵包價格仍繼續增加。一八九五年俄國財政總長還不承認有發生可能的工人羣衆運動，也是和歐洲資本主義產生工人運動一樣，成爲俄國資本主義必然的結果了。這個運動把在較老的資本主義國家很遲慢經過的階級極快的重演過了；於十年之間，從只爲了暫時利益的和平爭鬥（不需要五個哥比的小資產革命智識階級所譏諷的"爲了五個哥比"的爭鬥）變爲眞正的工人革命。

在我們現在研究的一八九六——一九〇三年之間，我們可以看出接續的三個時期來。在第一個時期大半是爲了經濟的利益（"爲了五個哥比"）的運動，如同一八五〇——一八九〇，四十年間英國的工人運動一樣。此時罷工羣衆的主力軍是紡織工人：一八九七年，據官場的統計，紡織工人罷工的數目有四萬七千（罷工的總數六萬），這年五金工人罷工才有三千餘人。政府的統計自然是時時與事實不符——政府的統計都是如此，但是各種工人的相互的關係，他們的統計或是很對的。那時罷工竭力的保持和平的性質——純粹經濟的罷工只是如此——僅使廠主困難一下罷了。假如在此時也有政府消息所傳的毀壞工廠或別種財產，焚毀器具，以至殺死工人憎恨的經理監督的激烈罷工（一八九七——九九年之間在莫斯科和富拉得米爾二省，許多罷工是如此的），這只是運動沒有訓練，組織不良的表現，並不是革命精神的象徵。在這些經濟的罷工的時候，工人愈有覺悟，那麼他們愈能安然的保持一定的步驟。彼得格勒織工就是富拉得米爾那種浪漫無紀的罷工的痕跡也沒有。

從九十年代初期的廣大的和平的而非革命的罷工中，產生了當時革命的智識階級的形形色色的幻想（欺人的見解，錯誤的意見）。我們已經知道這些想依靠工人階級和沙皇政府爭鬥，以工人運動作他們爭鬪的惟一方法的革命智識分子的團體，在九十年代上半期已經發生了(所謂"爭鬪工人階級解放同盟")。 起初這些小團體——他們是"勞動解放社"中馬克思主義的眞信徒——還是站在革命的階級爭鬥的見地上。 他們以爲工人燬壞工廠是無產階級沒有意識的革命性的表現。 他們中間很有名的小册子"沙皇與饑荒"寫道:"我們從燬壞工廠的歷史可以知道，在工人共同反抗的爭鬥裏面含有怎樣大的力量。 我們必須注意的，就是使這種力量怎麼用的有意識，不要徒然用到報仇單個廠主或破壞所懷恨的單個大小工廠；而使這種憤激和憎恨的力量用來反對所有大小廠主，和他們整個階級爭鬥到底。 工人和監督衝突時，就明白政府及其官吏也是左袒廠主的，而法律不過是用來怎樣容易的剝削工人罷了。 工人明白這一層就不但與廠主爭鬥，並且反對法律所規定不良的制度。" 但是智識發達他們以爲非革命性的工人，久不使一部分——很大的一部分——革命智識階級離開了這個正確的道路。 他們中間形成了兩個新的派別。 一派是彼得格勒的"奮鬥協會"，作了許多破壞的事以後(只是在一八九七年春天，去了六十四個人)，在彼得格勒的勢力鞏固起來，以"工人思潮"爲言論機關，認爲經濟爭鬥是工人階級重大的責任;傚法七十年代的民粹派,政策簡直帶有資產階級的臭味。明顯的職工宣傳的成功,廣大的經濟罷工不斷的增加(紡織工人的罷工規模很大,在一八九五——一九〇四十年間平均每次罷工有六九二人,同時五金工人有三四八人,其餘的工人更少),致使這些經濟派的頭腦發昏,完全看不淸政治的階級爭鬥是什麼,政治爭鬥讓他們看起來簡直是不重要的。所以當着出其預料之外的政治爭鬥發生了,他們中間大部分的首領——(普洛考波維奇,庫斯考窩等)從無產階級隊伍中轉到資產階級那邊去,這是極其自然而不足怪的了。

和我們提過的一八七〇年人民自由派性質相同的别派的智識分子,也是得了非政治性的工人運動不正確的結論,形成完全别樣的趨向。這些人根據俄國工人運動和他們所知道的英國工人運動的例子(爲什麼英國工人在十九世紀不是革命的,我們已經知道了),斷定說,工人不是革命者,工人不能領導革命。這就是說智識階級必須領導革命。從什麼地方可以看出智識階級能領導革命呢?他們怎樣能以身作則指示給工人革命的道路呢?這是很明顯的,只有一條路——暗殺單個人的方法。殺死一個特別慘狠的鎮壓罷工的省長——這樣工人就明白怎樣作了！這個形成較晚的第二個智識階級的派別在二十世紀頭幾年間產生了社會革命黨。"經濟派"的戰略使自己脫離了政治，那末社會革命黨的戰略就使自己脫離了工人階級。但是他們一時還未和大資產階級接近，大資產階級害怕恐怖手段，不減於害怕罷工的程度。擁護社會革命黨者自然是盛行經濟個人主義，不和工廠無產階級似的團體作工，而是獨自工作的地方一部分人民。小資產的智識階級就是這麼一派人，首是學生們，供給了恐怖主義很多的戰鬥員，再就是所謂鄉村"第三種分子"，統計家，農業家和敎員。但是運動引進了廣大的羣衆時，社會革命黨員只得向農民中間去找擁護者了。以後我們講到城市和鄉村的小資產階級的羣衆運動時，還要再詳細的論述。

俄國馬克思主義者中間這些爭論，是組織俄國政治工黨的一個大阻礙。名義上俄國社會民主工黨是一八九八年三月產生的，在明斯克開成立大會，在莫斯科，彼得格勒，基耶夫，埃卡台林諾斯拉夫和全歐協會——現在以"Bund"著名——的代表出席。大會發表宣言，但這個宣言不是指導革命的工人運動人作的，而是"合法的馬克思主義者"，斯土窩（後來是富拉哥爾政府的總長現在是俄國反動的保皇黨的首領之一）作的，他並且在文字上"効奉"鄉村的自由資產階級，告訴他們現在初步，新的政黨怎樣的輭弱。這個新黨的強堅分子此時不是在監牢裏放逐出去，就是亡命外國。只是在一九〇〇年末在國外組織了編輯火星報根本的指導團體，才起首從事準備工人革命的有計畫的廣大的工作。值得注意的，就是在火星報的發刊詞上就可以看出編輯者和第一次黨的宣言的作者斯土窩完全不同了。編輯者說："宣言的根本意見我們是贊成的，但是我們和斯土窩完全不同。"只在第二次大會上——其實是第一次大會——社會民主黨才有他眞正的爭鬥的組織形式。自然哪，若說這種變動完全是由於國外出版的報紙的影響，這是和馬克思主義的歷史的方法完全衝突。火星報是組織的中心，但是他必須先有了組織的東西。工人運動的新時期，給了這個組織的材料。這個時期可算作第二個時期，與隨後發生的第三時期，很明顯的表示工人運動在俄國能以並且必須組織起來了。當時可以看得到，不但革命者從事於組織，就是沙皇的官僚也是如此的。最銳敏的官僚看出，若是不把工人的組織及時抓過來，使之循沿合法的道路，那麼他一定走到革命的路上去了。

運動的第二時期表面的特質，就是在這個時期不是紡織工人作運動的主力軍，（雖然他們未完全脫離，）而是五金工人。我們已經看到，在一八九七年，五金工人在六萬罷工工人中才有三千多一點，而紡織工人有四萬七千。在一八九九年，罷工工人的總數之中——比前稍微少些——五金工人有二萬人，而紡織工人僅有一萬五千；但是在一九〇三年，八萬七千的罷工工人中，五金工人佔三萬一千，而紡織工人還不到二萬。這都是政府的統計，政府的統計總是與事實不符（在一九〇三年只在南俄罷工的就有二萬五千），但是各種工人相互關係的統計是正確的。

在五金工人隊伍裏邊發生這個現象有甚麼意思呢？第一是表明俄國工人階級中地位最好的，工資最優豐的工人也加入運動了。在一九〇〇年那時，紡織工人平均每人的工資，每年是一七〇盧布，五金工人平均的工資，每年是三四一盧布，正是兩倍多。一八九七的法案頒布以前，紡織工人的工作日是在十二和十四小時之間，五金工人的工作日不過十一小時，常常竟至十小時。在一八九七年的委員會上，五金工廠廠主定了十小時半的工作日，但是紡織工廠的廠主就說定了十二小時以下的工作日，他們就不能生活了。這次罷工不是關於一部分工人的經濟的利益，而是關於工人階級的苦痛——這些苦痛就是工人階級中待遇最好的也感受到了，形成了全個階級運動的根基。這類運動，無論怎樣，不只是經濟的，因爲階級爭鬥時時是政治的爭鬥，奪取政權的爭鬥。英國的廠主很明白這一層，所以爲使他們的工人老在經濟運動的時期，他們不但多付給工人工資，並且還破壞和分散工人的運動，幫助會員有時不到一百人的小的工會（在英國十九世紀還有一個會員不到六個的工會）。我們從工會擴大中，可以看出英國的工人運動，在二十世紀轉到革命運動的時期了——我們關於這一點以後還詳細講。那時俄國的所有工會的組織和罷工的舉行是嚴行禁止，但是無論什麼禁止也不能妨礙工人運動的擴大。

五金工人參加運動的別一個原因，就是受了我們已經說過的工業危機直接的影響。紡織工業幾乎沒有受到恐慌的影響：俄國工廠銷用的棉花的數目在一八九七至一九〇〇年間還增加——從一千四百萬增加到一千八百萬蒲特。此時爭鬥的目的是改善工人的日常生活，而爭鬥的結果全是看那方力量大，是廠主方面呵還是被他剝削的無產階級呢？就是無產階級想要得到這樣勝利也用不着破壞了整個的資產階級社會，——所以在西歐各國的爭鬥帶着完全公開的（爲法律所許的）經濟的性質。但是我們的情形就不同了，罷工就是犯法，爲法律所禁止，但是多半是紙上空談。一八九八年聶卡埃夫馬爾萊夫的紡織工廠的罷工工人被送到法庭時，法庭從案件中，也找不出構成犯罪的所在，於是工人打贏了官司。警察這就在法庭手續外，和法德的警察一樣，在包括全個生產的或爆發於某個大工廠的大罷工發生時，同工人廝鬥了。俄國和外國的分別大概就是廝鬥更劇烈罷了，——在俄國時常能殺死工人，在法國自然他們是不敢的（雖然有些很小的地方慘殺也是平常的現象）。一言以蔽之，公開的"經濟的"和非法的革命的工人運動的區別，不只是在於經濟的，公開的，是紙上法條所許的，而是經濟的公開的工人運動與單個的資本家衝突，而非法的和革命的工人運動是和整個的資本家社會相衝突。 在工業危機時的工人運動都是第二種的。

不是單個資本家的惡意構成了工業危機，而是整個資本家社會。 工人在危機時候最感覺出這種制度的不良，危機最能使工人運動成爲積極的革命運動。

工人運動的性質變化，從罷工工人的新的要求中，可以表現出來：發生了原則上的，不但是俄國而且是全世界整個的無產階級八小時工作日的要求替代了從前極其瑣碎可笑的狹義的實際的要求（有時發生工人房內損毀了臭蟲，誰要報償——廠主呢還是工人呢——一類的爭論）。 五金工人容易提出八小時的要求，因爲有些五金工人一九〇一年已經爭到十小時的工作日了；但是就是彼得格勒的紡織工人在一九〇三年還爭十三時的工作日呢。 在五金工人中最早提出這個要求的，是鐵路工廠的工人（奇富利斯在一九〇一年十月；一九〇二年窩梯金工廠的工人也就很快的隨之提出了）。 這個也不是偶然的現象。 這是因爲鐵路工廠的工人時常變動，按着鐵路建築的需要從這個工廠移到那個工廠。 所以在鐵路工廠中的罷工運動一個緊跟一個爆發起來，好似火線一般。

一九〇一年在薩拉韜夫的工廠裏(二次)和湯木包夫，奇富利斯工廠裏發生罷工；一九〇二年克拉斯諾亞爾，和富拉的加夫加斯之間鐵路線(在頓河的洛斯韜夫)，發生了俄國當時的最大的罷工；一九〇三年在窩爾沙夫工廠(在彼得格勒)和東南工廠(在鮑里叟哥里卜斯克)發生罷工。

八小時工作日的要求是向整個資本制度的挑戰——第二國際第一次大會把這個要求定爲五一節的口號，是很值得的。 這種無產階級一方面的要求是無產階級伸張自己的權利，完全不顧廠主的利益，不和經濟的非革命的罷工一樣。 八小時的工作日在客觀上於單個的業主沒有什麼損失，——因爲還有別的特別有利於他的條件存在。 如在一九〇五——一九〇七年，有些大業主於地方的協定上，允許了八小時工作日，但是以將來能以增加關稅爲條件：他們希望能從他們貨物的顧主的稅中來彌補他在八小時工作日中損失的利潤。 普通地來說，這種政治經濟上釋作企業利潤，業主利潤的減低，就是資本家迫於恐嚇也來談談。 在一九〇五年十月罷工和十二月的巷戰以後，民主立憲黨也說八小時工作日有可能了，除去用强力還有什麽方法可以把資本家搾去工人的錢奪回來呢？

這時工人運動顯然的革命性使沙皇政府有維持"治安"之責的官僚不得不加注意了。已經在一九〇一年米爾斯克（日俄戰爭時是負聲望的總長，此時是憲兵司令，就是政治警察總監）寫道："煽動者以組織工人羣衆與政府爭鬥以實現其主義爲最後的目的，老實説吧，他們也有很大的成功。最近三四年間，很好的俄國青年變成了特別的一知半解的知識階級，以爲反對宗教和家庭，輕忽法律，不服從和譏笑政府，就是他們惟一的職責。這種青年儕倖在工廠中現在仍是不多，但是這一般人用恐怖的手段指導其餘的麻木的工人羣衆。"自然哪，憲兵司令描寫起工人革命者來，特別加些不好的色彩，但是他承認革命的工人能以指導民衆，這也是重要的。當時在憲兵面前就發生一個問題："怎樣對付？"怎樣和他們爭鬥？——得到預料不到的回答：我們也和煽動者一樣的去組織民衆，但不是反對沙皇而是擁護沙皇。一八九九年奥特斯的市長輸窩洛夫提出一個問題來："怎麽對付？"他對於這個問題的答覆是："必須開闢出教育民衆的道路來，應當設立讀書室和圖書館，組織通俗書庫，能以在工人中廣散便宜的不用他們化錢的書籍，使之了解地方和普通的利益。”照輸寫洛夫的意見，這些書籍即能和“不大適於人們口味的祕密的書籍”相爭了。但是重要的還是——“減少工作時間，必須選出工人代表監督，預備足用的食物，建築好的住所”等等。

十九世紀最後幾年，他們已經有了大黨了，先起於莫斯科，後遍於全俄；在二十世紀頭幾年組成了人人知道的祖把轁夫派了。——莫斯科的衞戍司令給了各個“組織”的單獨的名稱，但不是他們自己想的這些名稱。這種思想早已經“懸在空中”了。一九〇二年二月十四日在莫斯科批准了“機器工業工人互助社”的章程。這個互助社必須是純粹的無產階級的組織，——不容“小智識階級”（煽動者）加到裏面去。工廠監督和警察廳的職員，屬於工廠行政組織的人與敎會的職員，可以算作例外，能爲會員。爲要使莫斯科的五金工人不受各種“有害的”的影響，於是莫斯科當時著名的警察總監特來鮑夫很留意的，可以說很“溫和的”看護他們。警察總監檢查互助社的會計，預察互助社所發出的命令，所有的會議他都派代表參加，可以在會上提出任何的問題；假設自己看看可以親身參與時，並能得到二十人贊成他。因此警察總監當然不肯把互助社放在任何人的掌握中，自己留心的執行機關的選舉，有時爲省事起見，就自己指定大會所舉的候補者充作執行人員了。二月十四日批准了會章，在當年（一九〇二）二月十九日就有五萬工人在克里姆參與紀念亞力山大第二的莊嚴的祈禱大會。“這種盛舉”——祖把韜夫驕傲的給這個紀念會的名稱——還驚恐了內部總長。他在發的宣言中說，這是很好的；但是心裏希望以後不要再重演“這種盛舉”了！

以後我們知道，內部總長的恐懼不是完全沒有根據的。祖把韜夫給了政治上不很覺悟還未厭煩警察總監那位人物的民衆（莫斯科大學“體面的”的從事教育工人和直接參與運動的教授替他飾掩）階級覺悟很大的刺激，使他們明瞭了工人和廠主階級利益的衝突。祖把韜夫的走狗不很相像的模仿革命的煽動者——所有的方法都是社會民主思想的宣傳掩飾的詭計——允許工人，說什麼政府不久即把工廠從廠主手中奪過來還給工人；說是假如他們不聽從那些“小智識分子”的話，政府就準備給工人謀幸福了。各處有局部罷工時，警察還直接的幫助罷工工人，與以實際的援助等等。在這種影響之下，祖把韜夫派的工人，就說"有主人和奴隸之分，而奴隸和蜜蜂一樣白白地養他的主人的時候過去了，將來奴隸也和主人一樣的生活了。"英國的廠主在保持他的統治的別的方法外，還細心的防止工人發展他的階級的覺悟——用盡方法給工人灌輸進勞資利益調和的思想。但俄國廠主沒有讓步過，正是走向別的相反的方向。

俄國廠主不肯讓步，使"祖把韜夫派"破裂了。要想用官府的社會主義避免眞正的社會主義，總得費些什麼才成，這是易懂的道理。但是廠主知道租把韜夫派是得掏他們的腰包，他們立時就抱怨了。我們還記得，俄國工業竭力吸收外國資本。外國資本家似乎把俄國看成野蠻的國家，他的人民只是用他的勞動力搾取資本家腰包的錢罷了。當着工廠發生了罷工而警察鎭壓下時，外國資本家雖是有損失的，他們還明瞭這一點。但是警察幫助罷工時，他們不明白這是什麼道理，他們也不能忍受這個。法國人的工廠中發生祖把韜夫"幫助"的罷工，引起很大的誹謗，以致法國領事的干涉。莫斯科最貪婪最笨拙的剝削者紡織工廠廠主也利用這種誹謗加勁的抱怨起來。這些紡織廠主害怕官府的社會主義，立時也傚法起歐洲人的榜樣來：他們想：也讓我們和法國一樣罷，俄國的方法(指官府的社會主義——譯者註)眞費呀。財政部長受了他們的逼迫，提出由工人選舉工廠監督制度的和俄國罷工法的計劃。第一次法案在一九〇三年六月十號頒布的，第二個法案的計劃成爲廠主界的驚惶的記念物了。驚惶的原因是很簡單的：就在一九〇三年祖把韜夫被撤職了。只是免除一個人是不成功的，無論什麼時候都是如此。這種思想還未消散，祖把韜夫的思想傳到彼得格勒去，那裡有實行這種主義如卡旁教士——的“好手”。

官府的社會主義新的嘗試，在工人革命運動中有什麼作用，下文再說。祖把韜夫派因爲劇烈的工業危機，不但不能阻止階級覺悟的發展，正是相反，事與願違的助長了階級覺悟的增進。

從這世紀頭幾年起，工人運動完成了向前的兩個新的步驟。第一，工人運動超出工廠，工區和鄉村的界限，而汎到大都市街衢上去了。第二，這次工人運動，不但有了和廠主及其走狗公開爭鬥的性質，也與沙皇政府的走狗公然的爭鬥了。罷工以外更有沿街示威的遊行。若果誰沒有看見俄國民衆怎樣反對武裝勢力反對警察哥薩克憲兵頭幾次的爭鬥，那麼他就很難想像這些示威遊行對於羣衆及對於那些沒有親身參與運動只是看到運動的資產階級和智識分子(除去學生)發生過什麽印象。好像大堤衝破，水冰跑出似的。智識階級中間就說："看來我們的情形不同德國相同而也和法國一樣了。"不怕哥薩克的民衆，所謂"保持秩序者"臨到不即跑散而和他們對打的民衆，終究被武力屈服了，但是第二天第三天參加的人們不斷的增加——這種景象，立時就使昨天還存在的對於鞏固的沙皇政府的信心，雲散烟消了。人們都明白沙皇政府的崩壞不過是時間早晚的問題罷了。這種運動在十五年十二年之後，更擴大的發展——革命就在眼前了。就是確信革命在俄國絕不能發生，以表對於沙皇政府的怯懦及對待工人無恥貪婪的資產階級，也懷疑他的信仰的不確，也開始談憲法了。

一九〇一年二月十九日爲了慶祝農民解放四十週年紀念在哈爾考夫省舉行示威遊行。當年二月二十三日到二十六日莫斯科的示威運動特別的驚人。就從這些示威遊行中，覺出革命空氣的襲擊來了。示威遊行是學生發起的，但是工人的加入使得遊行更加帶有革命的性質；在莫斯科有千萬的工人參加，並打退了哥薩克的皮鞭的撲擊。第一次在莫斯科發生巷戰——這是一九〇五年十二月的先聲。以後在彼得格勒（三月間，特別是五月時，奧布霍夫工廠工人和軍隊的大戰，工人方面死亡六人，傷者八人；警察亦有損失）奇富利斯（四月間）埃卡台林諾斯拉夫（十二月間）與其餘許多城市繼續發生示威遊行。這都不過是開始的爆發罷了。一九〇二年秋發生了一樁事件，在俄國工人運動史可以當作一八八五年莫勞卓夫罷工一類的關鍵時期了。這就是一九〇二年十一月洛斯韜夫著名的罷工，先起自鐵路工廠，很快的延至本埠其餘的大企業。工人當時的情緒非常緊張，一整星期當局未肯決然干涉他們。在現在的一個報告上說道：在俄國那時發生一件前所未見前所未聞的事。每天有羣衆的露天大會；上千上萬的羣衆，心情緊張的去聽關於專制政府，關於官僚的肆無忌憚和武力的暴行，關於法庭的徇私，關於資本家的剝削等等的演說——羣衆提高喉嚨回答演說者"現在我們需要政治的自由麼?"的問題，都答"需要!"洛斯韜夫全城參與這個空前事件的是各色各樣的羣衆:"離開工廠去參與會議的工人，中等市民，商人，官吏，坐馬車手持望遠鏡的太太們。此地頭腦昏亂的當局也不知道警察和哥薩克也在那裏聽社會民主黨演講者的演說了。"當局頓時一想就明白了，鞭子和砍刀是不能對付的，非用鎗彈不可。哥薩克鎗殺了六人，重傷了十二人。但打了鎗後，他們就跑去了;鎗聲並未停止會議。俄國工人在一九〇二年已經決意不作忠順的良民了。

一年以後，一九〇三年夏，工人不但在一個城中爆發起來，而且蔓延全部南俄，自奧特斯到巴庫。這是俄國第一次的大罷工，蔓延到所有生產機關，參與的有二千萬人之多。假定一九〇一年春，莫斯科羣衆前不過閃過十二月巷戰的一個陰影，那麼從奧特斯基也夫，埃卡台林諾斯拉夫和巴庫的運動中就可窺見一九〇五年十月所表的情景一部分了。在我們上邊引過的現在的一個報告上面說:"罷工發生時大城市中發生過五花八門的情景——所有的商店，辦事處，麵包店，作坊都關了門;不見馬車和電車行走。馬車幾乎不見;報紙沒有;火車停在車站內。月臺滿堆貨物;輪船和帆舟停在沿海各城的河道中。貨價昂貴,沒處去買肉和麪包,得一點麪包就得動搶。電光及瓦燈沒有,街上晚間漆黑,房間只是點燭,光線闇然。街不灑掃,小販脚夫刷鞋匠都不見行跡。城中工業和商業完全停止,因此社會的相互的關係就興奮激醒起來了。千萬的工人羣衆在街上遊行,舉行會議,有社會民主黨的人演說,手持紅旗在街上遊行。各處聽到革命歌和革命的口號。城市內滿布遊緝,警察和兵士。”一九〇一年在莫斯科還有幾乎完全是工人的羣衆遊行,但是有一部的小資產階級參與。彼得格勒奧布霍夫工廠罷工時,那時暴起的工人就出現了,但只是一個城中或一二個工廠罷了。奧布霍夫工廠的工人以外,還有蔚鮑爾哥區的織布工廠的工人也參加罷工。一九〇三年夏,南俄的罷工是整個的階級——不是單個的個人,而是整個的無產階級。爲了保持無產階級完全的階級統一起見,在奧特斯還有所謂沙也維奇領導的祖把韜夫派的地方罷工團體的罷工的事前積極準備。當着沙也維奇出席工人的會議時,竭力教導他不久以前稱爲的“小乖乖"，問他們："你們是願意不要命呵，還是慢慢的對付呢？"都異口同聲的答道："不要命！"官府的社會主義自己給自己掘下墳墓了。

第　三　章

都市與鄉村小資產階級的羣衆運動

一九〇一年的示威運動可以提醒廣大的智識階級的分子們，革命在俄國並不如頹敗的"八十年代派"所想的已經消沉了。"革命"這个字"懸在空間"而談的人更多了。有些見名知義的名稱如"俄國革命先鋒"(社會革命黨出版的)一類的雜誌也起始出現了——自然是在國外，不是在俄國，因爲沙皇的出版法未有取消。都市中的革命運動也使人們不得不再顧到鄉村的問題了。自從"到民間"失敗後，人們都以爲在鄉間是死氣沉沉了。但是方才提過的俄國革命先鋒的一個編輯，從他得到的消息裏，得出別的一個結論。"農民不斷的採用放出牲畜遭踏禾苗，毀壞器具，發火的自己常用的方法去爭鬥，以求租地條件的改善，以求工資的增加。""有時地主和農民的爭鬥非常劇烈，以致農民不能忍耐，攜走地主的東西。如一八九八年五月七日赫爾遜省金谷地方的農民，集聚了二百人，拿着棍子去送牧放的牲畜，都喊嚷："我們還能再忍受嗎？都給毀壞了罷！"一羣人把地主的住宅和辦事房破壞了個落花流水。

作者在一九〇一年春天寫述以前的幾年的事件時，也從報紙知道，在俄國南部西部與中部各省如莫斯科省考斯徒勞木省——也有農民暴動發生；報紙上登載的只是發生事件的一部分罷了。一九〇一年八月有人在從烏洛聶哥省來的信上說："我們這裏空懸凶兆，每天大火映紅天際，地上滿佈紅霧，面前聲響恰似巨雷隆隆，生活好不困難。"農民態度謹肅，默默不言，雖有時開口，但冷風擊膚，也是難過。

現在的鄉村已經不和二十年前的鄉村一樣了。不一樣的原因，我們已經知道一點。只有很小部分的農民從"農民解放"加給農民致命的鎖鍊中解放出來。農民贖出的土地或$\frac{9}{10}$以及$\frac{5}{10}$至$\frac{9}{10}$的地租是落在佔全農戶$\frac{1}{5}$的農戶手裏。這些少數中間最富的人破壞了大多數，而得到自己的利益。據一八九九年儲蓄銀行的賬目，在農民手中的儲款簿有690,000，共計儲款126,000,000盧布。但那時俄國的所有農家約有15,000,000，所以能有存款幸福的人家才佔$\frac{1}{21}$略多一點。那時俄國的存款的人，比法國的還要富些。法國每個存款者約存一六〇盧布，但在俄國每人合存一九七盧布。從此可知俄國儲蓄銀行，就是在一八九一至一八九二年饑荒的年頭，存款積纍比任何國家都要快些。

已經在十九世紀末葉，俄國鄉村裏發現了"殷實農民"的一個階級，——農村資產階級——是以後斯轁里平反動派依靠的一個階級。但此時農村資產階級的出現，更清楚的表徵農民羣衆的破產：此時農民的革命，不是反對富農。農村資產階級雖然也僱用勞工，但是自己仍是和家人在田地裏作工。他還是農民的夥計們，在那個時候，他和貧農還是有共同的利益。貧農的妒眼很容易看到臨近比富農還大二十倍地主的土地（我們知道，農村資產階級只能購買地主田產很少的一部分），讓農民看起來，這片廣大土地的地主什麽也不幹——在實際上大部分是一點有利的事也不做。不但貧農看起他來是寄生蟲，就是富農也是這樣看法。並且富農憎恨寄生蟲樣的地主，比農民還要利害。七十年代的學者看到富農是“鄉間初次的自由派”。二十世紀初，革命煽動家也不能不相信這一點。社會民主黨和社會革命黨的人們以富庶的農家當作避身之所。社會革命黨人說土地是公有的，一點也不能惹惱富農。“土地自然是天賦的，但上帝能把罪人的土地奪來贈給善人。雖然我有四匹馬，但是我沒有比有一匹馬的人四倍多的土地。”當着社會民主黨的煽動者說到階級爭鬥時，他的主人——富農——的臉就氣青了，向他的客人問道：“怎麽啦，你以爲我也是資本家嗎？”

在這個時期，很少見焚燒富農的房屋和抵制富農（不受僱於富農，不賣給他東西等等）的事情。但是在沒有特別劃分出地主的土地的鄉村，換言之，在封建制度的殘痕都消滅了的鄉村，沒有階級爭鬥的餘地，沒有社會民主黨宣傳的機會,或者也有很少的例外,地主的田產,雖然自一八六一年大見減少(在黑土地方,地主保持着農民解放前他所有土地的畝數,在非黑土各省只保存了58%),仍然佔農民土地的一半還多(地主保有70,000,000俄畝,而農民有127,000,000俄畝)。每個貧農佔取地主的地就能把自己的一份地擴大一倍半。

農民也有用他自己血汗灌溉的土地,這些地不是租來耕種的,就是以耕種地主的"劃分出來的地"爲條件得來的。若是這種土地,轉歸農民直接支配,不但是農民的成功,還是國民經濟本身的利益。封建制度遺留下來的 70,000,000 俄畝佔得俄國土地的 3%,農村資產階級平均每家有四七俄畝,但每個地主有2333俄畝。這些土地,很少的時候按資本生產的方法去耕種的。這些土地大多數是放錢戶的工具罷了。地主沒花什麼成本,只是從農民手中搾取收入而已,其實這些收入不過從前自然地產稅(農民耕種地主的田地,繳納一部農產物作爲地租)和役工(農民租種地主的田地,但不是繳納地租而是替地主耕種某些田地)的變相罷了。幾時封建制度的餘痕沒有消滅,讓貧農反對富農或讓富農藉破產的小農戶去擴大自己的產業，這是不合事實的。九十年代初鄉間社會主義的宣傳，是和斯稻里平的抵制這種宣傳加與“強者”——富農——的稅負是同樣的不合時機。二者終歸失敗的。

社會民主黨——至少是他的左派——自開始就很明白這一點。一九〇一年春在“火星報”上寫道：“現在俄國的鄉村中有兩種階級衝突：一是鄉村工人和鄉村業主的衝突，二是所有農民和整個的地主階級的衝突。第一種衝突是天天加劇和發展，第二種衝突是漸次緩和。第一種衝突全在將來長遠的發展，第二種大概是過去的陳跡了。”雖然如此，第二種衝突對於現在俄國社會民主黨黨員有很重要的實際意義。………我們鄉村的工人和農民還是有極密的關係，他們苦受全體農民的繁重貧困，所以全國的鄉村工人的運動在現在和最近的將來不能得到什麽結果。廢除封建制度餘痕的問題，剷去俄國各種階級的不平等和對千萬無知人民的蔑視的問題是有全國的意義，黨是負有爭自由的前進戰士的責任，不能放鬆這個問題。

沙皇政府感覺這種危險，急速的預防發生這種危險。

官界中人說學生的搗亂（以前就很劇烈的——關於這一點下邊還說到）是沒有什麽的，我們拿着工人出氣罷了，但是鄉間也起來鬧事，那可就不大好了。一九〇二年三月二十二日"鄉村經濟的工業需要特別委員會"組成了財政總長維特爲主席，這位先生不但是此時的，並且自一八八一年就是沙皇跑腿中間最有才氣最有能幹的。但是尼古拉皇帝不識維特；這於革命有利，而於羅馬諾夫皇朝有損的，——通常都是笨拙無識的人，不識他們不能了解的人，維特的計劃本身雖是極其簡單，但是讓懵懂如尼古拉第二者看起來，還是很複雜而且困難的。革命的運動，罷工與示威的運動，使尼古拉想起別的事來了——想起一八八一年三月一號亞力山大第二的遭運的事來了。害怕被刺的心理盤據了他。他看起來他所需要的人，不是經濟學者和財政學者，而是偵探和警察。他公然說，憲兵營是他所心愛的。一九〇一年十二月六日尼古拉把憲兵營的高級官召請在他的邸府裏，對他們說："先生們，我很喜歡見你們的。希望今天我和憲兵結合的親善能年年的鞏固起來。"此事以後，不久忠實地繼續托爾斯台貴族政策的內務總長西片金被學生巴爾馬瑟夫（一九〇二年四月)刺殺,新内務總長蒲萊夫成了尼古拉最親近的人了——蒲萊夫在捕殺"人民自由派"時,爲警察總監,是俄國開始組織慘殺猶太人運動的一個。逮捕和挑戰是他的天才,——此時祖把稻夫也因之盛行了——他能蒙沙皇的寵幸,是因爲他和社會革命黨的恐怖政策爭鬥的巧妙。在蒲萊夫時候,警察能以把他的人——工程師亞再爾——引入社會革命黨爭鬥組織的首領隊伍去了:在此時所有的恐怖手段,似乎是在沙皇的偵探的手中。不錯,爲此也費了很大的代價——爲要使黨相信他,亞再爾就決定除去沙皇都要刺殺的計劃;這一着也是失望了——亞再爾叛變了,終究還是蒲萊夫自己成了社會革命黨炸彈的犧牲品了(一九〇四年末)。但是"革命"(尼古拉所了解的革命)就是在沙皇的警察統治之下,還未達到這樣程度。

蒲萊夫是尼古拉的心愛的人,好像亞爾奇埃夫是亞力山大第一心愛的人一樣。蒲萊夫好像亞爾奇埃夫在他的時候似的,竭力把可以和他競爭的小有才能的人物都不使尼古拉知道,而首先是利用尼古拉對維特的憎惡。維特後來成爲外交人物,關於這一點在下章還說到,但是一九〇二年由於蒲萊夫的挑弄，維特的勢力開始塌臺了。就是因此，以他爲主席的會議還能有什麼重要的結果嗎？再者贊成用武力方法對付的地主和他們的沙皇，完全反對於農民有利的一切經濟上的讓步。看出地主的這種反對來，鄉紳會——我們記得在當時這完全是地主的機關——拒絕參與農村經濟的工業需要地方委員會，給了官僚在這些委員會佔多數的機關。從這裏面得到的結果，就是參與這些委員會的地主，得以利用這些委員會作反對尼古拉第二的示威運動的工具。普通說來，較前進的地主分子，也承認農民的法律上的地位須要改善，就是說須要廢除封建制度的餘痕，在法律上農民和其餘的俄帝國"自由的"的人民一律待遇，減稅賦。但是關於土地的劃分，他們不常提及，就是提及也是含糊其辭罷了。自由派的示威運動自然也是蒲萊夫利用來反對維特的，——人民對於尼古拉第二的信任更不及從前了。自由派的地主看出自己的願望，在取消連環保上（一九〇三年三月十二日）莫有得到滿意的實現，但是大部分的地主看見鄉村警察強大起來就安心滿意了。——一九〇三年五月間有四十六省組成了鄉村護衛隊。

再者在一九〇三年夏，這些方法都是不及時了。一九〇二年，農民運動已經有了劇烈的形式和廣大的規模，鎮壓這個運動已經不是警察更不是哥薩克，而是幾師步兵的大軍隊了。所謂"特別委員會"也不能起始開例會了，因爲在一九〇二年三月末，羣衆農民運動已經開始——近代俄國史上第一次的大運動和一八六一至一八六二年"農民解放"時的暴動那樣廣大。

鮑爾塔夫省，運動先開始的，在幾日之內就毀壞了五十四個地主的邸府。運動從此省蔓延到哈爾考夫省，二十五個邸府也是遭了同樣的毀壞。以後又蔓延到窩倫，契爾尼哥夫，烏洛聶哥和薩拉韜夫幾省去，運動延到六月(1902)間，而最後農民方面採用眞正的"軍事行動"。農民自己用鐵管製造火礮，裝以鎗藥和礮彈，射擊一個地主邸宅的窗扉。在這個運動中薩拉韜夫省的農民表明這樣的堅決的精神，也不是偶然的現象。

運動的初步，已經很明顯的證明農民的思想和工業無產階級的思想大不相同。工人不但反對廠主，並且反對專制政府——專制政府的走狗，我們是知道的，千法百計的趁時破壞工人而使罷工運動不要帶政治的性質。

但在農民運動中自始就沒有這麼一回事。農民深信，他們毀壞地主的邸宅，完全和沙皇的意志相合的。若是農民忽然拾到革命黨的傳單，上面說到把地交還農民等，他們以爲這些傳單是沙皇發出的。當時散布了許多謠言說什麼沙皇離開地主們走往外國把政權交給他的後裔啦，什麼後主把政權交給農民啦。農民因此就行動的十分安然，深知他們是合法的。若是大軍到來，軍官以射擊相恫嚇，羣衆就自信的答道："你們胡說，你不敢開鎗，沙皇沒有命令你。"若是鎗彈四射，羣衆跑散，死傷伏地的時候，農民在第二天就集起會來，解說道，軍官們對於發生事件得在"皇帝老爺"面前負完全的責任啊。

農民相信沙皇是左袒他們的，他比什麼人都要慈愛；於是在初期毀壞的邸府中竟有一個是沙皇同姓的人，斯梯萊里慈基侯爵就是這件事實還未提醒使農民們意識着：羅馬諾夫皇朝諸天子們就是大地主，——這層農民連想也沒有想到。他們運動的動力只是純粹經濟的，沒有一個"經濟學者"更能懸想出"再好"的來。暴動的人說："我們沒有尺寸之地，給我們土地吧，不然我們把所有的土地都搶過來；給我們五蒲特麵包和五畝土地罷。"在實際上他們是有土地的，但是每家只有二俄畝。他們必須租一塊土地來耕種，五年前付六至八個盧布地租的一塊地，現在就得付十二至十九個盧布了。就是“關於鮑爾塔夫省暴動的政府的消息”，也得承認鮑爾塔夫省的農民的經濟地位是“不能完全滿人意的”。但是毫無憐憫的鞭打得個個以全身脫逃的暴動的人們，——鞭打的非常利害，農民就說“肉都一塊塊的往下掉了”。特別是哈爾考夫省的省長奧鮑林斯克王侯對待農民厲害。他責罰他們說：“你這些混蛋東西，你搶了人家，打你三十棍，此外再替我打三十下。”雖然這樣的慘酷對待，農民的暴動在一九〇三年和一九〇四年一省蔓到一省的重演起來了。漸漸暴動成了家常便飯了，人們的注意都鬆懈了——鄉間暴動的消息在知識級階中間也引不起一九〇二年復活節從鮑爾塔夫省得到新的消息後，那樣的興奮了。並且有些地方正是發生相反的情形：最初人們的“報仇”呵“鎮壓”呵的信念，都開始消失了。鄉村的生活到了極度緊張的時期——某人從本簪省寫信道：“鄉村的寂靜，差不多夜夜被警鐘的驚人的聲音撞破了。打殺廠棚，草梁，麥堆以至地中麥禾都被焚毀。………地主驚惶至極，也說什麼革命快到來了。………”

地主的預言是對的。鄉間別種的小資產階級的革命和城市的工業無產階級革命同時勃起。二種運動合起，眞是不能破壞的大力量。羅馬諾夫皇朝的生死問題全在他能把這兩種運動分散開。在一九〇七年看來是成功的，但是一九一七年這個幻想就消失了。在鄉間的小資產階級的運動，定然振起普通一般的小資產階級的運動。小資產階級的知識分子，淸楚的看出他們在“政府的消息”以爲重要的原因是在於“反政府的宣傳”。

特別是關於鮑爾塔夫省，“這個消息”簡直是無意識之談：我們知道在這省農民都把革命的傳單當作尼古拉第二發出的，所以叫農民看起來這不是“反政府的”宣傳，而是政府的宣傳。但是在稍微開通一點的他位，不錯，宣傳是有些作用的。在薩拉韜夫省，自初春起（一九〇二），農民就說土地快從地主手中到他們手裏去了。解釋農民地位和他們的貧困原因的祕密冊子非常之多，差不多沒有那個極其偏僻地方的農民不讀他。他們有時不是隱藏起來讀，而是在穀倉和車柵裏聚幫來讀。關於鮑爾塔夫省和哈爾考夫省的運動的謠言，能引起他們深刻的興趣；但就是在他們聽說這些謠言以前，在初春時，他們就自己從粮倉奪取麥子用了。農民的行動是整個農村公社議決的，用繩子縛在鎖和門上，都拉着繩子，表示全體以後都負責。他們議決：耕種地主的土地，割他們的草自己用；在許多地方他們的決議也見諸實行。地主的草房和廠棚都付之一炬，並且給特別令人憎恨的地主發火數次。

一九〇二年的運動，也是被羅馬諾夫皇朝慣用的慘酷手段壓服了。鎗殺以後，在許多鄉村裏七十年代沒有成功把勃興的農民羣衆抓到手，現在不能不算作一種革命力量再想復活他了，不能不恢復他們所慣用的爭鬥的原則和爭鬥的形式了。在一九〇二年舊有的馬克思主義者和健全的民粹派的老革命者組織了社會革命黨，視農民爲革命重要的保障，以恐嚇手段當作革命的重要的方法。

小資產階級智識分子老早就和工人運動並行的在政治上勃興起來。但是他們在政治爭鬭中沒有自己的主張。我們還記得智識階級的先鋒隊，就是學生們，他們自八十年代末起，就決然跑出街上，引起與當局的爭鬭。

但是九十年之末以前，學生的運動照他的政治責任說，是非常窄狹的。在起初這個運動不過是反抗一八八四年的法案和根於這個法案創設尼古拉一世所未有的警師高等學校罷了。以後在這個消極的口頭之外又加上一些積極的口號，但是總出不了窄狹的學生的利益範圍之外。運動是在學生同鄉會和一省內同鄉們組織的學生互助社的旗幟之下：在實際上，學生們是爭求自己獨立組織的權利（一八八四年的法案規定："學生不過是大學的單個的訪客罷了"）；得不到這個權利，他們便祕密的自由組織起來。所以在九十年代中間，在莫斯科的同鄉會，組織了哄動一時的同鄉會聯合總會。警察訪查這個機關，逮捕放逐一個個的職員，因此激起新的學生的"暴動"。這個運動打算是能把機器工人"常久運動"沒有結果的困難解决下來，但是無論當局和學生革命者都沒達到他們預定的目的。好的學生分子，經過同鄉會和"總會"的練習和經過學校的訓練一樣，學到祕密革命爭鬥的基本方法，以後就不作嘗試的運動，而加入現在這樣形式的爭鬥了；跑到工人隊伍中去了。在九十年代中間，學生組織的思想的指導，是馬克思主義。自一八八七年起在莫斯科學生會的首領當中"資本論"是書桌常放的書籍。 但是俄國的革命的馬克思主義——"勞動解放社"的宣傳不能深入這些學生團體中去，也不能深入在俄國民衆中去。 在學生羣衆間，還是後來人們所謂"合法的馬克思主義"佔勢力些——在實際上這派不過是在俄國當時公開論述的新聞記者們，重復蒲力汗諾夫的思想罷了；因爲他們的著作都是屬於純粹理論性質的，所以還能避免沙皇的嚴查而得自由的散布，但是我們以後不久就知道，合法的馬克思主義的精義不是犯禁的革命理論的學問：他的精義還要深奧些！那是想把馬克思的學說去適應俄國智識階級羣衆的要求和需要的嘗試罷了。

我們已經幾次說到智識階級是什麼一個社會階級的問題。 我們已經知道智識階級是資本家和工人間的中間階級，是資本家的活的工具，而同時受資本家的剝削。資本主義的機關愈複雜，那麽這個活工具也是越加複雜和重要。 在商業資本主義時期需要很少的智識分子，並且智識分子在那時是居於輔佐的地位，(可是就是那時自然科學，也是有很大的經濟的意義的，天文學和力學在航海術的發展上也是非常重要的。 自中世紀末以來，世界商業的發展，都是由於航海昌明，一些高深的數學家，去研究解決"堅固船隻"的問題——(十八世紀)。工業資本主義必用許多的工程師和技師，沒有他們簡直什麽事都不能辦。隨工業資本的發展，智識階級的分子和他的社會意義也隨時增加。在十九世紀末葉，工業的勃興給了俄國智識階級發展的一個大刺激，但是工業危機也是大大的反映到他們的情緒。

智識階級和工業資本的這種聯繫，是"合法的馬克思主義"發展的基礎。將來的工程師，技師和經濟的工作的人，統計學家和財政學家，必須有一種理論，以表明他們的社會的作用，以證明他們的存在的重要。否認資本主義在俄國的需要和發展的可能的民粹派的理論，沒有達到這個目的。這種理論發生在俄國工業——規模並不很大，我們表面一看，或者看不出俄國有工業資本主義來——完全僱用外國的工程師和技師的時期。初期的工廠監督在他的報告上講了這些俄國工業的初期組織的人不懂俄文所發生的許多笑話。自然哪，這些笑話發生了，就拿着俄國工人的寬大的背梁出氣！但此時工業中的資本大部分是外國資本而組織的人也是俄國的了。

馬克思主義指示出，資本主義自身的發展能準備下社會主義的基礎，這個學說完全適合於九十年代青年工業中的智識階級。業主剝削工程師和剝削工人一樣，隨便指使他。工程師於是就很有理由的憎恨業主，並且還以爲業主是無用的東西，實際上管理工業的就是工程師。"趕走"業主的道理也是不難了解的。當着馬克思主義解釋出，工業資本主義，比起小生產來，在經濟發展上，是更進一步的階級，這個道理更容易明白了。民粹派主張社會主義直接可從小生產發生出來，這是完全不合工業中的智識階級的要求。把我們放在什麽地方呢？工程師不能看不出工業進步的動力就是他們，因爲就是他們是大企業的總管理人。"合法的馬克思主義者"重述蒲力汗諾夫的學說，打敗了民粹派，證明民粹派的思想落後和毫無見識，"非科學"，並鼓吹工業資本進步的意義，在九十年代智識階級盡其鼓吹之能事。合法的馬克思主義，這樣的保護資本主義反對攻擊他的民粹派，所以當時就有人嘲笑說："在全世界上的馬克思主義者和工人階級政黨之中只有俄國的是"大資本的"政黨。已經在九十年代頭五年中所謂"非法的馬克思主義"者的見解，這些形形色色的主張，因爲受了這個中產階級羣衆倉猝結合成的社會民主黨的逼迫，不得不適合中等階級的利益嗜好和習慣而竭力緩和正統的（眞正的）馬克思主義的“激烈性”了。所以斯土窩和他的一夥就抓到他們很適意的一點，剩餘價值的理論——剝削的學說——是資本主義的根基，這一點要得“正修”，以至於完全取消；階級爭鬥不是必須的，也有社會和平的可能，再者社會革命的必然性也未曾“證明”啊！

他們的這些根本思想就是承認“超階級政府”之存在的可能，——這是斯土窩在他的關於俄國封建制度喪亡原因的報告中的根本思想，這在一八九八年引起莫斯科的學生青年方面的激烈的歡迎。這些青年沒有看出這種思想是走入自由派的資產階級隊伍中去的過橋，這是斯土窩離開工人運動和革命走向資產階級方面的過橋。當着斯土窩在一九〇五年說，所有的革命運動都是青年們獨有的常態和病象時，這些青年才恍然大悟了。此時斯土窩已是大資產階級政治組織的首領之一，也不再需要他從前的羣衆了！

鄉間開始的小資產階級的革命給了斯土窩從前的羣

衆一個新的觀點，立時就把他們從"陳腐馬克思主義"中解放出來，給了他們左派分子革命力量廣大的用武之地。九十年代末時，學生運動就達到了劇烈的極點。受了工人羣衆的爭鬥運動的推動和激刺，學生運動也採用了工人羣衆運動的形式；就很維護合法的馬克思主義者的這種見解，但是因此就遭禁止了，所謂非法的刊物都到不了民衆間去。

"工業"的智識階級和馬克思主義的關係不久就終結了。馬克思主義教我們說，工人階級解放是工人階級自己的事，工人的解放是由羣衆的工人暴動和革命的形式才能完成這種話叫"工業的智識階級"聽着不大適意。馬克思主義承認智識階級的和由智識階級組織所領導的革命，不過不把政權交給智識階級罷了。但是在馬克思的學說中還有不悅於智識分子的說話：如資本主義世界的非無產階級的一部分都是依靠剩餘價值養活自己——剝削無產階級來養活自己。智識分子在工業中所佔的優越的地位，也是由於剝削工人而來的工程師比簡單的一個工人多賺幾倍或二十倍——那裏來的錢呢？是從剩餘價值中來的。馬克斯的無產階級和資本家中間有不能調和的階級爭鬥的學說，就是建於這個剝削的觀念之上。舊的民粹派和新的馬克斯主義的智識階級對於階級爭鬥的態度是一致的。他們以爲階級爭鬥不是必須的，社會必須是一致調和的，因爲由他們看來，社會務要一個智識階級統治才好。

合法的馬克思主義者的首領，若是他們還要站在他們的羣衆"要求之上"必須由這個方向去找他們的出路。他們接收了修正主義和德國社會民主黨的形形色色。一八九九年二月彼得格勒的學生被警察刺殺以後，就激成了全國學生的罷課，各城罷課者，計有二萬五千學生。當局老早就看出學生團體的作用來，他們是產生革命運動組織人的地方，決意以嚴厲手段對待。在同年的七月，頒布了著名的臨時章程，以將參與"擾動"的人投入軍隊中去相恐嚇。企圖實行這個章程（在基也夫，一九〇〇年秋）又引起了新的擾動，結果演成一九〇一年春天的示威運動；因爲有學生煽動起來的工人參與這次示威運動，所以有很大的政治的意義，但示威運動打先鋒的大部分還是學生。

示威運動終究把狹義的最初"學院的"派別的支流和

廣大的革命的河流匯合了；但只有少數的學生有工人運動的思想。大多數的學生仍是"修正派"，他們不信無產階級不斷的革命性，他們看社會主義革命是和民粹派的看法一樣，不與馬克斯主義者相同。叫其中最革命的單個分子看來，恐怖政策就是惟一的出路：在頒布了學生入軍的"臨時章程"以後，學生卡爾鮑維奇殺死教育總長包高萊鮑夫的事，可算作這種政策的先聲。但是政府在他的官報上公然的要藏匿暗殺者是出身中產階級的學生卡爾鮑維奇的事。但是大多數小資產階級心理的學生不能實行暗殺的政策。需要他們作羣衆的工作。在一八九八年，社會革命黨員就和蒲力汗諾夫一樣，以爲農民是無望的。在那時一個"我們的責任"的小冊子上寫道："我們把到農民中間作系統的工作留在將來罷，——只是要利用各種時機使農民認識我們的政綱，而從强健分子中吸收爲我們自己覺悟的黨員。"社會革命黨是主張超階級的革命的，他們不能成爲鄉村小資產階級的政黨；以後他們也試把工業的無產階級拉在自己那面去，（很小的成功，）但同時又和近代的資產階級結合起來。資產階級很想給"非馬克思主義者"金錢的幫助，讓富家熱心的青年加入他們的團體；這些青年常加入到社會革命黨的暗殺團的隊伍中去，好像當時地主和貴族家庭的青年加入人民自由派一樣。社會革命黨在政治上有較大的勢力，只是因爲他們有超階級的思想，比馬克思主義者容易和鄉村資產階級接近罷了。富農不怕聽見社會革命黨員說他是資本家。富農聽社會革命黨的話自然比聽社會民主黨員的話快活的多了。智識階級和小資產級階在當時的戰線上，都以無產階級爲同盟者，同時站在一邊等候時機，共起反對無產階級。

1 9 0 5

第四章

日俄戰爭

工農運動和城市小資產階級的智識分子運動從下層去搖撼封建政府，但是當時的下層組織似乎還是鞏固，還有存在許多年的希望。“八十年代派”相信，俄國的革命是不可能的，至少當時的人們如此看法。九十年代的青年看着最近的將來是不可樂觀的。將有革命發生麽？一九〇一年以後，人人都感覺到革命將要到了。但怎樣和從什麽地方開始呢？怎樣的走近專制政府所說的這個嚴石的深谷呢?浪濤早就撞到專制政府的脚根底去了;但是這個政府上層分子,仍是距離洶湧的浪濤的波頂很遠呢!個個罷工,個個示威運動,結果總脫不了鬨散逮捕和放逐。此時以前,沒有一個罷工和示威運動是普及於全國的——煽起全民衆的。所以政府也就容易和這局部的運動爭鬥。

一九〇三年,正當蒲萊夫嚴酷統治之時,除去不倦從事組織和宣傳工作的原來革命團體外,廣大的智識界的心理有時和"八十年代派"相同。那時一面有"合法的馬克思主義者"終究採用了修正派的思想,並"科學的"證明無論什麽革命是不可能的,革命可能的時期已經過去了,别方面祖把韜夫派在無識的工人羣衆中間得到顯然的成績,分散了智識階級的力量。這些"懷疑者"中間沒有一個想到羅馬諾夫皇朝已經給自己掘下墳墓了,"深谷"的專制政府,赫貴的上層官僚,只是靜靜的懸着罷了。只要有浪濤的一擊,深谷就全然崩裂了。

幫助沙皇的和替他撑持門面的,就把羅馬諾夫朝毀滅了。建設"俄羅斯帝國"的人,因企圖到帝國領土以外去發展,給自己推下臺了。積纍數萬萬的大資本家走向危險上去，還張手去得別的萬萬的財富。 讓他們看起來，這個萬萬的財富地位不好，好像自己情願求着走到羅馬諾夫皇朝的錢袋中去。

講到尼古拉第二的外交政策，就是給自己和全朝掘起墳墓的這個外交政策以前，還要略微說說他前幾朝皇帝的政策。 我們知道亞力山大第二奪取君士坦丁堡的嘗試的失敗，和一八七八年柏林會議的"侮辱"。 我們還記得亞力山大的希望，是在和德國締結的祕約上面，德國起初是允許"幫助"俄國，但是藉了種種的口實不踐約，就引起爭執，俄國沙皇不能原宥德國政策主謀者俾士麥首相的"反覆"，就像他當時不能原諒法國一八五六年的巴黎和約一樣。 沙皇此時和德國衝突，就很有口實轉向法國去了：一八七九年舉行閱兵典禮時，法國的將軍很受敬愛。 俾士麥同年也就趕快的和俄國締結聯盟；但是謹慎如俾士麥其人者，只要一刻他不和俄國開戰，他是不肯和俄國斷絕關係的 二國的關係雖是疏遠，德俄的聯盟仍是恢復了三次：一八八〇，一八八四和一八八七年。 最後的兩個條約已經是和亞力山大第三締結的了。 俾士麥也以君士坦丁堡誘引亞力山大第三，並且一八八七年的條約中直接的指出君士坦丁堡這個名詞來了（從前德俄條約只是規定德國幇助俄國取得某地某灣，不明指出地名來——註）。——因此一八八七年所傳要和某强國開戰的“誤會”才得免除；但是以後德國的幫助就大大的隱約不顯：德國關於這事，只是允許“不加干涉”罷了。換言之，設若近東新的戰爭發生，俾士麥允許像在一八七七年他欺騙俄國一樣，欺騙奥國一次。（一八八七年俄德的條約他不讓奥國知道。）

這一年亞力山大一定知道，俾士麥想要欺弄奥國，可是“已經”欺弄過自己了。在條約上君士坦丁堡一字，雖未指明，但是俄國得到雜都南省了（北保加利亞）——從都南到巴爾幹，此省據柏林會議是半獨立的侯國，名義上是土耳其的藩屬（受治的），但實際上是俄國的屬地，封亞力山大的姪子亞力山大白登堡斯克太子爲侯。俄國資本主義沒有分到很大的贓，所以就决意從在他手下的一點東西竭力多剝削些。對待保加利亞好像對待俄國的藩屬一樣——賣給他所有的破爛東西：譬如强迫保加利亞政府購買俄國舊的槍械，雖是俄土戰爭時不適用的，但是照新的槍枝的價格賣給他。所有這樣的勾當作起來是不難的，因爲統轄保加利亞政府的就是彼得格勒派去的俄國將軍。在土耳其統治下發展很快現下發展更快的保加利亞的資產階級，蒙受損失。終究他的耐心到了盡頭了。可以容納俄國資本最大的企業，就是在保加利亞修築鐵路，修築這些鐵路須用俄國工程師，並且必須購用俄國的原料；此外築路的計畫還得要保加里亞的鐵路只能和俄國的鐵路連結起來，假設這個計畫成功了，所謂"維都南省"的保加利亞一部，就能多鞏固幾年了。

"俄國的"計畫總是比起別的計畫代價多兩倍。這個計畫使保加利亞完全和西歐脫離了，這些事自然當時都未去注意到："我們"解放了保加利亞，"我們"有恩與他，他必須聽"我們"說。但是保加利亞的資產階級看到他們的頸脖上要被加上個死結，就決然的起來反抗，並且表示出最不滿意的憤恨來。保加利亞人就說他們自己就要修築鐵路，怎樣於自己有利，怎樣修，需要修到什麼地方就到什麼地方。亞力山大自登保斯克開始左袒保加利亞的資本家，因此雖然他在彼得格勒列入"叛臣"之中，但是在保加利亞却有很大的威望。亞力山大第三對於此事就採用他所慣用的慘酷和狡猾的手段。他把他的不肯趕快在保加利亞組織“反對合法公侯的陰謀的犯叛”的堂兄弟從保境驅逐出去，（我們不要忘記形式上保加利亞是“獨立的侯國”，要把亞力山大自登保斯克像裁撤俄國的省長似的去裁撤他，是不成功的，）就要把保加利亞斷送給塞爾比亞，若是保塞發生戰爭時，就將統率保加利亞軍隊的俄國軍官調回來——這就是想在最緊急的時候，在保國軍隊沒有統率的機關和專門人材——但是結果只是把保加利亞斷送到奧大利的勢力範圍去，保國又從奧國得到他的新的公侯范的南克布爾哥斯克罷了。他不但是以公侯的名義統治全國，而且到一九一八年前採用君主的名義了。

那時亞力山大第三終究相信德國反對奧國是沒有希望的。俄皇能得到一些幫助的地方還是巴黎。所有歐洲其餘的國家——德國也在其內——都是幫助保加利亞人的。就是這件事也足以使亞力山大腦中所縈想的法俄聯盟的舊念恢復起來了。經濟的條件終究促致這個聯盟發現。

糧食價格的危機，不但與俄國地主一個致命的打擊，給與普魯士地主的打擊更要厲害，因爲普魯士的資本主義更發展，就是說普魯士的地主更要依賴市場的情形。普魯士的地主挂懷“保護祖國農業”不減於俄國廠主挂懷“保護祖國工業”。俾斯麥在德國政府中是代表地主階級的利益，不能不去應付他的地主們。一八八六年德國採行糧米稅，一八八五年增加了三倍，一八八六年增加了五倍。德國的市場對於俄國糧米的輸出是很重要的：黑麥只是運往德國，我們還記得，九十年代中間俄國輸出的黑麥計有九千萬蒲特。

俾斯麥相信：在經濟上他是操縱俄國的，他知道羅馬諾夫皇朝的純粹俄國政府，沒有國外的借款是弄不轉的，借款大半又是從柏林借的。當着彼得格勒同為保加利亞的事件和糧米稅的事情在那裏發脾氣大罵時，俾斯麥就命令德國的銀行不用俄國的紙幣，但這件事俾斯麥做錯了。此時歐洲的貨幣比什麼時候都要便宜（因為長久和平時期的緣故：西歐自一八〇一年就沒有戰事）。柏林交易所拒絕的亞力山大第三總長蔚瑟尼哥拉得斯克就轉去巴黎而大受歡迎。八十年代末，所有俄國的借款都是於特別有利的條件之下在巴黎匯兌的。

實際上俄國的借款都是在巴黎匯兌的事，已經可以形成法俄的聯盟了：買俄國紙幣的法國資產階級就很願意俄國沙皇的事情在國內國外都要旺盛。 有兩個原由阻礙實際形式聯盟的形成：第一個是因爲法國是共和國。由我們現在知道什麼是資產階級的共和國的人們看起來，這算什麼阻礙呢？法國警察的拳頭也不比俄國的市警軟哪？工作日也是十二小時，也是亂逐罷工的人，我們知道我們沙皇政府也是模仿民主共和國的方法呵，——羅馬諾夫皇朝有了這樣"體面"的聯盟者，看來還有什麼難爲情的嗎？但是我們還得要看看亞力山大第三是怎樣一個人。 他怎樣也不懂共和國家之下律師去統治的道理呢！他不了解他必得把法國總統哥萊夫律師當作平等級的人。 我們須記得這個普通智識分子的律師，在羅馬諾夫皇朝的人們中間，還是被認爲極端卑下的呢。 當着亞力山大第二時代討論把鄉議會引入國家蘇維埃的計劃的時候，那時最重要的一個反駁就是：這又驟然要選出律師嗎？（律師一名辭在此是指通常的智識分子——註）當時也很注意這個反駁的意見。 怎麼律師忽然和沙皇平起平坐呵！亞力山大第三盛氣的時候對法國的公使說道："可是你的政府是怎樣的卑下呵！。" 這個公使不是個律師，而是一個將軍，就是說還是亞力山大"自己的人"呢。

這是按俄國一方面說。但是從法國一方面說，老早就不能和新的聯盟者十分相投呢。在彼得格勒，人們以爲這個聯盟自然可以表明俄法國內國外的敵人是相同的。我們保護你們不讓德國侵犯你，你把藏在法國的俄國虛無黨交出來。法國共和國的創造者——眞正的創造者——哥木白梯很了解這一點：哥木白梯要和俄國締結一個對於自己和他的黨需要的聯合——現在我們可以看出來——他就痛快的決定把所有在法國的俄國革命者毫不客氣的交給亞力山大第三。但是哥木白梯死了，繼承他的人不是眼光遠大的。共和國是建設不久的，羣衆對於共和的態度很冷淡的，工人又從下面攻擊，到了一八八〇年就逼着把公社的社員赦免了（在一八八四就聽得到結社的自由了）。統治法國的"律師"（智識分子）是有點"窘"呵。他們替沙皇政府作的卑陋行爲也儘夠了：把克洛泡特金下獄，將蒲力汗諾夫從法國驅逐出來；並且還把虛無黨人交出任沙皇蹂躪。兩方面也就適合起來——漸漸的也就眞的投合起來了：俄國憲兵營命令在巴黎的護衞部隊，用手下一羣流氓設法誘引俄國沒有經驗的蠢笨的革命者，作出爲法國法律所禁止的行爲，如此那就容易把這些革命者投獄了。　但是法國人不直接把革命者交出來，而是把其中最重要的激烈分子當作“不合人意的外人”送到德國去，德國的警察再把他們送到“祖國”來。事情無論怎樣辦都好，只要不侵犯共和國的憲法。但是這些都作停當了就過去許多時間，而在此間所生的變動也就很不少了。　還有一個事實嚇的亞力山大第三不合法蘭西共和國十分親密的接近。　亞力山大和他前後的羅馬諾夫朝皇帝們，都曾嚴重的準備去爭取君士坦丁。但是時機還未到：黑海的艦隊才建起，到亞力山大第三死的三年前，俄國的步隊才開始換用新的來福鎗（小口三尺的——快鎗已經舊的不適用了）。法國人遠遠的看見俄法同盟將成立時，就揮劍舞刀；那時的海陸總長布籃日大將——我們黑百隊的良友——就顯然的要“報仇”——雪一八七〇年德人之恥。　那時法國的一個總長哥木白梯的幫手法倫新諾在他的追憶錄上也承認說：法國人加緊的努力要俄皇簽定和法國的軍事協定，並且還幫助著名的偵探和陷害羣衆的人卽亞力山大第三的侍衞拉琪考夫斯克這樣地位尊高的人物，用力的保護是無濟於事的。 只是布藍日所提的輝煌引入的政策老早消失以後，在一八九三年，亞力山大才簽定和法國所定的軍事密約。

所有這些變動和誤會的結果，就是冬宮和巴黎交易所碰合更堅固而眞實了。 亞力山大第三巴黎的眞正的朋友不是總統和總長們，而是巴黎的銀行家哥斯克埃，哥斯克埃還誇口說，亞力山大第三請他在財政上照顧他的兒子尼古拉第二。 無論這話對與不對，巴黎交易所在彼得格勒的勢力總是非常之大的；若說亞力山大第三不聽法國大將的軍事上的要求，但是他和一八九四十月登位的尼古拉在滿洲還未發生一九〇四至一九〇五年羅馬諾夫皇朝第一次的巨禍以前，對於法國銀行家是唯命是從的。

法國的資本，或者正確些說，除去英國，十九世紀之末以前集中在巴黎交易所的全歐的資本，八十年代至九十年代借與俄國的債款現在開始被誘到東方去了。 俄國的利息在歐洲是最高的了。 但是到亞洲不能更多得一點嗎？一八八七年才決定的建築西伯利亞鐵道很快的就得有很大的政治意義，這也不是偶然的。 一八九一年還欽派太子尼古拉（就是那時他第一次擋在日本人的刀上——這件事讓迷信的人又以爲是先兆啦。——註：亞力山大參觀一個日本廟寺時，一個日本人用刀在他的頭上擊了一下），去觀察新鐵路東端的落成。正是當着日本一八九五年出現到亞洲大陸的東岸，西歐資產階級沒有料到的那樣捷便的就把中國的海陸軍結果了；此外還有中國藉歐洲資本家幫助“復興”的傳說——俄國就聯合法國德國從速的干涉。忽然被人干涉的日本沒有在大陸上得到一點土地，必須向賠款一項去出氣了。爲要中國容易付款和整理所有財政起見，就借款與中國，一八九五年，俄國財政總長維特卽和巴黎的大銀行家組織了中俄銀行。

這不是偶然的事，而是整個計劃的一部分——此事發生於三年以前，從一八九二年維特自己說的話裏就可以證明出來。那時才爲新財政總長的維特寫道：“西伯利亞大鐵道開了一條新的道路，也給世界的商業開了新的境界。有這樣意義的鐵路的建築創出人類歷史的新紀元；也是常引起各國間經濟關係的根本變動的一件世界大事。”

因爲這個"世界大事"就把巴黎銀行家造成維特的同夥，這是不容說而自明的；若說，巴黎銀行家不是維特的同夥，而維特是他們的同夥更正確些，因爲俄國不感受資本的剩餘；假設他的錢包裏還有錢時，那末這錢不是他自己的而是法國的。　什麼動力把德國拉進這個聯盟去也是不難明白的：俄國輸出遠東的商品比資本稍多些；那一定是西伯利亞鐵路運輸德國製造品比俄國的多了：當着俄人佔據大連灣時，(關於這點我們下面不久就說到，)德國公司的代辦比那個俄國廠主的代表到這個地方還早些呢。

是不是俄國在遠東只是巴黎銀行家和德國廠主的工具呢？自然不是的。我們所說的亞力山大第三對於布藍日的強硬政策的反抗就可證明：任何"國家的"利益得不到的地方，俄國資本從不投入的地方，於沙皇政府有害而絕無希望的地方，那麼政府還可放手。　繼續的安然的侵入遠東，不只是因爲那裏沒有什麼危險，(什麼"日本鬼子"，"夥計"，這有什麼可怕呢？——註：這兩個字是在遠東之俄人用以呼日本人和中國人的，含有輕蔑之意。)也是因爲他們以爲這裏面有利益的，自十九世紀末起，更以爲這是惟一的出路了。

我們已經知道十九世紀末俄國的大工業只是一部分——紡紗工業——完全依靠廣大的需要存在的；五金工業中，政府的企業比起私人的企業維持的力量還大。因此我們的五金工業的利益很快的採用了國家的形式。我們方才所提過亞力山大對保加利亞的政策一例，就是個榜樣。

尼古拉第二在位時(一八九六年五月二十二日)和中國著名的"改良派"李鴻章所締結的"莫斯科條約"上，已經載明俄國在中國境內有築路權。財政部在一九〇二年提到這條約說："這個讓步，對於我們在中國的利益，有莫大的好處，" 因爲人人知道"鐵路的交通在經濟的爭鬥中有怎樣的重要作用呵"。"我們可以希望，藉着一八九五年開設的中俄銀行，能得到將來的別的成功。這個銀行，因爲基金很多，組織法又規定有參與中國鐵路企業機關的權利，又受了我們公使的幫助，於是在中國的鐵路的企業機關能有明顯的作用了。明白這一點，就知道爲什麼這個銀行才開設幾年，中外的鐵路企業家，就都來照顧這個銀行了。"

俄國資本在中國鐵路的敷設上面的競爭者，是英國的資本。因爲英人的干涉，在沒有得到中國黃河以北鐵路敷設權，就是說沒有得到自北京起向南以達中國中部的鐵路的壟斷權。但是對於這一點他們也沒大不滿意，因爲從北京向北修去就夠了。起初決定的是把西伯利亞鐵路修到俄國境地的海參崴再築至黑龍江。以後看出這路線的不便利，決定縮短路線，直線的修下去：不經過弓背的黑龍江而一直經過弓絃，再經過中國領土的滿洲。因爲北滿洲是人口稀少半荒的地方，並且叫俄國人說來，眞是沒有秩序；於是就給鐵路公司費了些力量得到在中國領土上完全自治權，並且還得駐軍保護鐵路和路站。換言之，北滿洲在形式上是被俄國方面武力佔據了，因爲鐵路公司的軍隊也是俄國的軍官統治的兵士。這還是一八九六年的事；那時仍然承認海參崴是鐵路的盡頭。但是二年以後，就想不但鐵路的方向應當改變，就是鐵路的極點也得改變了。海參崴離遠東的商業路線遠的很。那裏的氣候也壞的很，並且海口每年還有幾月結冰，南滿的海口幾乎不曾結冰，而且位於經向中華帝國中心的北京的平坦商業路線的地方。於是就決定把鐵路修至南部了。 因此於一八九八年就"租借"了中國滿洲最南的兩個海口——旅順口和大連灣，此地的商業的"租借"也就成了軍事的佔據了：旅順口是一堡壘之地，他須有俄國憲兵保護，更得藉俄國工程師努力把他造成一個不易進攻的堡壘之地。 此地必爲俄國打算鞏固的太平洋艦隊的港口。大連必定變爲商港，建築船廠商店電廠等等。 所有這些就費去一千六百萬金盧布。

維特是十九世紀遠東政策的靈魂，——很謹愼的擴大俄國工業的市場。 維特的政策十分相像尼古拉第一在遠東的政策，所不同者大概就是此時所指的五金工業，而不是紡織工業罷了(但不只是說到一個五金工業呢：俄國也往中國輸出煤油和食物)。 只是在維特的政策中，藉用武力直接的侵奪比起尼古拉第一的政策較輕罷了：維特可說是資產世界的人物而不是封建社會的人物。自然哪，早晚此地也必定進到武力衝突的時期。 俄國也逐漸的準備戰爭：自一八九二年至一九〇二年每年俄國的軍費的開支增加48%；但是特別是海軍的開支，增加100% 還多， 自四千八百萬金盧布至九千八百萬。 這個數目也可以表明，現在的事不是關於君士坦丁堡了：黑海的艦隊在亞力山大第三時就建立起來了，差不多在九十年代一點也沒有添加。 俄國軍費的增加比起歐洲無論那個國家來也快些：軍費的增加，德國和奥匈也是追隨俄國，但是德國的軍費從一八九二年至一九〇二年只增加了36%，奥匈在此時間只增加了32%。 俄國比任何別的國家軍備戰爭還要加力些。 如果維特希望是可能的，戰爭的爆發更要延緩些。

維特的遠東政策毫無疑義的是帝國主義的萌芽，這點特別從中俄銀行表顯出來；但根本上，這仍是繼續十八和十九世紀羅馬諾夫朝掠奪殖民地的政策。只是維特政策的方法更複雜，而其計劃更遠大罷了：維特和他的政策相同的海陸軍總長庫洛波梯金還夢想着和築路相關的俄國殖民的問題；假如達到目的，可以立時實際上就把帝國擴至太平洋的沿岸而解决了人人所焦急的領地問題了。但是妨礙維特原來的殖民政策道路的，就是在位的羅馬諾夫皇帝的野蠻的原始商業的封建的殖民政策。

羅馬諾夫朝的皇裔也有他們的危機。 二十世紀末以前，皇族支脈漸增疎遠。 羅馬諾夫諸帝再算上外支親屬遠過半百。 所謂“大公侯”也得分成等級，與在位的皇帝的子孫才能認爲是眞正的公侯：其餘的只是皇統的公爵僅僅簡單的稱作“貴爵”而不能稱作“皇系的貴爵”。尤可注意的，就是必須採用祖譜和“譜表的制度”。從前有滿足皇族每人的“需要”的保障，他們的俸金不但是足以供給他過“體面的”生活，並且他左右的一些懶吃懶做的扈從還得過滿足的生活。現在羅馬諾夫朝不是很富的，若使每個人都得“體面的”生活是不可能的。所謂“滿足需要”的保障，在亞力山大第三時就取消了，只是從皇室的收入劃出一定的額數來罷了：必得要遷就遷就了。因此皇統的侯爵得到的已經不比通常富豪的地主多了。若是按着皇族的架子去生活，已經是不可能的了。

這樣世界上第一個十億的富翁擴張他的財富的機會到了。負担供給羅馬諾夫朝飲食的御食部，就開始設立各種企業機關：譬如經賣沙皇葡萄園出的酒。俄國的酒雖是不壞，而銷售亦廣，但是從這裏面得到的增加收入，是寥寥無幾的。羅馬諾夫朝的資本也開始在國外投入各種企業機關了。此外還有盛行的謠言，說在英國威克爾斯製造軍艦礮甲的公司裏，羅馬諾夫朝的皇帝還是最大的股東。有趣味的就是這個公司供給日本艦隊，因此這個日本艦隊就用“羅馬諾夫朝”的大礮——固然也有本國製造的——擊敗了俄國的鐵艦。但是普通說起來，這不過等於零罷了：羅馬諾夫朝的大口能以吞下十個威克爾斯公司和他的收入。這時就有魔鬼出現，念符咒起意外有利的企業來，所有破產的地主常是如此。所謂這個魔鬼就是一個退位的團長名爲汪連連斯基者——這個名字讀者自然是不知道的，但仍然是一個配入歷史的一個名字。維特形容這個退位的團長，是“最下等的政客”——簡單說起來，就是受破產的富侯卵翼的騙子和投機者罷了。當着遠東因爲維特之力也入了勢力圈的時候，這位團長立時於一八九八年出現了，並且經駙馬米漢洛維奇侯爵的手（你看現在我們說到羅馬諾夫朝最親近的人了）上了一個條陳：

說在高麗只是存在習慣法，依照這個習慣法，私有財產制度不存在，所有的土地只是歸於皇帝（高麗的）所有；

說佔據高麗的可能，可以得到外人尚未掠奪的（！）各種財富的租借權；

說"布里諾爾森林租借權之重要，並能借考察森林的口實進兵高麗。"

高麗是什麽呢？高麗為那時俄國的近鄰，直接與烏蘇里省為界；烏蘇里省的省城海參崴距離高麗的邊界只是幾十俄里。從前高麗是半獨立的王國，中國的藩屬，自從一八九五中日戰爭之後，高麗成了"獨立的帝國"了；但在實際上什麽獨立也沒有。高麗境內，不是在俄國勢力統治之下就是在日本勢力之下。以後在俄國外交部的一個祕密文件上還以為"算作俄帝國將來的一部分的高麗的命運，因為地理上和政治上的條件早就被我們决定了。"這個文件上還說，因此俄國的外交大臣就反對一八九六年日本提議的分割高麗的政策：這就是說雙方情願的規定將來行動的自由。不錯，俄國"須不妨礙日本在高麗商業經濟的企圖範圍內的優越權"；但是那個文件上很得意的露出這是明顯的誇大的俄國外交意思來。因為那時在高麗連什麽俄國的"商業經濟的企圖"的影踪也沒有，可以說俄國只是吹了一口大氣，他就得到一些好像南滿不凍的海口一類的實在東西了。

如此羅馬諾夫皇帝自己的商業經濟企圖機關也就合

預定的計劃似的同時就出現於高麗了。 再者企圖的機關也不只限於一九〇五年至一九〇六年俄國報紙上所嚷的一點鴨綠江上一帶的森林租借。 這個租借只是佔取高麗的藉口罷了——只顧森林租借的這類瑣事，羅馬諾夫皇帝還怕玷了他的身分呢！內幕是要抓取面積二十萬平方俄里，人口超過千萬，較意大利稍小一些的一個整個的國家。 但是羅馬諾夫皇帝所需的不是人口，也不是土地——人口和土地在俄國是足用的。 傳說高麗有礦產富源，金沙地，鐵礦和煤礦等等。 所有這些財富的開掘——所有這些都和羅馬諾夫皇帝的家事一樣的作去——都是領導侵略的一個皇室大官所作的，並且還能從高麗皇帝那裏得到租借權。 如俄國外交界所承認的，這就是方才提過的那個大官所來的"根本的目的"："俄國的資本和別國的資本輸到高麗去開採高麗皇家最富的礦山和礦田，阻礙這些財富流到日本去。"

官長的外交界表面上是許着"不加阻礙"，但是爲外交文件上沒有的，尼古拉第二欽派大臣到高麗去爲的就是"阻礙"。 這種兩面的政策，不免要被日本人揭破，也不能不使兩國的關係壞到極點。 此時戰事懸在眼前了這是一八九九年的事。以後到戰前的五年間，俄國的外交部特別是維特，繼續不斷的拚命去延續戰爭；但尼古拉第二還其特有的沈靜倔强之性，就趕快的要實現他的商業經濟的企圖的政策。汪連連斯基老早就被其同類更狡猾的人們擠到後臺去了：如尼古拉所提拔爲國務卿（類似總長而沒有實職）的皇宮的花花公子畢早布拉早夫和尼古拉任命的海軍上將亞把斯。俄國的軍隊也運向高麗去，——兵士假裝工人，軍官假裝商人或工頭。自然這樣假裝的人的數目一定不很大：若是大隊人都假裝起來是不可能的——日人也一定派遣大隊對待，不免要立即發生衝突。此時還不能離開俄國的邊界深入內地：什麼礦田和礦山啦，此時只是談談罷了，實際上只是開拓鴨綠江沿岸（高麗和滿洲的分界）的森林。那時日本擴張軍備的熱狂也不減於俄國。不發生眞正大戰只用小的詭計，高麗是弄不到手的。

畢早布拉早夫和他的同夥們也要促成這次戰爭，他們預先就深信能得"最終的勝利"。但是維特因有海陸軍總長庫洛波梯金的幫助，還得很久的維持他的主張。這個參與一八七七年至一八七八年俄國戰爭的庫洛波梯金記得很淸楚,德俄的衝突(參看上面)是爲的什麽;現在他腦中只有一個爭取君士坦丁堡的戰爭,他知道這個戰爭的敵人,只是德人。調遣遠東去的每隊步兵,每隊礮兵是減少維斯爾的保守力的——只這一層也足以使他變爲反對一切遠東投機的人了。但庫洛波梯金無論是在戰場上,是在尼古拉爲他心愛的"企圖"所招集的許多會議席上都不顯出特別的果決來,使維特甚是失望。他雖敢給沙皇解釋和日本開戰須費十億金盧布和三萬人的生命(在實際所費的還多兩倍),並且微露出高麗不值這樣大的犧牲的意思來。但是他看出尼古拉還是固執己見,於是他就好像服從的兵士一樣舉手說道:"好,以後奉命就是了!"尼古拉犧牲了多少億的錢,(從人民徵收來的國庫的錢;不是羅馬諾夫朝自己腰包的錢),及人民的生命(是工人也吧,是農民也吧),因爲這是他自己情願的事。他想起能從高麗流到羅馬諾夫朝腰包的多少億的錢來,口裏就滲出饞水;若是想起他將來發財的情景來,心裏覺得非常舒服。並且事前允許把所得的大家分需;好像思想腐敗的商人,投機的賣買成功後,在他教區裏敎堂中,懸了一個鐘似的,尼古拉在信上允許說,把他從高麗所得的“剩餘”用來“建築正統教的教堂”。減輕維特和庫洛波梯金反抗的重要原因，還是因爲他們自己的政策。他們兩個人，一個是爭遠東的市場，別個是爭着實行他自己的殖民地政策，都不能放棄了滿洲，和日本的衝突是爲爭取滿洲發生的。日本只能從英美人那裏拿到戰費：和英美爭鬥比和日本爭鬥還重要呢。

除去維特和庫洛波梯金的猶疑的反對以外，還有許多的原因阻礙着尼古拉。西伯利亞大鐵路還未完全修竣：就是在一九〇四年戰爭初起的時候，圍繞貝加爾湖最難修的一段，方才修完，過去貝加爾湖，軍隊須用衝冰船運輸。俄國大的艦隊——和海上强國的日本開戰，沒有艦隊是不能的，這是明顯的道理，——也是沒有準備好：四個堅固的鐵甲艦，在一九〇五年五月也曾趕到，可是毀在楚西磨海峽的海水中去了。旅順口還沒有變爲“不能侵進的堡壘之地”。——就是在一九〇四年，仍不能說是“不能侵進的堡壘之地”。對於高麗的企圖開始許久之後，我們就曉得我們在滿洲的基礎還沒穩固。若是想成爲這個中國省分的主人翁，只是條約和租借還是不夠的。維特在他關於遠東旅行給尼古拉第二的最虔誠的報告中，也無法隱諱俄國兵士在滿洲怎樣的騷擾，搶掠，慘殺和强姦婦女是最平常的事。此地可以加說一句，不只是俄國人是如此的——都曾多少的搶掠過中國：俄人佔取旅順口，同時英人就佔取威海衛，德人就奪取膠洲灣。一九〇〇年夏，中國爆發了排斥“洋鬼子”的暴動，這個暴動立時就蔓延到滿洲。鐵路修成的一段幾乎完全被拆毀了。奪取滿洲的機會來到了。這個奪取引起了不堪言狀的慘酷行爲：數千中國人被投入了黑龍江，許多農村被強掠焚毀了——一言以蔽之，此時以前仇恨日本人的中國人，在此事以後，就準備效奉日本人，只要他們肯把俄國人攆出去。自此次俄人在滿洲慘殺中國人以後，就是日本人在這個所謂一九〇〇年中國的戰爭中殺戮中國人的事（日俄以至英法德美等國的軍隊並驅陷北京）就都被忘却或恕免了。

最後推動戰爭發生的力量，是由於俄國的國內狀況：解決了維特和畢早布拉早夫的爭論，左袒畢氏而爲其有力的同盟者是蒲萊夫。我們知道，在一九〇三年前，他很能恐嚇俄國的智識階級而誘惑俄國的工人。但是他也不能看不出這個辦法也是有些失望。總須要用更加有力的方法，把時時高漲的革命的潮流導引到別的方面去。　民衆一天增多一天的顯然恨惡羅馬諾夫朝和他們的走狗們。不能把這種憎恨引到別人身上去嗎？

無知無識的民衆總是懷疑非本地土產的外來的人。個個外國人引起沒有識見的人這樣的情感：原來“外人”和敵人都是用古人的文字講話，原來是出於一源的。個個外人叫沒智識的市儈看起來，是令人可疑的；假如外人和他們競爭，或作工好些，或營商好些，那麽他就更可恨了。　不能利用這個心理而趁時用“民衆的憤怒”去恐嚇革命者嗎？

自從八十年代的反動以來，政府就睨視猶太人；以爲他們是南部和西部俄國城市居民中最勤苦的最活動的而最有智識的一部分人。　因爲是城市民衆中一部分最活動的人，所以他們也是最易受革命煽動的一部分人。猶太青年中有“人民自由派”的小組，就是“勞動解放社”的馬克思主義的書籍也就在維爾思，明斯克，基也夫比俄國別的地方早些出現了 —— 已經自八十年代中間就出現了。不能說猶太人中間革命者比在俄國人中的多些；但是猶太革命者的存在，還於沙皇政府是合算的。我們還許記得沙皇政府一八六六年刺殺亞力山大第三的卡拉考早夫是一個貴族的事實，聊以自慰：假設革命者是猶太人時，豈不是更足以自慰嗎？使政府不高興的就是三月一日參與暗殺的人中，只有一個猶太女人，並且她的作用並不很大：參加的重要人都是純粹俄國人，並且還是出自如片洛夫斯卡牙俄國的有名之家的人。無論怎樣，猶太人加入"人民自由派"是激起一八八一年至一八八二年俄國南部發生頭幾次慘殺猶太人運動的原因。發起這個運動的，我們記得是那時的警察總監和將來的總長蒲萊夫。

慘殺立時就展開政府不悅的一面了。警察唆使的一羣暴徒不但是破毀，而且搶掠；搶掠富的猶太人能比窮的猶太人多些，那麼絲毫沒有參與革命的猶太資產階級吃的虧就比窮的猶太人大了。顯然應當採用別樣的方法，去迫害猶太人。亞力山大第三在位後半時期，利用無識暴徒的慘殺方法就改變成"寂靜的慘殺"，採取警察去毀滅猶太人的迫害的形式。嚴厲的實行所謂"居住地法案"，猶太人不能住在大俄各省，而在烏克蘭和白俄各省中，只能住在城市之中（他們在那些地方佔居民的大多數，要驅逐他們無論如何是不可能的，）而不能住在鄉間。猶太人因爲所謂"成分率"的規定，不能自由入學校：一百個學生中只得有三個猶太人。嚴密的防備猶太人溜到政府中去供職，像在亞力山大第二的"自由的"統治時那樣。莫斯科的省長，亞力山大第三的弟弟西爾蓋伊時候對待猶太人特別的凶慘。很多久居莫斯科而供應莫斯科居民很好的猶太工匠都被損害而驅逐到"居住地"去了。那時候爵所最親近的却是一個百萬富翁的猶太人，著名的鐵路企業家鮑連考夫願意在莫斯科經商的猶太人，就都投爲他的辦事員，鮑連考夫的這種辦事員計有數百。於是狼旣果腹，羊亦無傷：皇族和朝臣對於猶太人的憎恨旣已出氣，而猶太的資產階級也得以保全——不過在生活最困難的時候向他們要些錢花花就是了。

對於猶太窮人的迫害不過是更增進他們的革命性罷了。我們很可以說，阻礙猶太工人自由找工而束縛他們手足的"居住地"的法案，只是把猶太的無產階級投在"居住地"的資本家的手中罷了。在無產階級中最早產生了社會民主的組織，一八九七年就合併爲"全猶太工人協會"(平常都稱作"協會""Bund"，德文意爲"Sous"，我們曉得俄國的猶太語和德語很相近），二十世紀之初，猶太的智識階級在革命運動的首領當中的作用比他們在"人民自由派"中要大的多。照各種大會的統計來說，猶太人在所有革命政黨的組織成分中佔$\frac{1}{4}$至$\frac{1}{3}$的數目。

自然不能因此把沙皇政府對於猶太人的態度改好，特別是蒲萊夫這樣慘狠的反對猶太人的人當權的時候。那時政府的地位有些困難，實在不能再救護猶太的資產階級。蒲萊夫又採用他慘殺的雙刃武器了，這次簡直是前所未聞的那麼廣大。一九〇三年四月在吉士湼夫，市民羣衆暴亂二天，殺戮和殘傷了幾百猶太人，還毀壞了一千多猶太人的住房和舖子，強賊一羣一羣的從城中走來：警察對於此事，十分漠不相關的樣子；他們對於這種慘殺表示同情，這是沒有疑惑的餘地。後來終究實現的法庭的審判——因爲慘殺已經成爲驚天動地的事了，所有歐洲的報紙都評論起來——發現出地方的行政機關以至省長都直接參與此事。自然這些玩意漸漸都消滅了，除去兩三個小偷外，沒有一個人處以重刑。但是慘殺的運動反得中止一同，這方法比八十年代以後還更冒險，只除到一九〇五年十月如火焰般的革命暴發時，政府已絕無辦法，才又採用這個方法以外，雖有警察全力的幫助，若在工業區中實行慘殺是不可能的。無產階級不但不肯慘殺猶太人，並且最富於革命精神的工人還要盡力的幫助猶太人的"自衞"。在鄉間又完全沒有猶太人。這就是說和工人爭鬥或和農民運動爭鬥，"慘殺"的方法是不成的了。若是他們願意把注意引到"外人"身上，只得到別方面去找這種"外人"了。

日本人忽然落到手下來了。他們是"不虔誠的"——不合基督教的——"信耶教的人"。所有正統教的人，只是因此，也就應當恨惡這些日本人。不合適者，就是他們離的太遠，而俄國民衆對於他們幾乎沒有什麼觀念。汪連連斯基鼓動蒲萊夫說，俄國在國際政治上的敵人，就是俄國境內"從事革命"的那些猶太人。蒲萊夫知道這點就夠了。遠東的一個"小勝仗"由他看來是必須的。這個一定是個"小的"，一定是個"勝利的"——這一點俄國的反動派絲毫也不疑惑。像日本這樣的小國和俄國這樣的大國比較起來還算得什麼？一九〇三年夏新時代上載道："日本要和我們開戰，簡直是自尋滅亡，"——絲毫不錯。

因此就决定藉戰爭之助來消散革命的勢力，那年夏末，黑龍江省的總督府和俄國軍隊所佔的滿洲（一九〇二年曾允許除南滿外把滿洲的軍隊都撤回，但是此刻要他把前約回想一下也不肯了）合併起來，歸沙皇特派的全權大臣統治，任命了畢早布拉早夫的朋黨安列克塞也夫上將爲全權大臣。而畢早布拉早夫自己在此時也成了“主戰黨”公認的首領，在蒲萊夫之後，在朝廷上簡直是最有勢力的人。維特已經開始讓步，但是因爲他從畢早布拉早夫的眼光看來是絕對“沒有希望”的；他雖不直接的反對，可是總是使人不痛快，於是就强迫他辭職（一九〇三年八月）。此事以前，對於日本方面的提議，就是委畢早布拉早夫去答覆的。

日本政府老早就很知道戰爭快到了，便積極爲各種戰爭準備（一九〇二年和英國締結的英日同盟，就是事前準備的方法之一）。來年夏天，日本政府開始和俄國談判，不只是因爲可以從談判中得到俄國對於高麗計劃的文據。在日本的提議中，問題提的非常明白清楚：日本承認俄國在滿洲的特權，但同時俄國須承認日本在高麗的特權。畢早布拉早夫起草尼古拉親手改過的答覆，可說有這樣的意思:"我們在滿洲是主人翁，這是不成問題的，但是誰是高麗的主人——還得斟酌。"俄國的外交部決定含糊的答覆日本。但是答覆日本政府的已經是非常明白了:俄國拒絕日本有在高麗駐兵之權，但同時俄人又繼續佔取滿洲;俄國要求所有高麗北部的"中立"，而同時俄國的軍官和兵士就屯駐在鴨綠河畔，——簡言之，就是沒有打算把高麗給日本人。但是日本的資產階級在這個國家內的立足地早已鞏固了:一九〇四年初就有日本的移民二萬五千人;高麗海口的船90%，是插日本旗的;半島周圍所有的燈塔都在日本手中;建築的鐵路都爲日本公司所操縱;日本的郵局和電報局遍於全國等等。失去高麗，叫日本政府看來這是最大的笑話;並且能如當時各國的外交家所證明似的，足使日本發生革命。就是俄國的駐日公使羅謝，也證明此事不錯，一九〇三年正月他說，他相信:"假設我們眞想試取高麗或高麗境內的一個地方，則和日本的武力衝突定然難免。"最後日本也有了美國財政幫助的完全的担保。美國總統羅斯富以爲俄人要做滿洲完全的主人翁是萬無此理的，照他和中國(在名義上滿洲還算是中國的)所締結的條約，美國人民和美國貨物有入滿洲的權利。但是蒲萊夫堅持，美人和英人無論有什麼藉口，决不得侵入滿洲。

在尼古拉第二朝廷之下，我們知道都不怕和日本衝突，都以輕心掉之；但怪得很，對於戰爭都沒有準備。他們深信，日本是“不敢”開始挑戰，一定等着俄國的進攻。但俄國老實還“沒有準備”，所以尼古拉在一九〇四年正月，還散佈謠言說，他有“不願意戰爭”的話。但是尼古拉到了“願意”時，日本人就等的不耐煩了。日本人看出來再要談判定然沒有結果，再要延期只是助着俄人完成他們的準備，於是他們就决定行動了。一九〇四年新歷二月五日，日本就和俄國斷絕外交關係，在八號夜間，日本的魚雷就攻擊旅順口碇泊處的俄國艦隊了。

沙皇政府對於“狡猾的敵人背棄信義的進攻”只是憂傷——假面具的憂傷，因為國際公法（國際公法規定，軍事行動開始以前，不一定就正式宣戰）所許的日本人的行為比畢早布拉早夫用俄國軍隊佔取俄國所要求於日本中立的高麗北部的計劃，還直爽老實的多。只是畢早布拉早夫的狡詐沒有實現，未能完成此策，而日本成功罷了。尼古拉和遠東的全權大使安列克斯也夫電報的來往，已經可以證明俄國一定打算開戰，只是俄國海陸軍還沒齊備，未及隄防日本的挑戰罷了。俄國海陸軍的首領，也是和冬宮一樣，相信日本人“不敢”。他們所度料的日本，比實際上的日本軟弱的多了。庫洛波梯金籌算和日本開仗，需要的軍隊，總須三十萬人：實際上一九〇四年初在滿洲的軍隊不過十萬人。遠東的俄國艦隊比日本的艦隊要强些，但是散泊在各處：勁隊在旅順口，小部分在海參崴，零星的軍艦散泊在高麗各海口。所有這些，都是十分沒有準備，好像到戰爭還有幾時，都不曉得似的；而日本在新歷正月五日，已經轉入軍事行動時期了。並且也沒有規定自己軍艦的特別信號；到了日本的魚雷趁機隨着俄國軍艦潛入旅順口，開始向俄國軍艦上投炸彈的時候，我們的軍艦才恍然大悟自己的錯誤了。此時已經損失了三個俄國軍艦，中有兩個是俄國最堅固的鐵甲艦。俄國艦隊頓時比日本艦隊軟弱起來，日軍立時封鎖海口，俄國艦隊亦被封鎖在內，而趁時利用我們的別的疏忽：俄國的司令沒有想到日人竟佔據了只離旅順口數小時路程的愛里歐梯羣島，並在那裏建設他自己的基礎。那裏日本艦隊，藏在濃厚的木條所製的欄柵中，完全沒有什麽危險，不怕俄國魚雷的襲擊：日人完全可以担保沒有俄國軍艦所遭的危險。

封鎖了俄國的艦隊（爲我們所忘記在高麗的兩個巡洋艦，也被日本人毁掉了），得以無阻的調派他的軍隊登岸，日本已經解决了戰爭的第一個問題了。日本開始就在高麗站穩固了：調到滿洲去的日本軍隊第一軍已到高麗；在二，三，四月間該軍漸入北部，佔取"所爭的"國家了。屯駐森林租借地的區區俄國軍隊，自然是不能加以阻礙的。俄國巡洋艦由海參崴的進攻，阻礙不住這個行軍——日本軍隊已運至大陸上。旅順口的艦隊，企圖在新從彼得格勒派去的勇敢的新任司令馬克洛夫上將指揮之下，衝破日本的封鎖。但是在想逃出海口開始嘗試的第一次時，就創下大禍了：司令的軍艦撞到日本人所設的水雷而和司令一起沈到水府去了。自此之後（一九〇四年三月三十一日——四月十三日），俄國的艦隊直到六月中旬，很久的動彈不得，停泊在旅順口。

三週以後（新歷五月一日），日本軍隊已進逼鴨綠江畔。那時在駐滿陸軍指揮的庫洛波梯金旣沒決定應敵，又未退却；想誘日本人深入滿洲腹地後才有襲擊的良機。

他選擇了半途的政策，派遣比日本軍隊軟弱二倍的一小隊人，去截斷鴨綠江的陣線。日本軍隊不費力的就把這隊人搗毀(九連城之役)而直入滿洲了。差不多同時不受海面襲擊危險的日本人，又開始調遣第二軍直接駐在南滿了。該軍佔了旅順和俄國交通的鐵路，旋又南下佔據了連結半島和滿洲而爲旅順大連所在的土腰。當初以爲土腰藉海上的維護是不能侵進的，但是現在海上是日本的艦隊，那麽保持土腰是不可能的了。此後日軍又佔大連灣以及其商店等等可以當作日本人圍攻海陸已經封鎖的旅順的很好的基礎。預防着怕旅順口被割斷的庫洛波梯金——他的進攻的計劃就顧到這一點——受了彼得格勒的逼迫，就決定採用半途的政策：調派比攻圍旅順的日本軍軟弱的一隊人去救旅順口；而日本人那時已經能派遣第三軍來了。這次也遭了和鴨綠江之上(新歷六月十四至十五厖汎溝(譯音)之役)那樣的失敗。俄國的軍隊看見他自己各處都遭失敗，精神就完全喪失了；而日本軍隊却深信自己的力量，相信他能和俄人較量較量。

俄國總司令顯然的也是這樣相信。庫洛波梯金雖有比日軍佔絕對多數的軍隊，然竟未敢決定往前進攻。

這是因爲日本的軍隊在質量上顯然是比起俄國的軍隊高的多。日本在這次以爲是他自己的生死問題的戰爭中，調出他的精選的勁旅來。可是俄國的政府呢，就保留着勁旅和常備軍作與內敵爭鬥之用，留作撲滅革命之用，而調往滿洲的只是老殘的後備軍罷了。約在四十歲左右的人們，早就不慣於戰場的生活；往往連三尺的新式槍械，也不會使用，因爲他們從前在伍時用的只是舊式的快槍。俄國的礮兵幾乎都不能運用開拔前所領到的新的鋼礮；因此，比俄國礮壞的日本礮隊，就能節節打敗俄國的礮隊。

庫洛波梯金駐在南滿要道的遼陽，連結旅順口和俄國的鐵路，經過於此。遼陽附近設了強固的大營寨，俄國的軍隊就在營寨中等着敵軍。敵軍已經又無所阻礙的調來第四軍——於是有三軍合力竟向庫洛波梯金進逼，慢慢的無阻的向北前進。費了六月七月和八月一大部分時間，到八月中旬，日本的軍隊就集合起來開始進攻遼陽了。庫洛波梯金並不曾做過襲擊敵軍的偏師，及阻礙敵人各軍聯合的企圖，雖然在八月間他因爲俄國後方的接濟，比日本人戰鬥力大些；在名義上他有二十萬大兵，實際上不過十萬五千人，可是日本的三軍也不過是十三萬人。

新歷八月二十四日，日人開始攻擊遼陽的鞏固的營寨。頭兩天進攻失敗，日本軍隊受了巨大的損失。第三天日本軍隊中一軍（就是那時渡過鴨綠江的那一軍）襲擊庫洛波梯金的後路。後路敵軍猶未擊退，而日人又天天往前攻進，庫洛波特金懼其後路的被截，而步旅順口封鎖的後塵，决定讓出遼陽，引兵而北，退駐瀋陽（奉天的省城）。遼陽的營寨和許多軍需品就落在日本手中了。俄國的軍隊沒有擊潰，安然退却，全體說起來，他的損失還比日本軍隊輕些，但是遼陽之役以後，他們的不能和日人"相鬥"的信念更加廣播於俄國了。遼陽之役，雖在戰爭中不是關鍵時期，但在俄國的社會心理上，可說是關鍵時期。不但不能"提醒愛國的精神"，反人人都有一種惱怒：到底我們爲什麼捲入這個不幸的戰爭漩渦呢？這個"遼陽"心理改變的結果，我們在下章還遇得到。

爲要消弭這種心理，就命令庫洛波梯金無論如何，要趁時大舉進攻。此時也調給他一些常備軍隊了。新歷十月初，他確已在實際上有了二十多萬大兵，那時日人的軍隊不過十六萬人。十月十日俄軍就開始進攻，繼續一週多，損失了我們約以前在沙河（譯音）之役逃出戰線的四萬六千人。日人今次損失特少。俄國的官報特別注意這時戰爭的消息，這次庫洛波梯金的軍隊消滅了日軍一旅，得到十一件軍器（此次戰爭惟一的戰利品）。實際上沙河（譯音）之役在形式上是打敗的。日本的軍隊還是保持原來戰線，並且還少微擠退俄軍些。統盤而論，情勢絲毫沒變，而庫洛波梯金一點也沒動作，只是在瀋陽度冬罷了。

此處戰事經過二個月之久才有結局，但是在這個時期，日人在別的地方給了我們一個大的打擊，而達到這次戰爭的目的之一。早在夏季六七月間，旅順口的情形已經看是沒有希望的了；被封在那裡的俄國艦隊爲要不落在日人手中，決定要駛往海參崴。新歷八月十二日，艦隊駛出海灣，而登時和日本艦隊的勁旅相遇。但日人此時誤觸俄國魚雷，損失了兩個大鐵甲艦，於是兩方的戰鬥力相等了。此時戰事實際上並非決勝負的時期，日軍損失的比俄軍還要重些；但是在戰爭激烈的時候，新的俄國總司令陣亡，而司令的軍艦沉毀了。俄國的艦長驚惶失措，俄國的軍隊遁走四方。大部分駛囘旅順，少數藏匿於中立的各港灣中就地解除武裝了。同時從海參崴駛來的俄國巡洋艦隊也爲日人所擊毀。一直到下年五月，在太平洋再見不到俄國的國旗了。

俄國太平洋的艦隊所剩的殘餘的運命，此時全視旅順口的運命以爲定。無論那個堡壘要地，就是特別堅固以及守軍勇敢的塡防，終不能保持到底：若是無外援終要投降。要想去營救旅順口，一點希望也沒有。特別是庫洛波梯金沙河失敗以後，在客浪士塔梯半由戰爭開始沒有赴陣的軍艦，半由因老舊不能使用的軍艦所組成的新太平洋艦隊，只是秋天才起程，繞過好望角，終須來春才能至高麗。若是要旅順口維持到這樣久，等待着艦隊到來是不可能的。日人用盡全力去從事他們所勝任的圍攻。起初的失敗——八月間他們還沒有圍攻的雄厚的礮軍——並不使他們絲毫灰心喪膽。他們運來了此時以前陸戰沒有用過的大礮彈。旅順口的礮臺經不起彈火的轟擊。礮臺的守兵受了大的損失，幾乎不能保守。新歷十一月三十日，日人就受礮火的掩護，奪到俯視旅順口的高崗：至此他們就用重礮轟擊俄國的軍艦。於是艦隊可說是受了死滅的判决了，軍需無着，粮食收盡。十二月末駐旅順口的斯特楷塞爾就和日人開始談判；一九〇五年新歷正月二日連所有的軍隊及殘餘的艦隊，投降日本（此時俄人把一個最大鐵甲艦立即沉毁）。日人得到三萬二千的俘虜，五百多件軍械，四個鐵甲艦，二個巡洋艦，還有二十多個二等輪船。

旅順的失陷把日本在海陸上得到初次驚人的勝仗以後的日人所視爲生死關頭的戰爭過去了。日本已得到戰爭的一半的勝利了；假設俄國人此時僥倖擊敗日本的軍隊，他們也是要奪回旅順口，只是沒有艦隊的幫助，却爲不能解决的問題。可是日本陸軍的情形現在強的多了——圍攻海口的軍隊，現在也加入到陸軍裡來了。旅順陷失以後，日人就趕快準備重新進攻俄軍。但是日本勝利這些軍事的結果，和俄國境內發生事情的回響比起來，還是寥寥無幾的。“遼陽”之役所生之心理，現在變成憎恨引起俄國這次戰爭的政府的心理。旅順的佔取，就是俄國全民革命的開始。

第五章

日俄戰爭後俄國國內的革命趨勢

正月九日——瀋陽與對馬島的民衆，起初對於遠東滿洲的戰事是漠然視之的。每次出兵把農夫拉了去，以至有些鄉村剩不了三分之一的成年男子，有的剩不了一半——只是這個時候羣衆才發起怨言來。但蒲萊夫政府做得狡猾；出兵的時候，一定是避過工業中心，與所有的大城市。居民最覺悟的和最宜於革命宣傳的地方，感覺戰禍最輕，於是發生怨言的機會也就最少了。

可是“社會——資產階級和智識階級——對於戰爭的態度就有些不同了。戰前最後幾年中間這些人裏面，對於政府廣佈了猶之乎政府對於日人的那種錯誤。好像尼古拉第二的政府深信日人“不敢”開仗，“社會”也深相信尼古拉的政府不敢開仗。這個錯誤的發生，就是因爲在羣衆間廣佈關於政府財政困難的誇大的謠傳：“深知內幕”的人就相信國庫內只有三個月的戰費，第四個月就是政府破產開始的時期了。“社會”並未想到在尼古拉第二和他的政府背後，還有巴黎的交易所的幫助。巴黎交易所並不拒絕幫助尼古拉在遠東達到他的目的，因爲這些目的同時也是巴黎交易所的目的。事實也就是如此：戰時尼古拉能從國外“抓到”十二萬一千萬盧布，藉此也就是支付了$\frac{9}{10}$的費用了（戰事共總費了十三萬三千萬金盧布）。政府不但不合“社會”所期望的因戰爭而破產。並且還未停止紙幣的兌換現金，只是現在付息多點就是了；從前俄國的債息名義上是4%，實際上是$4\frac{1}{2}$%，現在的債息口頭上是5%，而實際上6%還多。於是巴黎的朋友們就利用他彼得格勒的朋友發橫財了。

當着尼古拉不服從“社會”的期望，“敢於”同日本開戰，“社會”就膽寒了。有幾個鄉紳會就呈“愛國的”願書於沙皇，斯士窩在左派鄉紳在國外出刊的“解放”報上，勸告人們喊“軍隊萬歲”的口號。誰也沒有預料到日本人陸戰的勝利：普通的意見都認爲海戰自然“他們”可以把“我們”擊敗，可是在陸地“他們”怎能和“我們”相較呢？所以日本人把庫洛波梯金的軍隊戰敗時，“社會”又重新失望了。但是他們開始希望，失敗可以强迫蒲萊夫讓步，並且準備承受這些讓步；若在需要時，可以促使地位搖動的政府允許讓步。在一九〇三年左派鄉紳創造的而不久落到所謂“第三種分子”——鄉間的醫生，統計學家，教員等，他們比起地主中的自由派急進的多——幾個人手中的解放社，就很快的發展起來了，幷關於戰爭也發表宣言。蒲萊夫對於此事，咬緊牙關說道：“在鄉村法庭之下“組織起無褲營”（“無褲者”是法國革命時白黨給與革命者輕蔑的渾號）的隊伍來了；他們對於鄉事有統治的勢力，把法律所承認的管理自治的分子都擠出去。”

兩件事情終把社會心理推到革命的“頹廢派”一方面去：一是一九〇四年七月蒲萊夫的被殺，二是一月以後所起的八月遼陽之役。

蒲萊夫被社會革命黨員的軍事部在我們熟知的亞再爾的親身參加之下刺殺了。亞再爾起初加入軍事部時，原是警察廳的偵探。由警察廳的長官先生們看起來，他還是最有希望的人物。可是那些時候革命空氣很為濃厚，就是革命者的團體也影響了這個老練的偵探。他就開始叛逆他自己的警察廳而死心踏地的參加社會革命黨軍事部的工作。吉士涅夫的慘殺終究使他變成了“沒有出息”的人。亞再爾自己是個個太人，他和別個我們熟知的偵探租把韜夫談起慘殺的事來，就“怒髮冲冠，而恨恨的責斥他以為慘殺要犯的蒲萊夫。”慘殺的偉大的組織者終究陷到自己設的羅網裏，結果在他自己親信的手中。但是那時大衆都不曉得這個祕密的內幕，就是“職務”上和亞再爾接近的也不知道內情；亞再爾在此案以後革命黨人還未洩露他的眞姓名時（在一九〇八年把他洩露了），還是繼續他的騎牆政策。大街上白天刺殺操有大權的內務總長，實際的專制皇帝，這是民衆革命勢力一個明顯的證明。資產階級和智識階級中的情緒又緊漲起來了。

政府被人從高麗打出來了。蒲萊夫早使尼古拉以爲他——蒲萊夫——知道與革命爭鬥的祕訣，只要他當權，什麼也用不着害怕。但是現在這個魔鬼連自己也不能救了。尼古拉心神錯亂，只在一月以後才找到蒲萊夫的繼續的人物。就是選擇這個繼續的人，也可以表明沙皇的心神錯亂。這一次任命的又是個偵探人物，曾充過憲兵司令的米爾斯基，可是這是一個偵探人物的自由派，老早就上條陳請甯用"撫慰"的政策不用莽撞的武力，竭力避免任何的民衆，不要惹怒他們的人。被任爲總長的米爾斯基就先要撫慰前任總長所驚擾的鄉紳會。他在第一次演說中，就說："對於社會各界的機關以及普通的民衆以眞誠的善意和眞誠的信任相待。"

米爾斯基追溯過去，相信以幾句撫慰的話，就足以使鄉紳會的自由派前趨相迎了。蒲萊夫把他們趕走，就是絲毫不觸犯法律的會議也不准開，鄉紳們只要一提憲法就放逐出去，把一個鄉紳會裏一個最有勢力的鄉紳莫斯科省審判廳的廳長史鮑夫革職，——他並不是立憲派，只是一個大斯拉夫主義者，夢想沙皇要和民衆（所謂民衆者，他自然先要輪到地主們）聯合起來。至於講到對於他的信任呢，還須用什麼方法？時過境遷，對於他的立刻

“信任”似乎還很不足。

在蒲萊夫之死和米爾斯基的被委之間發生了遼陽之役。此事决定了這次選舉的結果。同時自由派也勇敢起來了。“社會”已經分明看到同日本“算賬”已是不可能的事。政府已走入了歧途。似乎除去締結辱國喪權的和平條約——說到這裏自然人們就記起克里姆的戰爭和一八五六年巴黎的和平條約來——就是指點國內的讓步，對於“社會輿論”的讓步。當着有人向米爾斯基請他允許召集鄉紳會的大會時(蒲萊夫的時候是不准的)，他就欣然允諾以爲鄉紳們集合起來討論自己的事情，定是很快活的。他知道了鄉紳們集合起來原是要求頒佈從前人們一提蒲萊夫就認爲政治犯的憲法時，他是怎樣的憤怒。這個猶疑寡斷的人物第一着就是把大會輪到下年正月。但是滿腔勇氣的鄉紳們就進攻了。他們說通告已經發出，臨時延期，怕是太晚了吧。因此米爾斯基就不得不允許大會在十一月一日舉行。

自由派和“解放社派”中間非常樂觀，好像革命已經產生了似的。好像鄉紳大會就是一個憲法會議似的，但是實際上經內務總長批准召集而有警察嚴加衛護以防學生及工人的侵入的大會，眞是一幅令人笑死的怪象。就是警察的擔心也就足以清清楚楚的證明鄉紳們離民衆還遠，絲毫不能代表大部分人民的願望及趨向。民衆所急待解决的根本問題如土地勞動問題，大會連提也沒有提。大會只是忙碌於憲法的問題，也就是因爲這個問題，他們中間分崩瓦解了。少數人（九十八人中的三十八人）主張人民議會對於政治只有發言權，這就是說這些少數人相信專制政府對於保護地主和資產階級的利益上還是必須的東西，相信限制沙皇的威權對於這些階級是不利的。這還是尼古拉登位時（一八九五）稟呈的陳請書上那種鄉紳的老見解。現在贊成這個主張的人們也沒有那麽多了，這是已開始的革命的影響。大多數人主張人民代表在議會中有最後的表决權。

但是若要限制沙皇的威權，就須要有一種眞正實在的力量。懼怕民衆隔離民衆很遠的鄉紳們，想是沒有這種力量吧。實際上他們的希望，只是建築在遼陽之役以後上層階級心理的餘念之上罷了。這些心理的餘念無非是要尼古拉准許和他自己的親信，“討論”大會的議决罷了。這些决議並未正式呈報政府，就是大會本身也還是認爲非正式的——私事。他們所爭論的，無非是要沙皇頒布一個上諭，在煞尾說到大會少數派所主張的只有發言權的人民議會罷了。但是最後鮑比唐諾塞次夫和維特要趕快恢復他們戰前損掉的名譽，還要反對這件事。一九〇四年舊歷十二月十二日頒布的上諭，只是說到行政上的改革，還言辭模糊的提到民權及出版自由權的擴充；關於人民議會一字沒提。而和上諭同時發表的"政府官報"形式上還禁止在公衆大會上提起憲法的問題來。

十二月的上諭，置鄉紳於極端難堪的地位。就是話頭上去談，論專制政府已顯然是不成功了。可是除用空話去談，鄉紳們手下還有什麼別的方法呢？話頭好像瀑布滾流的說出來——"解放社"和鄉紳大會聯合起來，全國都佈遍了廣大的"筵會運動"。人們强去找各種機會，如亞力山大第二時候的司法改革四十週年紀念之類，藉以舉行莊嚴的筵會，參與筵會的有數千智識分子以及資產階級有自由思想的代表們。竭力的不讓工人加進去；但是工人們藉了學生的幫助，也照例的能鑽進去，用他們完全不是"自由派"的演說，多少也把到會人們的心理改變了。看來，就是智識階級也比鄉紳在他們的會議間，講的話要激烈些。在筵席上人們是比在滿遮綠呢的桌案前講話要隨便些，但是筵席上也罷，滿遮綠呢的案前也罷，除去講空話以外，"自由派"和"急進派"手下還有別的方法嗎？尼古拉像貓兒似的一面聽，一面吃。

可是革命政黨的情形也稍微好些了。他們在這個時候正是經過初期組織的麻煩時期——就是產生的時候還沒有這個開始造下基礎的時候麻煩——並且幾乎爲這件工作所需的多數力量之故而解體。社會民主黨在實際上只是才組織起來：說到眞正的，只能從一九〇三年八月第二次大會時候算起。在這次大會上，伊里基同志才開始提出組織一個實際革命的爭鬥的工黨，實行鐵的紀律而用盡全力實現最近的一個目的——推倒沙皇。伊里基的提議得到代表舊有勞動解放社的蒲力汗諾夫的幫助；蒲列汗諾夫在他的演說中，還像預言家似的提到以後十月革命的幾個根本的要點。經濟派以及火星報社中一部分知識分子的馬克思主義者現在也明白了"資產階級的革命"。這革命若不是資產階級指導的革命，至少也是和資產階級聯合的一種革命——就是伊里基同志也不否認那時革命最近的一個階段是有資產階級革命性質的，就如蒲力汗諾夫以後所了解的資產階級革命一樣。當時伊里基能以得到僅僅的多數。但是幾乎所有舊的以不久死去的馬爾托夫爲首領的"領袖"們，都是少數派，他們的威權還是很大；沒有他們簡直還是弄不下去，雖然他們在大會上失敗，可是不久就成爲中央委員會和黨的"蘇維埃"（中央委員會和中央黨報"火星報"編輯社的會議）完全的主人翁了。最遭糕的是蒲力汗諾夫也跑到他們那面去了。伊里基不得不從"火星報"的編輯社退出來——他是"火星報"發起人之一——，但是伊里基派或被人稱作多數派的（因爲在大會上佔多數）自然不肯讓步，於是所有俄國的機關就成了"多數派"和"少數派"（馬爾託夫派）劇烈爭鬥的場所了。這個爭鬥對於工人運動的影響，可以從一個具體的例子估量出來：一九〇四年十一月末，多數派決議在彼得格勒發起廣大的示威運動。在工人羣衆中實行宣傳，刷印了數千宣言。但是到了最後的一個時辰，少數派在彼得格勒的黨部裏面佔了優勢，於是示威運動取消而預備好了的傳單就付之一炬。黨內一部分同志，大部分是智識分子，到了指定遊行的日子仍然到街上去遊行，但是工人們呢，自然焚毁的傳單沒有落到他們手中去，因此沒有參加。警察趁機把開會的男女學生擊散，很容易的戰勝了革命。

但是幾天以後，莫斯科的示威遊行得到一點成功，參加的總共有三百個工人。這件事就可證明焚燒傳單的故事不能算作失敗的重要原因。最要的原因，還是由於多數派和少數派爭論，使工人羣衆對於兩派都失了信心。那時就是黨內清楚了解爭論的要點和意義的還是爲數寥寥：只是在一九〇五年十二月以後，才清清楚楚的解釋出來。黨外的工人不大明白智識階級同志們，相互爭論的是些什麽，並且受了沒有統一政黨指導的失望，準備着誰先來就跟着誰走。

一個預備領導——或者牽領——工人的人物已經出世了。這就是在彼得格勒繼承祖把韜夫的卡旁先生。

我們已經說過，這位大人以爲祖把韜夫在莫斯科的失敗，只是祖把韜夫自己沒有勇氣和沒有堅信的表象，而不是祖把韜夫派思想破產的證明。這種思想反是繼續的更普遍，只是還要尋找最適妥的執行人物。一九〇三年，由彼得格勒的偵察看起來，年幼的，新從教會學校畢業的卡旁牧師，是實施這個思想的高手。卡旁是活動的有政客傾向的——以後這種傾向就把他毀了——他是很想接近某項政治事務的，就這樣的落到祖把韜夫和他的地主們的銳爪下去了。他們把他"提拔起來"，並且讓他知道効奉警察廳和効奉革命更適合於他自己的天性和嗜好。卡旁後來自己相信他好似從起初就騙了警察一樣，但這只是在歷史上不管他願意不願意把他逼爲一個革命者以後的事罷了。所以特別信他的話是不可的。他時常利用警察對他的信任。雖有時有管理工廠的財政總長方面的反對，而蒲萊夫不但仍是允許卡旁在彼得格勒組織近似莫斯科機器工業工人的互助社而組織法充滿"自由派的"思想的機關，並且還去組織任務更重大的"俄國工業工人協會"。這個"協會"還得有設立各種教育機關如圖書館，讀書室，朗讀，普通教育的討論及講演之類及創辦慈善及商業機關等等（形式上說來就是一個黃色工會）的權利。爲要使政府敢於作這樣的冒險事業，就得要政府相信"他自己的"人和看來很容易攢入這種機關的革命宣傳，努力爭鬥的能力才可。一定在此不只是一個卡旁，還有一羣謀陷工人的暗探，這些人以後也自以爲是能以愚弄當局的革命者。實際上是俄國無產階級革命的自然發達把當局愚弄了。

"俄國工業工人協會"的組織法是一九〇四年二月批准的，但只是在本年秋天當着彼得格勒各區中的該會的"各部"一個隨一個成立了的時候，該會的規模才大加擴充。這個協會用什麼方法把工人們引進去呢?第一是用物質上的引誘。彼得格勒的工人的生活，是非常艱難可憐的。工人的娛樂地方只是飯店和酒店，而他的家眷什麼娛樂的東西也沒有。若是"協會"爲着他的會員發起人人能享受的音樂會，那眞如天神下降一般。會廳有時人山人海，以至於警察有時非常恐惶不安。不要鬧起來呢!工人的老婆們在散會後從這家跑到那家很矜驕的說:"我們簡直和貴族完全一樣啦!"資產階級的桌上擲下的殘菜剩飯，叫這些不幸的人們看起來，眞是前所未聞的山珍海味的盛饌。

但是漸漸卡旁的組織，在工人們的眼中，就有了更重大的意義。工人雖不了解戰爭的惡劣影響，可是不能不感覺到這種惡劣的影響。日用品的價格飛騰:一九〇四這一年中間價格增高了百分之二十，有的貨品還增加百分之三十或四十。但是工資呢，平均才增加了百分之三，而彼得格勒五金工人的額外工作時間的工資，自一九〇四十月第二太平洋艦隊駛到海上時就縮減了。什麼“社”呵，什麼“會”呵，從娛樂聚歡的組織很快的就變爲不能計量的嚴重的團體了。——變爲保護工人利益反對資本進攻的工具了。彼得格勒也重演莫斯科的戲劇了。

但是這次一開始就很嚴重。祖把韜夫派在莫斯科是宣傳過絲毫未受革命宣傳的薰染的一層工人。只是他們已經變爲祖把韜夫派時，他們的階級覺悟才醒起來。但是卡旁的左右，是曾爲革命組織中會員的人們。自然這不是政黨中最有覺悟的，大半是極右派的人們。其中也有曾爲多數派的，但是不能揭破他們的胡吹亂嘘，只是憨然的想卡旁這個政客“比社會民主黨的人們眼光更遠大。”無論怎樣，這還是受政治影響的人們，就是卡旁也必須藉允許他們政治權利的方法，去收買他們。在一九〇四年三月間，卡旁就已把工人須呈給沙皇的請願書的大綱念給他那夥人聽。自起始事情就比莫斯科事變複雜些。而所有環境也較爲複雜。

自從莫斯科的事變二年以後，革命驚人的向前發展。在莫斯科事變時，業主去求軍警當局就夠了，祖把韜夫也就下臺，而祖把韜夫派的運動即隨之消沉。這一次業主也有些不安起來了，於十一月中旬召集了彼得格勒的廠主會議，他們都說必須“除滅”“設法”等等的話。但是什麼方法也沒採取：政府覺得自己沒有同時在國內三個戰線上——工人，革命者和自由派——爭鬥的力量。政府以爲最危險的敵人是革命者，是很對的，所以就對於自由派放從寬容而對於工人的組織忍耐一下，只要自己的敵人聯合不起來就好了。再者工人和自由派的聯合，政府是不怕的——政府這一想又對了。政府只是沒有想到，自由派的大言可以被革命者利用來在工人中從事不犯法的宣佈。實際上也就是如此的：在工人的會議上——卡旁派的工人會議也在內，自然沒有音樂會那麽大——讀些解放社報紙上的論文，嚴加抨擊專制政府。這不能就說是革命的宣傳，但是於沒有受社會民主黨宣傳，沒有經驗的工人，這些論文也就能以展開新的境界。這些沒有經驗的工人就開始了解，壓迫者的世界不只是廠主，締約的資本家和警察，原來在壓迫者方面還有一切當權的人們，也許沙皇是除外。自由派左翼的報紙，在那幾天還沒有决定觸犯尼古拉，所以工人們於這一點還能保持着已有的幻想。 這樣就造成實現老早在卡旁腦中所旋轉的思想的適宜基礎了：領導工人直接到沙皇那裏，不但省去和警察和區長講說的麻煩，就是市長和總長也用不着去寒暄了。 這時卡旁是不是算爲革命的示威遊行呢？一個很小的事實就能完全把這個假設打破了：起初卡旁打算在二月十九日舉行示威遊行。 但是我們是知道一九〇二年二月十九日，莫斯科是發生過什麽事的。工人一定還記得一個羅馬諾夫朝皇帝的"龍恩"的這一天，是革命起始最不適宜的一天。 設若社會民主黨員如那時國外報紙上所說所寫似的，要參加這樣的示威運動，這不是他們忘了莫斯科所發生的事，就是打算把卡旁拋開，使運動依自己的意思去做。 卡旁那時還未成爲革命者，這是不必懷疑的。 什麽東西能把他推動比他那時自己所想的還左呢？根本上說，開始的失業現象和老早就感到的困難所激起的工人運動，漸漸左傾；這一定是尼古拉政府在鄉紳面前剛剛洩露出膽小的直接的原因。 蒲萊夫和這些鄉紳連談話也不屑談，並禁止他們相互之間的討論。 但是現在呢，不但是容忍非法的鄉紳大會；並且還顧顧大會的决議案，還爲此特別召集會議。 就是先前自由派連想也不敢想的那樣大胆放恣的口吻的報告也容許出版了。他們和鄉紳談論，難道就不和我們也談談嗎？這種思念一定盤繞大胆的，活動的和有政客傾向的——這一點我們不要忘記了——卡旁的腦海呵。

卡旁這個心理變動，從改變示威遊行日子的事也可以看得出來：大約自十二月起，當着他的"工會"開始特別飛騰發展時（這時會中已有七，八千人——在這時期此數也就算很大了——社會民主黨的各黨部中才有幾百人）他就打算不以十二月十九日爲示威遊行的日期，而擇定旅順口失陷的日子。不用專制政府奏凱的日子，而擇了專制政府恥辱的一天。從表達忠實良民情感的示威遊行，變爲忠實良民愼重的提醒沙皇的責任是什麼的舉動。像卡旁所願意的那樣去做，是不成功的，在眞正的歷史上都是如此，在小說上或者不如此。旅順口被陷和卡旁所擇的示威遊行日期臨到的時候，運動的潮流洶湧異常，只要隨流而駛就可以了。運動發端的近因，完全與先前祖把韜夫的機關和廠主及行政衙門爭鬥的和平時期的一樣。已經從十一月就準備進攻的工廠監督，在十二月末旬，就決定加他們以打擊。在蒲奇諾夫工廠中，因爲和管理的衝突，開除"工會"的會員，三個工人。雖有卡旁工廠管理和經理那邊竭力的張羅，但是決定給"驕傲的工人""一個教訓"的工廠行政部仍是堅持到底。工人羣衆就鹵莽的暴動起來了。卡旁不是在自己的"工會"人們的眼中甘受失敗之辱，就須奮鬥到底，除此沒有第三條路可走。

假如他不向前進，運動自己也就直接把他推到一邊去，而要去尋找別的領袖。蒲奇洛夫工廠的事件，使彼得格勒的無產階級不能再忍耐下去了。蒲奇洛夫的工人罷起工來，彼得格勒的別個大五金工廠也就隨之一個個的停工。運動的中央機關還是卡旁"工會"的各部，這次幾乎也是不是自願的：工人們沒有別的中央機關。你看一個親身看見的人怎樣描寫一個工人大會，這人是極右的社會民主黨員，那時還不是革命的，所以沒有豔辭掩飾眞情的嫌疑：會場上籠罩着一種神秘的宗教的熱情；在萬分擁擠，熱氣薰天之中，數千民衆肩擦肩經過多少點鐘，站在那裏貪心去聽憤激的工人演說家眞心的，萬分有力的，簡截的，滿腔熱血的講演。所有的演說的內容，都是沒有多大意義的，煞尾的時候都是重說幾句同樣的話，

"我們不能再忍耐下去了"。"我們的耐心已經到了盡頭了","我們的痛苦已經不能計算了","這樣活下去還不如死了好","不能從一個人身上剝去三層皮"等類的話。但是他們都是以動人的誠懇說出來的,是從憤激的人的靈魂深處迸出來的,就是重複百遍的那一句話也能引出人們眼中的淚,令人深深的感覺出話的意義來,也並能叫人堅決的深信,實際上也必須決定步驟,給忍無可忍的工人的痛苦尋得一個解決…………。

最後在不能遏抑去求生活改良的無產階級的情緒當中卡旁先前的宣傳只有一條路可行——相信直接可以從尼古拉第二那裏達到他的幸福。若說到尼古拉第二就是願意,也不能允許請願書所提的"八小時工作日","常度的工資",這類的要求一層,不但工人自己不明瞭,就是他們領袖也不明白。卡旁深信八小時的工作日是示威運動成功時工人所期望最容易得到的。卡旁的"最小限度的政綱"含有三點:"政治犯"的大赦令;召集全民的鄉紳會議,制定憲法;再就是這個八小時的工作日。他連想也沒有想到,他所當作很小的,自身明瞭的這個八小時工作日,就是半成功的革命,也不能達到,這點一九〇五年十月就證明出來了。

卡旁在他私人談話時候，解釋這個“最小限度”的政綱時，說在請願書上寫的還多得多——上邊列有“消除虐待及剝奪俄國人民公法的方法”，“廢除貧民的計劃”“反對資本家壓迫勞工的方法”以及要求召集以直接平等及秘密投票的普選制為原則所選出的憲法會議。

誰做這個請願書的呢？我們若是以為這個請願書是工人共同作成的，那我們就大錯了；若是以為是卡旁自己作的，那更是大錯而特錯。人們說來，卡旁是沒有政治智識的人，他簡直不能有系統的解釋任何一個政治問題。就是居於運動領導地位的工人——“幕府”（相信卡旁的人——註）——還是第一次從卡旁那裏聽見請願書中根本見解的特別解釋。到底這些見解是從那裏來的呢？

說到這裏要提一提，卡旁不只一定和彼得格勒的偵察所有關係，就是和解放社派的智識階級也有聯絡。有一個“幕府”中的工人，在他的追憶錄中說，在一九〇四年十一月初，卡旁和他的“幕府”與智識分子相會，如普洛考波維奇，庫斯考窩和鮑古查爾斯基。這是那時解放社的“中派”。“智識分子”好像很驚佩卡旁特別的政治聰明似的，完全參與製定他的請願書中的計劃。看來這是演的很巧妙的喜劇，目的是要把這些智識分子的可愛的見解，沁到工人的腦中。一看請願書，我們就看出來，這個請願書是有超階級——或"所有階級"——的性質，上面完全反映出斯士窩和"解放社派"的思想。呈給尼古拉的請願書上說："不久就要招集俄國境內所有階級的代表。也有資本家，工人，醫生，和教員。"工人對於資本家也有代表參與憲法會議一層；也不去管他（憲法會議以後也成爲純粹的民主立憲派的會議，不是革命政府召集來推翻沙皇的，倒是沙皇自己召集的。）

請願書的全文對於工人不是很要緊的：除開裏面的根本思想：消除專暴及廢去公權的剝奪，工人們受這些東西的壓迫，比任何人都要利害。他們向工廠行政部提出要求時，實際上他們是要求工廠條例，但是工廠條例在專制政府時期是提不到的，這是再容易明白沒有的道理。

工人們要感發尼古拉的慈悲，這就是他們的錯誤。他們中間百人中就有九十九個深信，沙皇一定能幫助他們，這也是絲毫無容懷疑的——還可以說，這是他們唯一的最後的希望。 我們所謂不容懷疑者，就是因爲卡旁自己對於此事還相信過半。 他討論開始運動的可能結果時，他自己以爲：若是沙皇接收我而答應我的要求（就是他的“最小限度的政綱”）——那時我就拿着白巾，跑到廣場，手巾一搖，民衆的紀念節日就可以開始了；若是沙皇拒絕了，我就一搖紅巾，暴動就起來了。 照轉述這套話和他會話的人說，卡旁以爲接收的希望，比拒絕的可能大的多。 但是也有別人另說一個花樣。 照別的傳說，卡旁的話是非常堅決的。 似乎他說過：“準備巷戰，毀掉軍器庫，打破監牢，抓取電報和電話局——一言以蔽之，要革命呵。 社會革命黨人，允許投炸彈，民主派幫助金錢，那我們就能成功了。”

“解放社派”如此就不但給卡旁灌輸了“超階級”的思想，——他們還允許給一種更要緊的東西。 但是所有這些小的計較；都淹沒於自然前進運動的廣大潮流中去了。潮流汹湧無阻的冲動卡旁前進。 正月九日的運動，嚴格說起來，沒有首領，因爲所有的革命的團體，不是領導前進而是隨流一擁向前冲去罷了。 也只就是因此我們應稱一九〇五年正月九日（新曆二十二日）爲俄國革命的起始，此時的動員只有一個——就是民衆自己。

只要知道了這個羣衆是如何的可怕驚人，及他們對於革命是如何的惶懼，那你就明白爲什麽沙皇的行政署那樣殘酷的對待向沙皇請願的工人。若是後來工人能以猜疑他們的運動是有革命意義的，那對於這個行政署再便宜也沒有了。若是工人仍是相信沙皇，以爲他能允許他們所有的要求，就是八小時的工作日制，如若不允許，那是由於聰明的沙皇爲了他們的利益打算的緣故，這對於行政署也再合算沒有了。但是反過來說，使工人相信上訴懲戒他們的廠主，就是暴動起來反抗沙皇，那這對於行政署就頂不合算了。可是行政署的惶懼非常之大，以至神魂顚倒，就是這些簡單明瞭的事，看來不是該署所能了解的，——行政署在幾分鐘內，以幾排鎗就把革命政黨多年所未能解釋給羣衆明白的，馬上就叫工人明白了——工人階級的解放之路就是推翻沙皇。

事變的這日天亮以前，工人們就集聚到工會的各部。當時集在一塊的計有二十萬人，但參加的人是不足用的：羣衆中人們嚷道："人太少了，太少！"。最後一次去聽要用言語去表達那不能用言語形容的工人的痛苦的演講。

以下就是一個旁觀者寫下來的一篇演說，新舊思想混羼起來，雖是勉强說出可是結論毫無:“同志們，我們要到那裏去呵?我們到沙皇那裏去伸寃的。我們不能活了。你們還記得彌尼去求民衆，以救俄國的故事嗎?從誰手中救出來呀?從波蘭人手中。現在我們必須把俄國從官僚手中救出來，我們現在正受他們的壓迫。他們剝削我們的血汗。你能描寫我們工作的生活嗎?我們十個人家住在一個房間裏，並且還和未娶的男子住在一起。我說的對不對呀?”——各處都嚷“對呀對呀。“所以我們到沙皇那裏去。假如他是我們的仁君，假如他愛他的人民，他必得聽我們的話…………………”

但是這個時候，所有關於屠殺的準備，都已辦置妥當了。軍隊都排置停當——不敢靠本地的，彼得格勒的軍隊，就從蒲斯考夫調來了步隊。智識界中分子得知此事，就驚惶的從米爾斯基(還是名義的總長，雖然在十二月十二日以後什麼勢力也沒有了)跑到維特(還是辭職而未恢復原有勢力)那裏。米爾斯基和維特兩個人都不願意幫助，並且也不能幫助。此時所有的威權都在軍事當局手中，他們自己無論如何也要“教訓教訓”這些人們的。

智識階級的代表團——高爾基就在其中——奔走的結果，只是第二天把他們誣作"臨時的革命政府"捕起來罷了。

工人們在城門，已經遇見第一隊軍隊和第一次的槍擊了。在一羣人中，卡旁就被打倒了，被崇拜他的人從羣衆中抬出去，這一天就沒有出場。但是大半部遊行者能以達到皇宮場(現在的烏里茨基紀念場)。逃空的冬宮，由厚集的軍隊羣衆保衞起來，還有礮隊，好似冬宮有被攻之險。讓羣衆集聚起來；好像故意引誘他們似的。人們都安心起來了，他們以爲城門那裏的開槍是一種誤會，是單個的長官無理取鬧的結果。忽然場內喇叭作聲，而"排排的開火"了。整百的死傷者倒在地上了——可以往人叢中擊去而沒有錯了。慘景的幾分鐘過去後，四處亂跑的工人就憤氣塡胸，向落到他們手下的單個軍警報復所有一羣軍警的惡行。這又激起新的槍擊和羣衆新的憤激的爆發。幾乎沒有用過幾分有組織的革命行動，只是在萬斯爾也夫基島毀壞一個軍械局，勉强的建起了巷戰的街欄。但是昨晚還沒人注意的社會民主黨人，此時就開始出臺了：一個旁觀者寫道："現在也聽聽他們了！"

幾天之後，彼得格勒都很沈靜了——這樣的沈靜，以至被任爲省長的特來鮑夫從前充過市長且爲祖把韜夫的保護者的，現在也以爲能“補救前非”，組織起自己的“工人的”代表團到沙皇那裏去。這個被警察廳批准的代表團在沙皇村受到尼古拉的接見。“代表們”囘來時，因爲弟兄們的嘲笑和責駡不能到工廠裏去。若說彼得格勒的街上是很沈靜的（可是罷工幾乎也沒有一天停止），但俄國廣大的境地因正月九日的事件激起了前所未見的那樣廣大的運動。兩個月中，罷工從一個地方蔓延到別個地方，汎濫到一百二十個城鎮，計有百萬工人參加。一九〇五年正月的俄國，和同年三月的俄國，簡直是兩個不同的國家。正月的俄國若說是一個忠順的國家，那麽三月的俄國就很明顯的是革命的國家了，雖然是沒有組織的。

就是卡旁派的工人在第一個時辰這個革命性表現的非常簡單直爽：卡旁派走向就是昨天他們還看不起的社會民主黨員那裏去，就提議於下星期日，不用皇旗，神像，和沙皇的御像，而用炸彈手槍去雪正月九日之恥。社會民主黨人不必是少數派的（但當時是少數派的）都拒絕這個實際上除引起一個新的屠殺外，一定什麽結果也沒有的提議。 於是卡旁派的人就絕望而出——或者是出來又欣然跑到社會革命黨員和無政府派那裏去了，照卡旁派人的意見，這些人比馬克斯主義者"還要了解革命"的。但是隨着卡旁派走的羣衆，現在幾乎是自然的跑到馬克思主義者那邊去了。 對於當局這眞是出於意料之外的，工人們不但不怕槍殺，而且更加憤激了，罷工不但不能一時銷沉，而且由彼得格勒蔓延到全俄。 於是當局就不能不自認晦氣，設法負責。 他爲要研究工人不滿的原因起見，組織了一個特別委員會，主席爲參議員史得勞夫斯基。 允許眞正工人的代表參加這個委員會，這簡直是俄國歷史上的創舉。 在彼得格勒舉行選舉代表前，從事於整個宣傳的運動，完全操在多數派社會民主黨員的手中。 選舉的時候，就是彼得格勒最落後的工廠的人，也聽社會民主黨的宣傳，其結果沒有一個工人肯和史得勞夫斯基一同開會。 當時大衆的熱狂是熾盛的，就是老練的祖把韜夫派也不肯决然脫離民衆，也在社會民主黨作的連卡旁的"請願書"中所充滿的忠順之情的陰影也沒有的政治要求書上簽字。 這些要求根本說來，總歸一項："趕快的把政權交還人民"，史得勞夫斯基自然連講話也不敢，(是第二天就把他褫職了)而工人們同聲一氣，拒絕參加政府作成的這齣好劇。

但是工人運動發展成無產階級的革命還是非常的慢。到革命的口號得到最後的勝利——十月罷工時——是已經過去九個月了。在智識階級和一部分資產階級中間，對於開展的革命的反應是非常之快的，雖然到了以後也更加只是表面。

正月九日，政府是想要顯顯他的"力量。"雖然看來數百的死者及數千的傷者就把政府的"力量"顯然的表現出來。但是人人(我們知道，政府也是不能除外的)都有政府丟臉的一個印象，這也是不足爲奇的。雖然武裝的勢力還都在政府手中，市警還各守其地，監獄充滿罪人，但是沒有一個人相信，這後面還有眞正的勢力。要了解這層，我們可追想一九〇一年(參看上文)的示威運動在"社會"上有什麽印象就明白了。成羣的人到街上遊行，時時處處都鼓起"緊閉室內"的革命家的勇氣來。可是在一九〇五年正月街上遊行的人數之多，這是一九〇一年連想也想不到的。就是俄國的智識階級，在一九〇四年十二月當局招鄉紳傳話時，還是胆怯，現在看見眞正的工人羣衆的運動，也勇氣百倍了。

一九〇五年的頭三个月，在俄國革命史上可以稱作“智識界團體的暴動”。在十九世紀之末已經形成了幾個中心，內有中等的智識分子，所謂“自由職業”的代表。曾成立了俄國工程師的工程協會，莫斯科的鄉村經濟協會，彼得格勒的農業家，經濟學家，統計學家等的自由經濟協會，教員的教育協會（特別是莫斯科的），皮拉哥夫的醫生總會，莫斯科法家的法學協會。莫斯科法家的法學協會在革命之前，老早就成立了（一八九九年普士金的紀念日時，該會主席買謀洛木萊夫在莫斯科舉行的紀念會主席羅馬諾夫面前，就冒險說句關於“當局專横”的話）；自由經濟協會的活動，是很窄狹的，但別的團體，在一九〇五年初活動的比什麼時候也有勁。他們的柱石老的“專門的”智識階級（教授，多半是富有的著名的工程師，醫生教員和文人）已經在一九〇四年秋天，被比他們更急進的“左派解放社派”擠在後臺裏去了。這些“左派的解放社員”，起初是膽小，離開革命還遠遠的，隨着時事的緊張，就很快的大膽起來。每個智識分子胸中的兩個靈魂——一個是幫助資本家剝削工人的“思想界的權威”的靈魂，別個是從民間出來比保障的上層階級更能感到民衆的苦痛的"智識分子"的靈魂——後者漸漸的制勝了前者。工人們的先例有了感化的作用——智識界的政治罷工的心念已經懸在空中。

莫斯科的農村經濟協會開始了"智識界團體的暴動"——協會有時是漸進的,地主官僚式的,但是現在解放社員手中,於正月十四日已經提出了反抗彼得格勒慘殺的最激烈的決議。可是別個團體也是繼起直追,不久就不能分出那個團體跑的向前些。一九〇五年正月至三月,這些團體的會議表現出不能忘掉的一個景象。不是在寥寥羣衆前的乾燥無味的報告和像煞有介事的討論,而是各處舉行繼續不斷的千人的大會,所有智識階級羣衆都前擠後擁的到會:誰也沒有索看會員證的。議事日程上寫着"時事"一項,誰肯記起會章上所規定的什麽"事"來呢?動情的政治演說,通過了一個"勝"似一個的決議——決議通過,似乎團體所在的莊嚴的廳房四壁,爲之撼動;而慣於眉毛一動就使先前的"自由派"化爲灰塵的軍警當局,現在連想也不敢想攆走這些"急進派"的人了。這樣的當局顯然是從來沒有過的,所以開會的人們追念他,也不過和追念會章一樣罷了。如若做報告(這些團體的指導者一下就想皷起運動來)他們就專去給集會的人解釋德謨克拉西制度的根本問題或者解釋革命運動歷史等類的東西。關於這些報告的討論,也被川流不息的大會的波浪皷盪起來了。

只要一看這些皷起的波浪,立時就能看出這些波浪的色彩,比起引起去秋智識階級軟弱的反響的"筵會運動,的色彩大大的不相同了。那個時候,若是公然的說到憲法一字,就認爲是放肆已極,所謂"穩固"的羣衆,就趕快的把談話移到如"合法"和"秩序"等更糢糊不定的題目上去。現在實際上就談起共和國來了,雖然共和國這個字將近秋日才提出來。我們必須記着,急進的——可不是社會主義的——俄國,自"十二月派"的時候就沒有聽見這個字,現在召集的實際上政權轉入民衆手中的憲法會議的要求的界限,(直接平等的不記名投票的普選制的原則在革命的第一天就出世,而正月十四日莫斯科的農村經濟學協會通過了)顯然的被智識階級所超越了。尼古拉要恩賞給其人民的憲法,已經沒有人希望,而且也沒有一個人相信這個憲法了——至少也是以爲必須假裝是不信的。這是一個特徵。無產階級的分子一天多一天的滲到智識階級的會中間去，這是别一個特徵。筵會的時候，學生們能把單個的工人代表拉進去。參與智識界團體會議的有很多的羣衆，在莫斯科的教員協會的最後一次會議上，也是如此，同時在大廳裏智識界的會議，已經說到德謨克拉西的共和國；廳前走廊裏還有别的一個會議，也是同樣熱烈而更加有趣的：這就是莫斯科罷工的麵包店工人的會議。

那時到底什麽是使每個反動分子傷心，使政府喪氣的原因呢？自然這還不是因爲眼前革命的恐怖——只是在我們所説的時期的最後所表現出軍力沒有希望的時候，這樣的恐怖才盤據了尼古拉。一月到三月離這個時期還遠的很。束縛着政府的有兩個原因，而這兩個原因又是互相關連而相互影響的：這兩個原因，就是明顯開始的資產階級反抗的時期和一天大一天的日俄戰爭的繼續失敗。

我們知道旅順口之失陷，顯然在工人運動暫時的領袖的計算上也有影響：卡旁的運動說來就和這件事變有連帶的關係。但是對於資產階級呢，血戰也是爲的他們的利益，這個事變的影響一定更大些。若說有件事使資產階級成爲“愛國的”階級，那麽這首先就是希望擴大市場這件事了。若是和他們的尼古拉政府那樣的去打仗，這簡直是把餘下的市場也要斷送了。聖彼得堡的廠主，於正月末給財政總長的報告式的條陳上，就指出因破產及人民購買力之減少而生的市場縮小的損失了。所有呈上的條陳的意義，可以歸結一句：“你們不能辦下去了。”專制的管理方法之失敗自然也使俄國業主成爲新的憲法的管理的擁護者。嚴格說來，沒有一個尼古拉的左右，否認必須採取這個新方法：不但是維特假仁假義的信的那個意見，（專制政府和無論什麽獨裁政治不是一而二，二而一的，但是完全不用獨裁政治的手段是不行的，只是限制專制政府罷了——這是維特關於鄉紳會著名條陳上的暗示）就是蒲萊夫也公然對史鮑夫說，早晚須得頒布憲法。看來就是尼古拉不明白這一層。資產階級的不合作，一定能使尼古拉明白這一點。莫斯科的廠主，莫勞早夫領導着，向當局說道：言論出版集會結社之自由，是俄國大工業繼續生存的必需條件，這就等於叫人家選擇要資本主義，還是要專制政府。但是沒有資本主義，專制政府已經不能再往下生存。 廠主的條陳，算是在一九〇五年正月九日以後最顯明的革命現象，當然這些條陳對於“上層各界人士”的影響最大，這是不容懷疑的。 十二月間尼古拉還是搖動不定：招集代表們來呢？ 還是不招集呢？舊歷二月十八日他在他的日記上寫道：“開過了總長們的會議。簽了布萊根（新外交總長，正月九日以後，繼米爾斯基的任。 註）署名的關於籌備招集參加審查提到國務院去的法律的地方代表的方法的命令。 老天爺呵！讓這個重要的方策加給俄國順利罷。”

這個“重要的方策”的缺點，（從這個解釋就表示出這個方策怎樣困難的鑽進尼古拉的頭裏去）就是他最少已經遲了兩個月。 只有發言權的人民議會——簡單說來，這也是尼古拉在他的簡記上，那樣津津有味述說的——到去歲十二月或者能滿足少數的資產階級；但是在今年二月間，誰也不能滿足了。 再者自頒佈了由尼古拉看來是“重要的”的宣言那日起，還沒有過去一個禮拜，一個對外戰線上新的打擊，比從前更要重大的打擊，提醒了想藉戰勝去擴充市場的迷夢。 我們曉得庫洛波梯金只要他的軍隊在數量上超過日軍時，就要等着再行進攻。

將近一九〇五年的正月之末二月之初的時候，看來這個目的也達到了。 自從戰爭之初到這個時候調入滿洲的軍隊共有八十萬人。 除去算上損失的和留在後方的軍隊，庫洛波梯金在瀋陽所有軍隊的名額是四十萬大兵。在實際上也有三十萬之多。日軍方面，雖然奪取旅順的軍隊也加進去，仍是比較的大大的薄弱。 在正月之末，俄軍已經試要進攻了（三德堡——譯音——之役），但是向來的行動紊亂使其結果不過是無益的流血。 但這只是局部的失敗罷了，還沒有使俄軍總司令灰心喪膽，他還繼續準備全陣線的堅決的反攻。 日人先發制人，自己先要開始進攻了。 照例日本人不先進攻願意進攻的地方，使俄軍的注意力引到他們誇張聲勢的（撒謊的）進攻的地方去，自己就趕快進兵襲擊俄軍的兩翼。 瀋陽附近的戰事，在二月十二至十五的時候開始，但在二月二十五日（三月十日）尼古拉在他的日記中寫道："噩耗又從遠東傳來了：庫洛波梯金被人襲其兩翼，已受敵方三面的進攻，而被逼敗退德林（譯音）。 上天阿！爲什麼叫我敗呢！"。

瀋陽的失敗，比遼陽的失敗重大的多。 可是這次沒能趁時退走，故俄軍就大受摧殘而秩序大亂的退出了瀋陽。失去軍械及軍需，數千人又被囚爲俘虜。自從奧斯台爾利次（俄法戰爭時的俄軍的失敗。註）百餘年來，俄國軍隊還沒有遭受這樣的失敗。庫洛波梯金連俘虜算上，失去十二萬人——幾乎合他所有兵士的一半——只是在瀋陽以北一八〇俄里的地方，才能支住了日人的進攻。現在在南滿一帶，沒有一個俄國人了。只是，一來因爲日人的重大損失——日人方面陣亡的也有七萬多人——二來因爲比俄國少二倍的日本騎兵的軟弱，才免去了俄方的全軍覆沒。所以日本人要和他們攻擊俄人似的再加力的追襲是不可能的。

此時實際上在日人看來，戰爭算是終止了，因爲長驅直入離海很遠的北滿，他們的計劃中始終是沒有的。但是俄國政府，因敗而怒，不肯罷休。俄國的將軍（特別是留在彼得格勒的將軍們）說道："打敗仗是不回去的"。好在作戰的地方相離俄國的生命中心還遠的很（在遠東的邊界），彼得格勒在瀋陽之役以後，還要趾高氣揚的，把新徵的軍隊調往遠東希望接上十月間從客浪士塔梯駛出的離太平洋很近的第二艦隊。就是瀋陽之役的罪人，自然也尋到了因其"錯誤"才發生了這些不清楚。三月一日至十四日，尼古拉"整天的精神上覺到不舒服"，但在二日至十五日的時候，他就寫道："庫洛波梯金撤任，季尼維奇被任爲總司令。" 臨近五月的時候，尼古拉就很適意，就又作天眞的消遣去：五月八號就"打敗敵人"了。

這樣心理的變化，就是因爲瀋陽雖敗，但在國內戰線上能得勝利，好似是可以慰心。在這個時候中間，一來暴動的智識界的團體被封了，老早在他們面前老是躊躇不決的警察也沒有因此遇到何種的反抗；二來社會革命黨的"軍事部"被捕（二月四日最反動的公侯中最有力的而當時統治莫斯科的亞力山大維奇和蒲萊夫因之也聯合起來了）。這次逮捕，使保守黨人特別欣悅——不要忘記，由他們和尼古拉看來，似乎革命最可怕的還是"炸彈的手段"。"莫斯科公報"載說，社會革命黨的軍事部的人的塌臺的事，好像"俄國革命中的瀋陽之役一樣，"他們毫沒有注意到這樣說就是承認了俄國軍隊在瀋陽附近眞正的完全失敗。

實際上社會革命黨的暗殺，只是智識階級革命的一種反映罷了。而智識階級的革命，也不過是民衆間所發生的大擾動的反映罷了。這個擾動，時常是比沒有耐心的智識階級所希望的慢些。 就是智識階級的運動，也不怕警察的壓迫了，這也是政府的凶兆。 封閉智識界的團體，只是助長着他們的運動走到有組織的第二步：這一步是組織“職工政治協會”。

我們愈走出俄國革命的第一時期，就愈難解釋出這些會到底是什麼東西。 他們不很相像無產階級的職工會的組織，職工會在這個時候也發生了：將到一九〇五年春日的時候，就有了印刷工人，製刷工人的工會，在西部只有半無產階級的鐵路工人協會，從他們中間也有“婦女平權協會”一事中也就明白了。 在別的協會中，如工程師和教員協會（兩個協會發生於四月）中，雖然保障職工的利益是很重要的一項，但是這些協會的目的，不在於此。 已經消滅的“解放社”的復活，（實際上三月間就解體，在第三次大會，其中左派就代之而起了，）和上述的協會可說是還未公開存在的俄國智識階級沒有慣見的政黨的發端。 政府破產了，——在瀋陽之役以後，這是昭昭在人目前的事實，敗到這步田地，眞是這樣的恥辱從前沒發生過。 這樣的政府須要滾蛋——這也是人人明瞭的。 誰要取而代之呢？照老的說法吧，自然是“教育界”

的人,換言之,就是智識階級。若說推翻的貴族官僚的政府的地位,無產階級政黨取而代之——在那些時日誰的腦中也沒有這樣想過(我們這裏說的腦,是指眞正的智識分子的頭腦)。假設向眞正的智識分子說,只有這個非常的事變——政權歸給無產階級手中——是革命的成功,若是這個達不到,那就是普通革命也沒有成功過,若是這樣一說,這些人們更要驚怪的不得了。契爾納瑟夫斯基的預言,說什麽革命時,常常必得期望完全的勝利或完全的失敗,老早就忘在腦後去了。他們雖然表面上否認從上頒布憲法和尼古拉讓步之不可能,但是暗地裏可希望軍事上的失敗和羣衆的運動,能以逼得尼古拉只往讓步一路走。到了二月十八日,好像事情就是如此,和得到保障一般。但在這情形中間怎麽辦呢?要求什麽呢?有人假設以爲"工匠"和"農民"實在不能自覺的要求他們所需要的東西,"受過教育的人"必須要幫助他們,可是誰作這件事呢?難道是從"地下室"裏面出來說些階級爭鬥一類的"顯然的瞎談"的渾身精光的男女學生嗎?眞正的堅毅的智識分子,須要去幫助"人民"。智識階級,這個"勞動羣衆"的保姆的作用一定也就能以提起讀者想到領導民衆的"批評思想者"的學說了。不錯，這也是那麽一樣的宇宙觀。一九〇五年的革命，給了這個見解一個最後的致命的打擊，但是一九〇五年春日，他還是盛旺的很呢。

爲這個含有身穿短褂和地下祕密工作的一樣的渾身精光的傲然聲言自己是"眞正的無產"——本來除去這個短褂外什麽也沒有——的農村敎習，同教授，薪金數萬盧布的工程師，律師或"醫方"千萬的醫生等類的社會黨員，他們很快的把"解放社員"（沒有變爲社會革命黨員的那些）擠到後台，留心保護這些團體不受馬克思主義的"惡劣"的影響幷充當這些"團體"的領導，這是極其自然的事。二月起就合爲"各團體聯合會"這形形色色的羣衆沒有共同的政黨，沒有共同的策略，也是極其自然的事。在政治上來說，所有這些"團體"只是要求一件事——召集憲法會議；這就能標出他們的德謨克拉西的性質，而也藉以和準備合到"立憲民主黨"（簡稱作"cadet"）多少總有專去代表自由資產階級傾向面目的"解放社員"的左派分別清楚了。說到策略，這些"團體"不能不叫其會員，實際是自己願意怎樣就怎樣行動；假如社會革命黨，規定理論上的策略是必須遵行的時候，那麽能以失掉十分之九的"聯盟者"了；就在那個時候"自由的"智識分子以爲遵守無產階級的紀律是有失身分的，若是限於將來的立憲民主黨的完全合法的策略那就等於不要革命，可是這些"團體"仍是革命的團體。就在那個時候，智識階級的政治上的罷工的計劃，只算是模糊的觀念的開始發生——到最後表明出惟一的最合宜的工具，是無產階級的工具。但只是無產階級作下怎樣用這個工具的一個榜樣，而最近於無產階級的鐵路工人協會比別的協會最先隨之而起時，他們才肯把這個工具拿來運用。

這類的榜樣到了秋天方才發生。在春天這些"團體"祇是聯合了起來，而剛被任爲俄國警察總監的特來鮑夫沒有採取"鎮壓"他們的特別方法，這一點就能顯然的證明當局怎樣不以這個新形式的智識階級的組織當作什麼了。每個事情發生後，沙皇村的情緒，是和天氣一樣那麼淸和的。瀋陽之役漸漸忘在腦後去了，只要找到罪人庫洛波梯金懲罰一下，那就萬事停妥了。五月十五日尼古拉寫道："過了一個很好的野筵。"就在這一天離他一萬俄里的地方，他的剩餘的艦隊就獻給了日人。假如說遼陽之役是失敗，瀋陽之役是敗北，那麼對馬島之戰就是劇禍了。對馬島這個名字，對於受過敎育的俄國人是很熟的。用不着去解釋說，這裏是指的日本高麗間海峽中的一個最大的島。日俄戰爭的命運，也就在先前"羅馬諾夫朝"所垂涎的地方解決了。假設尼古拉的計畫——佔據高麗——實現了，在這個海峽的兩岸上俄國旗就要飄揚飛舞起來吧。現在兩岸所能望到的地方，俄國國旗最後的撤下來了——俄國不是太平洋上的大强國了。

我們還記得一九〇四年十月中間，遣發到遠東去的所謂"第二"艦隊是去救被圍攻的旅順的，要尾擊封鎖旅順口的日本艦隊的最後的和拚命的方法。艦隊才駛到半路上，旅順就投降了，若是再往前駛去，顯然沒有絲毫的意義。但是打敗仗是不囘去的這句話，不只是在陸地上，就是在海上也是如此堅持的。艦隊無論怎樣一定得向前進，實際上就是前去找死。

這個艦隊，就是準備來這樣結局的，不能有什麼大的用處。起初這個艦隊是從戰初莫有趕快出發的新鐵甲艦組成的。這是最新式的軍艦，而是俄國製造的，這就是說製造這些軍艦時，人們偷出的錢比花在這上面的還多，再者製造時是匆促的，自然不能造的很堅固。水手，軍官和海軍照質量上說比旅順口的艦隊壞的多；第二艦隊只能用作候補的，從這一方面看去，這個艦隊也就合庫洛波梯金的軍隊一樣。只是慣於駛行老的軍艦的人們於最新的航海技術還是不很合手。 艦隊的預備特別的壞：缺乏什物，自芬蘭海峽到日本兩岸這樣長遠的路程中，只作過一次臨戰射擊的練習。要使海軍學好射擊，這一次練習自然是不足的。艦隊的艦長也是不能勝任的。殘酷不仁，在屬員中不能信任的海軍上將羅日楷斯梯文斯克基曾為一個老式的水手，不懂得現在海戰的情形。在這次戰爭中，最近發明的爆發物實行時，軍艦最危險的，就是火：所以最要緊的一條規章就須要把赴戰的船上的所有木製的東西移去。羅日楷斯梯文斯基專愛外面的"秩序"及鐵甲艦的美麗，嚴禁毀掉木製的上層房屋及木器。我們等一會就知道因此要生出什麽結果來的。"第二艦隊"的質量在沒有看到東西的海岸之前已經完全表現出來了。剛剛出波羅的海入北海（英德之間）的時候，在夜間，艦隊就撞了從赫爾出來捕魚的英國的漁艦。一個看守的軍官，以為這是日本的魚雷艇，就命令開槍。極可恥的驚懼和擾動就開始了。俄國的軍艦向各方面射擊，互相槍打，殺死和槍傷了自己的軍官和海軍。自然也擊到漁艦上去，有一部分也和水手一起沈下去了。俄國的政府，以後一定須受國際法庭的裁判，而賠償給死亡的英人家屬卹金。

眞正說來，應當催促艦隊駛囘家來的旅順口之失，反成了艦隊毀滅的催命符。因旅順口的艦隊的幫助是不可靠的，所以不能不再從俄國派後援的艦隊去鞏固他的勢力。但是留於俄國的只是軍艦，剛剛能夠作保護沿海之用，走的很慢，鐵甲不固，陳舊的火礮也不中用。他們就這樣地組成了“第三艦隊”。艦隊的總司令涅保加韜夫上將，比羅日楷斯梯文斯基稍微銳敏些，結果只是沒有把他的軍艦沈下去，只是幸然的使軍艦都成了日人的俘虜罷了。

羅日楷斯梯文斯基的艦隊，載了破剩老舊的異樣的礮，不但不能幫助什麼，反而同時處處妨礙俄國的新艦的行動，並且連同無經驗無技能的水手在海裡撞蕩了六月之久，在朝鮮海峽遇見了排置很好剛剛修理完竣的日本艦隊，此隊的水手自戰初就嚴加訓練過，此時已經有了一年的戰鬥的經驗了。日軍和時常一樣，在數量上是比俄軍軟弱些，但是此時質量的好，就抵當了數量的少了。叫簡單的無經驗的看來，發生了一個眞正的奇事：俄國鐵甲艦竟被日軍的炸彈爆毁了。　爲什麼就一定發生這件事呢——我們在上面已經知道了。　這次劇禍的罪人，自已雖傷了，但是不願意死在他自已排佈的一個木頭堆上，要在魚雷艇上逃走，但又被日人追上，於是就不戰而降了。　涅保加稻夫第二天也就蹈了羅日楷斯梯文斯基的覆轍了，雖然以後懲戒他較嚴些，但是他還是有情可原：一來他在他的"破艦"沒有可以脫逃迅速的日本巡洋艦的希望，二來他的艦隊的軍艦上的木頭都投在海裏去了，所以一個軍艦也沒有燃燒起來。　幾千俄國水手的性命，因此也就救出來了。"第二"艦隊幾乎所有的水手都沈死了，——俄軍損失了八千之多，而日軍損失的還不到六百人。　只有幾個巡洋艦和輔助軍艦，得以逃走，藏在中立海港裏去，只有一個小巡洋艦逃到海參崴。

對馬島之戰，給"社會"上物質生活上有保障的一部人民的印象，比起瀋陽之役深刻的多。　當局也預料到這個印象，所以盡可能的隱藏劇禍的消息：充載外國報紙上的無稽的（但是俄國人愛聽的）謠言，軍事出版稽查處在三天之內隱藏起日本總司令東鄉上將的官電。但是眞情暴露了，影響更爲深大。就是這幾天內在莫斯科召集的比“解放社派”更右的“鄉間活動家”的會議，目的在討論將來“人民議會”的組織的事，（根據二月十八的上諭），起初提出最穩健的要求，（“反對選舉時以階級爲原則”等）現在居然也自己出乎意料之外的提出幾乎嚇死少數好人的“不能容延的召集人民議會”，“以直接平等不記名投票的普選爲原則”的要求了。這些少數人費了九牛二虎之力才能抹煞這個太不合於地主會議體面的原則，少數派中一個人驕矜的說道：“覺得大多數演說的人和出席諸君中間爲着對於必須調和政府和社會間的爭執及用盡全力形成他們中間鞏固我們國家威權的統一勢力的事的覺悟，不如受埋怨把俄國拉進不幸的及人民不了解的戰爭中，而使國家陷於國內外的破壞地位去的政府行爲那樣的正義之感的影響大些。

受政府的困窘而憤怒的地主們，最初就願意大會的人都到尼古拉那裏去，要求他根據直接平等不記名投票的普通的原則召集人民代表大會。少數派剛剛的能以反對下這個“示威遊行”的提議，去代以派遣不大的代表團，呈給沙皇一個多少“恭敬點”的，就是說用奴氣十足的辭藻所做的一個請願書。六月六日尼古拉寫道：“在報告之後，在田莊上（彼得格勒沙皇的家眷住的“別墅上”）接見了不久在莫斯科舉行的大會派來的十四個鄉城的活動家。”此外就什麽也不說了。這些‘活動家’對他說的什麽，他答覆的些什麽——一句不言。可是只是兩個禮拜以後，他的眞正的情緒才找到機會發洩出來。在日記本上，六月二十一日那一天有這麽一句：’…………在田莊上接見了參議員諾瑞士金，鮑布林斯基伯爵史萊米契夫等以及幾個農民，從‘俄人協會’帶來的反對城鄉‘活動家’的宣言。”

“活動家”也免不了和沙皇盡情的歘談——只是他們打算要向沙皇勇敢無禮一談時，這些“埋怨”才出現了，但是他們的决心終沒有見諸實地。智識階級就是“談談也不願意了。”就在那幾天也是在莫斯科開會的“各團體聯合會”叫人們不要談，去“行”誰能作什麽就作什麽，誰以爲在政治上需要去作的就去作，——怎麽合適就怎樣去作。拿所有的方法去反對現在政府繼續存在所含有的可怕的恐怖，現在是合法的了；所有的方法一定也須拿來用。 我們對所有社會團體,各政黨,聯合的組織,私人的社會,對所有人民中生動的,能幹的,受病很深的人說:用盡所有的力量,所有的方法,去達到剷除操有政權的强掠的一起人的目的,而代之以憲法會議。

把"羅馬諾夫皇室"比做强掠一起人,這事也沒有傳到尼古拉的耳鼓裏去,卽或是傳到了,他也不見得就因此拍桌嚇貓害怕起來吧。 但是不久就有不害怕不成功的消息,傳到它的耳鼓去了。 假設鄉城的"活動家"佔取他的日記簿一頁,而智識階級一頁還不配佔取,那麽對於"鮑橋木金塔夫里祈斯基"的鐵甲艦就值得日記的幾頁了。這個名字不和"活動家"的名字一樣,沙皇是記得淸淸楚楚的。

至於戰爭不得不影響軍隊中的心理——這是不解而自明的。"羅馬諾夫皇室"的凶兆先早就出現了。 就在瀋陽之戰的時候,就有兵士鎗殺用手鎗的射擊而逼囘退兵驅前擋礮彈的軍官的事發生。 對馬島之戰時,涅保加諂夫的很快的投降,不只是因爲戰器太壞,再要去戰是毫無意義的,並且也因爲水手們堅決的拒驅徒然送死,在涅保加諂夫的一個好的鐵甲艦上,在軍官面前就提出二條路來——不是落旗休戰，就是水手們把它們放下水裏去。這個老早就稱作"革命的"而現在不能遏止的"革命的"情緒，在海軍中比在陸軍中間影響強大的多。這是因爲海軍羣衆的社會成分的緣故罷了。近代的軍艦上有各種機器（例如上面所有的大礮都是藉機器之力轉動的）很像一個工廠。在軍艦上有機械而不做工的農民，比起工廠的工人還要難於應付。而且軍艦永沒有用來去反對過"國內敵人"。"有出息"對於海軍比起對於有鎗殺罷工工人和遊行者的機會的陸兵來，也就因此不是那麼必須了。因爲這些原因，當局就急於把工人派到海軍中去，把農民派到陸軍裏去。因此尼古拉第二的海軍也就是他的武力中最無產階級的一部分了。

時常和外國兵艦（那麼也能遇見俄國的僑民）的水手，以及雖不如工廠工人覺悟但是更暴燥的受了遠遊的羣衆自然的放蕩性薰染的海港工人接觸，所以這部分軍隊，也是較爲革命的。特別是後備的，最近才由工廠撥出的水手更把"罷工"的心理顯然的帶到軍艦上去。而海軍的軍紀，比起陸軍來更要乾燥無味，大有農奴的氣象。在軍營中軍官與兵士隔離起來，只是有公事才遇見他們。

但是在軍艦上，都住在一起，水手們知道軍官私人的生活特別清楚，而慣於憎恨他們，同時軍官的壓迫感覺得特別深重，對所有生活，所有的私人生活拘束的很厲害。此外沙皇時代的海軍軍官，比起陸軍軍官貴族多些——資產階級的分子，照老例幾乎進不到海軍中去，貴族軍官再要多的就是護國軍中——那你們就看出來，爲什麽海軍比起尼古拉的無論那部武力來特別準備革命的暴起了。

這次暴動的原因，也和正月九日以前一樣，自然一看也是不很重大而且是偶然的。海軍的生活，十分困難，同時軍官們呢，叫他們看來，吃的非常的好，海軍們知道軍官得的多，養的好，是犧牲他們的海軍們的應得之分的；知道的清清楚楚的。從前這還可以不去計較，而現在水手們看見"老爺們"比"人"吃的好，就以爲是不合情理，而時時就把這個意思表示出來了。六月中旬，黑海中很好的才照日本式造好的鐵甲艦"鮑橋木金"的海軍就拒絕這樣的困苦活下去了。軍官原想"恐嚇"他們，可是就以"無禮"相對，一句句的爭論就熾烈了起來，而汪庫林楚克一個水手說了一句太莽撞的話，就開了手鎗把他當地結果了。幾秒鐘以後開鎗的軍官就不見了，幾分鐘以後

"鮑橋木金"的司令部的人就都到海水底下去了。鐵甲艦到了暴動的水手手中,而紅旗一起,就駛向奧特斯的海港去了。

海港此時正在罷工,此時的罷工從俄國的一個大的中心蔓延到別的中心去。一個革命旗幟之下的大軍艦,在罷工工人中間,引起不可言喻的熱狂的爆發。對於被軍官打死的水手,他的尸首已運至岸上,舉行廣大的葬禮,就是奧特斯還沒有見過這樣廣大的葬禮呢。軍警當局縮回頭去一言不敢發了,特別是當局要試阻止時,"鮑橋木金"以十二寸的手鎗放出去的開花彈相待以後。假若水手是有組織的,城市有兩點鐘的工夫,就落在他們手中,這是無可疑惑的。革命的"傳染"已開始染及陸戰護衞隊了。但是什麽組織也沒有,在兵艦上共總只有二三個有覺悟的革命者,都是這一時的熱狂,正當着從片時的暴動,轉入嚴重的長久的革命行動時,熱度也就很快的減落了。

還在一個明顯的行動上表現出這種熱狂一次。所有黑海的艦隊,都被派到奧特斯去剿滅"鮑橋金木"上的暴動者。"鮑橋木金"勇敢的向"剿滅的軍隊"應戰,而當地就發生了當局未能預料到的一個事變。別的軍艦的水手看見革命的鐵甲艦飛快的走向艦隊來，捨了他的工作，就在艦面上高呼"嗚啦"以歡迎鮑橋木金。 指揮艦隊的海軍上將，很僥倖的能帶了多數的軍艦退後離開紅旗之下的可怕的軍艦。 幾乎所有黑海的艦隊逃避開一個鐵甲艦！但不是完全都跑了：一個別的大鐵甲艦"吉奧爾吉鮑卡唐諾斯茨"豎起紅旗，隨着"鮑橋木金"就一起向奧特斯的停泊處駛去了。

這是黑海艦隊暴動最高漲，當局的精神最頹廢，臨時指揮運動的人熱望最盛熾的時期。 尼古拉得到奧特斯事變的消息後，憤然的在他的日記上寫道："假設能使艦隊中別的水手都低首服從了，黑海艦隊上就不能發生什麼事了。"

情形比起尼古拉看來是對於他還好些。"吉奧爾吉鮑卡唐諾斯茨"加入進來，實際上沒有鞏固起暴動者的勢力來。 第二個鐵甲艦的水手的心理，比"鮑橋木金"上的水手更不强固。 留在"吉奧爾吉"艦上的軍官及副官（管理）暗地同時從事反革命的宣傳。 水手們一想起他們作過的事，就難過起來，軍官就對他們說，你們不要害怕，還有方法救濟:須要向當局道罪,"交出罪魁就算完了"。爲要使軍艦沒有危害起見,反革命者就把船停近岸去了。

"吉奥爾吉鮑卡唐斯茨"投降,但同時奥特斯的罷工也就消沈下去。海口人民半遊蕩的工人的薄弱,就全然暴露了出來:在罷工的第三天,一部分的工人喝的醉薰薰的,就在海口上點起火來,增加勇氣的當局就調去軍隊,羣衆——已經不是罷工的無產階級而是酒醉的流氓——被鎗殺走散,奥特斯就恢復了"秩序"。"鮑橋木金"艦上那時煤和食物已經快要完了,——鐵甲艦張起紅旗,已經快一個星期。"鮑橋木金"艦,找這個海口,尋那個海灣,起初跑到一個羅馬尼亞海灣康斯坦茨去,那裏雖是很和氣的收容"鮑橋木金"艦的水手,但是一點東西不肯給他們;以後又到弗奥都斯亞去,那裏雖然可以得到一點食物,但是沒有得到煤用,並且還有幾個水手,被從岸上射擊的軍隊打死了。水手的情緒就一天天的冷落起來。尼古拉六月二十五日天天觀察暴動的進展後,就得意的寫道:"鮑橋木金伯爵"又到康斯坦茨去了,在那裏水手就投降於羅馬尼亞的勢力而登岸了…………。"

專制政府的武力反抗專制政府的第一次的暴動,結果是專制政府勝了。 但是專制政府好多時,沒有忘記他的恥辱和懼怕呵。 尼古拉在暴動最高漲,還疑惑是否能"制服艦隊水手服從"的時候,自己想道:"一定得重重的處罰軍官和嚴厲的處罰暴動者呀!"在事實的可能範圍以內,對於"暴動者"呢, 是能以置諸實行:"吉奥爾吉"艦上的六十七個水手,不是槍斃,就是充軍。 但是對於"鮑橋木金艦"的水手,沒有法辦,因爲他們到外國去了。 但是當着一個指導暴動的水手馬秋深克二年以後, 要回俄國來的時候,雖然在這個時間經過了一次大赦,也把他絞死了。 專制政府不能忘記這次打耳光的恥辱。 就是這個暴動的鐵甲艦的名字, 也從俄國艦隊的冊子上删了去——"鮑橋木金"艦改名爲"潘泰萊芒那"。

軍隊的暴動又是一次提醒了戰事總得停止的事實。在對馬島的戰爭以後,這點更十分明顯了:所有的波羅的海的俄國艦隊, 只剩下幾個教練艦和兩個沒有造完的鐵甲艦。 不錯,黑海的艦隊得以保全, 但是不論水手的情緒怎樣,俄艦隊沒有出黑海的權利(按一八四一年所締結的協約,除去土耳其的軍艦外,無論何國的軍艦不能通過保斯佛爾和達丹奈爾海峽。 ——註)。 就在五月二十五日(舊歷)尼古拉“接見帶了羅斯福的使命的美國公使美弈。美總統的願作調停人的提議,趕在英法之前,但此時俄國外交界已經和英法奧於此事開始談判了。老早就否認說過“打敗了是不回去的”這樣驕傲的話,但是此刻事情更加困窘了。“鮑橋木金”的暴動更逼得他趕快結束了:七月一日尼古拉“接見任爲全權代表到華盛頓和日本從事和平談判去的維特”。

“鮑橋木金”這樣的就決定了尼古拉的策略。但是在革命的策略中,“鮑橋木金”的暴動也決定了一個前進的新的步驟:自一九〇五年起,在實際上就提出一個任務來,看來在一九〇四年十二月連想也沒能想到的——武裝暴動的任務。

1 9 0 5

第六章

工人革命

武裝暴動這個見解自然不是自一九〇五年夏天才發生的——這個見解早就有了。在正月九日這個見解，自然的就充滿了彼得格勒工人的頭腦。就是此時以前在革命的馬克思主義的書籍上也已經研究過的。在一九〇四年十一月著名的鄉紳會議爭辯"發言權"和"沒有發言權的"人民會議的時候，伊里基就寫着："工人階級的責任是擴張和鞏固自己的組織，加緊在羣衆中的宣傳，利用一切政府的地位動搖，宣傳暴動的意義，引證所有半途而廢及因時機未到而遭失敗現在還膾人口的，'步驟'來說明暴動的必要。" 在"鮑橋木金"之變的前幾天裡，暴動就大規模的實現了。"帝國"的西境洛金地方，無產階級——那邊按出身說，是波蘭的和猶太的，而不是俄國的——對於哥薩克和警察鎗殺示威運動，也是以從頂閣上和房頂上對擊相待。雖有洛金的工人勇敢的防禦，但是一從瓦爾沙烏運了軍隊來，他們的抵抗就很容易的被鎮壓下去了。洛金的巷戰街欄(洛金街上這幾天來築起數十個)，假設有組織精練，絕對服從政府的武力反對暴動，那麼在一九〇五年六月間，就足以十分清楚的預示出稍稍武裝民衆的每個暴動的命運了。

只是一部分軍隊走到民衆方面來，一大部軍隊保守中立(拒絕爭鬥)才能使民衆的暴動有成功的希望。

沙皇政府的軍事上的失敗使它的軍隊解了體。日俄戰爭客觀的意義不在於遼陽對馬島等戰爭以後那樣影響於"社會"的"心理"，而在於影響於革命的方面。戰爭，好似風搖樹動似的，把專制政府就搖動了，已經在正月九日以前，伊里基起來反對少數派的主張，寫道：戰爭就是“貧困”:“俄國的爭取自由和俄國的(並且是全世界的)無產階級爲社會主義的爭鬥,佔了專制政府軍事失敗的便宜很多。”“我們反對所有的戰爭,但是時常必須注意到這次歷史的戰爭的偉大的革命作用,俄國工人不是自願的參加這個戰爭的。”“俄國民衆,因專制政府的失敗,得到勝利。旅順口的投降,就是沙皇政府投降的先聲。”

但若說沙皇政府的軍事上的失敗,是他滅亡的第一步;那麼它自己的武力反抗他的暴動就算第二步了,那是更爲可怕。伊里基在“鮑橋木金”的暴動後第二天寫道:“事變火速的就可證明,喚起暴動和組織臨時革命政府的時機到了。”“現在每個社會民主黨員都是把軍事上的問題,假說不是當作最重要的問題,也是當作最重要的問題之一;都是研究這些問題,並且使民衆熟悉他們。革命的軍隊,須要實際的運用軍事的智識和軍事的工具,以解決俄國人民將來的整個命運。”

所謂“每個社會民主黨員”不是過分的話。你看少數派的“火星報”在那時題名爲“革命的第一次勝利”的一頁上怎樣寫道:勇敢去行,和全力去幫助兵士勇敢的暴動時期已經到了。現在只要勇敢，卽能成功。

“現在召集人民的露天會議而告給他們沙皇政府軍事保障破壞的消息罷。若是可能，就奪取城市的機關，而變成人民革命的自治保障罷。從革命的自治機關中，把沙皇的官僚逐去，任命全民舉出來的，於最終戰勝沙皇政府以前，交給他暫時執行社會事務和建設新的國家制度的權利罷。奪取國家銀行各分行及軍械局而武裝起全體人民罷。城市之間和城鄉之間聯合起來而讓武裝的人民，於需要幫助的地方，趕快的彼此幫助罷。奪取監獄，而把關在裡面為革命奮鬥的戰鬥員解放出來罷。各處宣傳推翻沙皇專制，而代以自由的德謨克拉西的共和國罷。同胞們起來罷！解放的時候臨到了！革命萬歲！德謨克拉西共和國萬歲！革命軍萬歲！打倒專制政府！”。

但是對於社會民主黨員們說些什麼呢——在“鮑橋木金”暴動之後，就是資產階級也改變口氣。那時右派的解放社員斯土窩就寫道：“每個眞實的，懂事的俄國自由派都需要革命。”七月六日（舊歷十九日）鄉紳大會上，也聽到這樣的演說。皮士魯凱維奇說：“當著我們六月六日（舊歷十九日）到彼得過夫的時候，我們仍是希望沙皇了解危險可怕的時局而設法避免。　現在所有這樣的希望就須丟開了。只有一條出路。 以前我們希望由上面去改革，現在我們唯一的希望就是民衆了（大聲鼓掌）。我們要用簡單明瞭的話，把實情告訴給民衆聽罷。政府的軟弱無能就激起革命來了。　這個事實，須要對人人承認。我們的責任就是用盡全力，去避免流血慘劇。　我們中間有許多人，費去了許多年，供職國家。 現在我們必須勇敢的走向民衆，而不向沙皇去了…………”“現今以前我們希望由上面的改革，但是在盼望的時候，時間都過去了。　政府所激起的革命把我們趕過去了。‘革命’一字昨天把我們的兩個會員嚇壞，以至於退出大會走了。可是我們須把眞理的面目看清楚。　我們不能束手靜待了。”

後來的立憲民主黨，只要不“流血”就同意。“革命”無論遇到什麽事情，一月以前到沙皇去的代表團那樣的情緒，就連痕跡也沒有了（那時皮士魯凱維奇最爲不安，他簡直沒有白手套。——就是要革命的意思——註：）資本家準備著不但脫去白手套，就是普通什麽手套也不帶了。

但是運動的進行不及資產階級所怕的和革命政黨所希望的那樣快。 這還是在離"鲍橋木金"的羣衆運動還有三個月的時候。沙皇政府在可能的範圍以內，還是利用三月的時光：第一要弭止戰爭；第二準備下民衆的保衞，組織沙皇政府以爲"忠順的"一部分人民。

第一件比起第二件來，容易的多了。 戰勝的日本，絲毫不願在亞洲大陸向北去擴張領土，向西北利亞方面去擴張。 日本看起來，戰爭實際上是爲着爭在中國的統治地位才起的。 在旅順口把脚站穩了——一八九五年俄國干涉日本這樣做——日本人照自己怎樣需要，就怎樣和中國的都城北京接近。 說起殖民地呢，高麗就完全滿足他們了。在瀋陽之役和對馬島戰爭以後，關於交回旅順口和俄國對高麗的野心，連提也不能提了。 說到領土呢，俄日之間，只爲着庫頁島發生爭執，這個島對於俄國除去作爲苦力的監牢以外，什麼好處也沒有，但是日人在其中就得到可貴的自然富源。 在軍事上，日本佔取庫頁島，能以把內部日本海變爲日本的湖了，由此向南是經過對馬島，向北經過庫頁島和大陸分界的很窄的一個海峽。 假設俄國在太平洋洋面保有艦隊，俄國還值得去爭庫頁島，但是自五月十四日到十五日艦隊沉到海底下去了。沒有艦隊，無論如何俄國是不能利用他的軍事的優越的，——再要爭持，簡直是沒有目的了。主要的爭論歸結到底還是爭錢：花去很多的戰費，日本要從俄國方面以賠款的形式收回來。但是尼古拉無論怎樣也不肯，不是因爲新的重債又使俄國負担加重，而是因爲自愛的心念：付賠的國家，自己就烙上失敗的火印了。尼古拉自己不願意受這個火印而從日本的聯盟國中找到沒有期望過的聯盟國了。無論是英國，無論是美國，也不願日本脫出他的財政勢力範圍。日本的勝利，照他們的期望來說，是太大，太光榮了：就是沙皇的敵人，也沒有算到他這樣失敗下去。再給日人財政上的獨立的可能，就是在太平洋又形成了一個新的强國，這簡直是英人和美人的計畫錦囊中完全沒有的呢。日本人當着和維特談判的時候（在美國蒲茨茅斯），堅持賠款的問題，他的債權者（日本戰爭時多半是用美國的金錢，一半是用英國的）就暗示他們，假若再繼續戰爭時，不用再想有人幫助。而日本完全疲倦，又沒有錢，就去調和了，只是賠償養活俘虜的費用，俄國饒皮的一點碎毛，就滿足了（在日本的俄國俘虜有幾萬人）；庫頁島就決定平分為二。照俄國所受失敗的重大來說，俄國分的還佔很大的便宜呢。

八月十六日（舊歷二十九日）維特簽了和平條約的字，因此"功勞"又恢復了尼古拉對它的寵信。尼古拉是樂不可支，以至於將他所憎恨的前財政總長擢升為伯爵的高位，這就是說，把他列在那時以前把鐵路站長以至總長都輕視為"莽撞傢伙"的尊高的俄國貴族隊裡去了。羅馬諾夫皇朝的人——假設不是整個的全皇室，至少也是單個的——就是失了高麗的財富，顯然仍是得到了安慰。整整的十年以後，在外國發現了一個特別奇怪的票據，好似期票一樣：日本政府須付給持票人（名字不具）一萬二千萬"洋元"（大約萬萬金盧布），持票人須探得所有俄國政府的軍事祕密的代價。這個奇怪的票據，上面還有一個更奇怪的規定，就是假說日本於票據上所規定的時期以內，不要再和俄國開戰時，日本才完全交付此款。因為日本在此時不但不和俄國開戰，而且和俄英法一起去反對德國，持票者沒有得到一文這是自然的事：票據聲稱為"贋造"——雖然日本外交家也不否認，那時（一九〇五年）的日本國務卿山方大將簽字是真的。只要在

“贋造”的票據上能有眞的簽字——那麽我們就不要去仔細研究，只要知道或者能和“羅馬諾夫朝”的某人締過這種的條約就算了：得悉所有俄國的軍事祕密還要允許俄國不再和日本戰爭，這是私人辦不到的，就算是一個總長吧——若是他這樣做，明天就能把他趕出去，而失去所有的勢力。就是照事之輕重來說吧，這個鬼，若不是“沙皇”的親近作的，也是“親王”作的。

終究“羅馬諾夫朝”的投機事業的代價，是得去撫卹俄國的兵士。照“羅馬諾夫朝”的意見，留在家的死傷的家屬——俄國的農民——須要永感羅馬諾夫天子之皇恩，而去誠心作爲反對“國內敵人”之保障，以報浩恩。於八月六日(舊歷十九日)締結和平條約兩個禮拜以前，所頒布的，“羅馬諾夫”憲法的精義就在於此。一個二月十八日起程的很長很慢的貨車，正當尼古拉很困難的從腦海中挖出召集最有聲譽的，孚民望的，從民衆中選出的人們參加準備和討論“立法議案”計劃的時候，終究到車站了。這個時候車載的東西老早就失去了所有的價值。

革命至久存在幾個月，有時幾個星期，間或還只幾天。但是“羅馬諾夫”政府，還繼續一年年的活下去；由政府自己看來，好像是健全似的，在半年之中作出這樣重要的法案來。（這是笑話吧！什麼人民議會！）在實際上這個法案的根本思想，只有發言權議會的思想，在二月裏已經陳腐了。就在二月裏，對於資產階級，這個法案不能滿足了。在對馬島之戰以後，特別是在“鮑橋木金”的暴動以後，追溯一九〇四年十一月的鄉紳會議，好似大彼得以前的時候一樣。若是給俄國一定立個“布萊根國會”，只是在最初就鎮壓下革命去那才可能，這是再明白沒有的。舊歷六月末沙皇作主席的彼得過夫的會議，因此就事前被人斷定爲有“講學”的性質，他有興趣者，只是因爲會議算是仍然統治國家的人們的計劃思想和見解的縮影罷了。最初這些人，顯然以爲他們的“計劃”就是賞忠順之民，罰暴動之徒的。暴動之人，工人和智識階級，照最初的計劃，沒有這個國會選舉的權利：國會的多數必須是從地主（30%）和農民（43%）組合起來的，其餘的百分之二七是給廠主和大商小販的。特別有思意的，就是把加倍暴動和加倍可恨的猶太人的選舉權完全剝奪了。將相對的多數讓給農民，看來是奇怪的。但是須要記着，照一九〇二年那樣的“擾動”，一九〇五年的鄉村還沒有發生過。夏天以前，六十二縣(合俄國本部省分的14%，不算邊界)爆起運動，其中採用罷工的爭鬥形式居多：這是農村工人的暴動，還不是農民。農民和工人比較起來，是"大有希望的"分子，大地主會議的人們的稱讚還是過之而無不及呢。汪爾康斯基說："須要保障保守的最能以表達他自己私人需要的分子的農民到國會中去呀。"

鮑布林斯基伯爵幫着他說："我們精神上都有一個願望：沒有騷動的使國家容易達到一個新的制度。我們主張的各階級的選舉制度，就有這個太平的保障。在保守的農民堅牆固壘之外，揚起了先進分子的如波浪似的若懸河似的演說。讓農民用自己的力量，去當這個爭論國會議席的困難爭鬥，是不可能的。我們須要幫助他們呵。

一個大官僚史萬湼把哈接着說："我想農民分子對於國會的秩序和有效的活動上是有益的。可以把農民比作貴重的壓船巨石，能使輪船——國會——在和社會思想自動的潮流和誘惑的爭鬥中，行駛安穩。"

候伯及諮議不久就灰心失望了，但是暫時他們還能從"堅牆固壘"得到安慰，藉"貴重的壓船石"減輕現在壓史進展強逼他們吃的苦丸的壞味：這苦丸就是無論是智識分子，無論是猶太人，現在都允許到國會裏去了。在美國總統羅斯福的調停之下和日本開始和平談判的時候，選舉法的反猶太人的性質是不大適宜。這個可貴的調停（我們記得在締結和平條約時，美國對於俄國怎樣的效勞），絲毫不是顯然明瞭的。威廉皇帝有一個薦信一類的東西寄到羅斯富那裏。但是羅斯富不能不顧到美國的社會輿論，猶太人的大屠殺沒有跟上在美國引起那樣不滿意的國家。在這時提起他的反猶運動來，是不合時機的，而尼古拉就安然的把他對於猶太人的憎恨隱藏起來以待"良日"。不久我們就可看到，他也因此慰籍很大。它的總長們主張給資產階級的智識分子選舉權——他們以爲立憲民主派的律師和教授們在將來俄國國會中，是反對極左派幫助自己的一個助手，這是想對了。再者智識分子是要經過詳細選擇，一個選舉者在都城裏每年至少須付一三二○金盧布的房租，這就是說每年須有五——六千盧布的薪金。不但是城市的小學教師，就是中學的教習以至大學的助教還列不到這一類來；至於學生呢，老早就除去這個資格，並且就是年齡上也是不足呵，因爲二十五歲以上才可以有選舉權。兩三個數目就能證明這是和"全民選舉制"相離多麼遠哪（沒有一個統計學者和農業學者的縣大會必張採用全民選舉制，——"直接平等不記名投票的全民選舉制"非常著名，就是尼古拉也知道這個名辭了！）。聖彼得堡居民一百五十萬，有選舉權者只有九千五百人；莫斯科居民百萬有餘，有選權舉者只有一萬一千（莫斯科附近商人也算進去了），奧特斯居民四萬五千，有選舉權的只有七千人等等。

就是在最後的一個計劃中，工人也被剝削選舉權——老天呀，就是羅斯富也不保護這些"暴動者"，所以他們對於總長們就不需要了。無產階級因此也就沒有以拒選對付這個選舉法的必要了。但是無產階級的政黨，鮑爾雪維克，就不加遲疑地喚起得有選舉權的幾個階級拒選。只要看看資產階級的羣衆於一九〇五年秋大會上說起國會來時，怎樣的歡迎社會民主黨講演者，就能想到在都市中拒選是進行的很熱烈的了。但是"布萊根國會"只是紙上空文——革命也沒有容許舉行選舉的時間。

在尼古拉和地主及官僚們製定不想實現的憲法時，剝削了所有工人的權利來製出合於實際生活的自己的憲法，時間雖花費的多一點，但是比較可靠。就於一九〇五年在俄國出現了第一次工人代表蘇維埃。

這個工人的憲法，和布萊根的憲法是相反的，沒有在任何委員會上討論過，也沒有詢求有信仰的專門家教授的意見（討論布萊根的計劃時，還請了鼎鼎大名的歷史家克里契夫斯克。他是直接從實際生活中出來的，——是從工人和專制政府及業主的罷工爭鬥中產出來的。

我已經幾次提過，自從一九〇五年正月起，假如拿那時的全俄國來說，罷工一刻也未曾停止過。為要更清楚的想像這年罷工運動的規模怎樣廣大起見，我們引幾個數目來看。第一先比較一九〇五年俄國罷工工人的數目——以千為單位——和一八五四至一九〇八年十五年間在別的國家罷工的最大限度的數目——也是以千為單位：

俄國（一九〇五年）	美國	德國	法國
2,864	660	527	438

在這些別的國家之中，沒有一國的罷工工人的數目在這個時期在一年中，可佔俄國在一九〇五年罷工工人的數目的百分之一。但就數量來說，自然俄國的無產階

級不及美國，德國以及法國的無產階級多，從這個比較之中，就能得一個結論，每個俄國工人在比年中罷工不止一次。　實際上假設我們將一九〇五年所有俄國工人的數目定爲一百，那麼罷工的數目就爲一百六十四。

這可以比較一九〇五年的運動和前幾年的運動了。前幾年間沒有一年罷工工人的數量超過了所有工人數量的5%，只是在一九〇三年罷工的數量達到這個比例（5.7%）。　所以在一九〇五年運動比起以前來，有三十三倍"濃厚"了。

以後我們給這個運動作結論的時候，我們再詳細的研究——到底是誰和怎樣去罷工呢？到那時我們就看到，他有幾種工人，就是在一九〇五年一次也沒有罷工過的。爭鬥的人們得到怎樣的直接的結果呢？

正月九日之後，顯然的看來，俄國每次罷工是政治爭鬥的反映，和工人對於專制政府的反抗。　自然每次罷工，是劇烈階級忌恨的表現，每次罷工的政治現象——這點曰里格夫就看到了。　但客觀上每次罷工是如此的，不管工人自身的覺悟怎樣；在日里格夫那個時候，幾乎工人中沒有一個看到這個客觀的方面。　在一九〇五年看來，情形就不同了，但是這年有一大半的罷工，仍然是提出經濟要求的口號，罷工的總數中，有一，四二九，〇〇〇工人是提出經濟的口號而罷工的，一，四三四，〇〇〇工人是提出政治的口號而罷工的。

就是參與運動的那部分工人羣衆，也沒有集中勢力給專制政府以打擊。他們也和沙皇爭鬥，也和業主爭鬥，——並且和業主爭鬥的時候比和沙皇還要多，因爲純粹提出政治口號的罷工還是非常之少，可是幾乎每個政治的罷工都提出經濟的要求呢。工人羣衆中特別有毅力自信的那個隊伍的情緒也是和其中落後的隊伍那樣的，關於這點要算一九〇五年夏伊文諾夫烏茨湼新斯基紡織工人著名的參與者有五萬餘人而延長二月之久的，——自五月至七月——大罷工的指導者敍述的最活現了。按長久來說，這是俄國歷史上最大的罷工。

下面就是這位同志的敍述：

“在罷工最初演說者的講演中不但沒有堅決的勇敢的去喚起武裝的爭鬥，並且還可以看出用極愼審的態度去看革命的劇烈的問題。這只是因爲大部分的罷工者，最落後的分子的心理對於所有這些問題是取消極態度的綠故罷。同志們要一提這些問題時，大部分到會的就喊嚷起來，從這些裏面也就可以看出來了。各處發出叫喊：‘夠了，不要講了！我們是要和平的爭鬥，不是要革命。我們的罷工是經濟的’等等。有一次庫克森在很短的一個演說後，從講壇上喊道：‘打倒專制政府！’說了這句以後羣衆就大聲的擾動起來，反對這個口號，只是一個智識階級的同志用了很大的力量才把這羣人平靜下去呢。此後，我們就很淸楚了，罷工的人還須準備一下，還須給以相當的政治智識，去實施這種教育得極其勇敢和小心才成。在每天罷工的全體大會上就去照常實行這種教育，塔爾卡（河名，工人在這個河岸開會——註）完全變爲‘教育罷工工人的政治大學’了；這個大學裏，工作很努力，也有很大的成績。”

可是伊文諾夫烏茨涅新斯基的罷工是政治罷工一類的，這是無疑的：他們提出出版集會結社的自由，人身及住宅不能無故侵犯，根據直接平等的選舉法召集憲法會議的要求。若是有人以爲旣然如此，工人們爲何聽見“打倒沙皇”一句就擾動起來，覺得奇怪，那麽我們請他追想卡旁的請願書的事就好了，在請願書上實在都有這些政治的要求，但是工人仍然送請願書到沙皇那裏去。就是在一九〇五年正月，彼得格勒無產階級所消滅的那情緒，可是俄國全境內消滅得非常之慢。兩個半月以後，伊文諾夫烏茨湼新基的工人，被方才提過的那個同志一喚起，就"變爲完全不能被人明白"的了，對於他們也得實施對於別人的那樣的教育呢。

伊文諾夫烏茨湼新斯基工人不是"最後的"一部分工人。這個從他們自己製出的那個有階級性的憲法中就可表示出來了。罷工的工人，自然選出代表來和當局及業主去談判，——這是平常的事。但是每個工廠舉出自己的代表，單獨的去談判，是平常的事。工廠監督和業主也是提示給工人要這樣做。每個業主聲言：我豫備着和"自已的"工人談判了，但是別的工人不干我的事。可是伊文諾夫烏茨湼新斯基工人特別看透這個資產階級愛用的破壞罷工的詭計。他們從所有的罷工的羣衆，舉出全代表來——約有百人——並且要求全體來談判，階級和階級來談判。工人們主張的堅决一致，當着一個廠主讓步向"他自已的"工人提出很優待的條件恢復工作的時候，而這個單個的投降立時就被拒絕了。

一九〇五年舊歷五月十一日至十五日之間，就這樣產生俄國的第一次工人代表蘇維埃，這是第一次工人們以"為自己的階級"(Class for itself)的名義出頭，已經完全脫離任何"民主派"的勢力，不和卡旁派那個時候一樣了。就是因此，八小時工作日純粹的階級要求，就被第一次工人代表蘇維埃一致通過了。

自然，這個要求不只在伊文諾夫烏茨湼新斯基提出來，——在一九〇五年的罷工中這個要求成了普遍的現象。更有趣的就是，此年洶湧的罷工潮流時常逼着業主們讓步——工人們得到這個口號的實現了。春夏及秋初的時候，爭到八小時工作日的，有基也夫區的糖廠的工人，薩馬爾的印刷工人，軍醫品製造工廠的儀器作坊的工人，和彼得格勒的造彈廠，國家印鑄局收發課機器部。幾個製造用具工廠和牛油作坊，奇富利斯的電車工人，遠東的礦工，巴林煤油業黑膠工人。有些時候，只是業主允許採行八小時的工作制就了結了，——就是這個"原則上的"讓步也算是無產階級的很大的成功了。差不多得到八小時，和得到八小時半和九小時的工人還是很多的，爭到八小時半工作日的，有一部分紡織工人(莫勞早夫的工廠的)，彼得格勒海口的街夫，爭到九小時的有鐵路工鋪內的工人，窩爾沙夫和白爾殿斯克大多數工廠的工人，明斯克的印刷工人。末後，大多數工廠工人和莫斯科的麵包房工人得到十小時的工作日。

若是追憶一八四〇年在工廠裏，十小時工作日的規定是人人認爲工人階級很大的成功，我們就知道一九〇五年在這一方面俄國工人所爭得的大小了。和從前一樣，關於工作日，業主是肯讓步些的，可是關於工資呢，他們是仔細較量，非常倔强的。但是就在這一方面，工人仍然得到十分重要的讓步。剛剛提過的莫斯科麵包房的工人，在四月時——上面講，"教育界團體暴動"時，也就便提過這個罷工，——爭得工資增加百分之五十。剛才敘述的伊文諾夫烏茨涅新斯基的罷工，看來是沒有成功的，實際上結果和工人們所花費的很多的精力比較，是很小的罷了，就是他們也是得到百分之十五到二十的工資的增加；再者有一個工廠還允許實行"工廠條例"，——雇用工人和開除工人，交由工廠管理和工人代表各半組織而成的委員會辦理。在瑞伊縣普通職工的工資都增加百分之十。莫斯科，普洛霍洛夫作坊平均每月的工資自十四個盧布(一九〇四年五月)先增至十六個盧布八〇個哥比(一九〇五年三月),又增至十七個盧布七三個哥比(一九〇五年八月),繼又增至十九個盧布五四個哥比(一九〇五年十二月)。但是最熟練的工人,自然得到的最多。蒲奇洛夫工廠裏工資的增加:熔工自一五七個哥比(每日的)增至一八四個哥比,機器作坊的工人,自一九七個哥比增至二二五個哥比;冷鍋部的工人,自四三個哥比增到一七六個哥比;礮部自二二〇哥比增到二五二個哥比,器具作坊的自二四六個,增至二九九個。這裏工資增加最大的比例是——17.7%;機器作坊增加的比例只有14.2%。可是各處工資都有點增加,同時工作日也縮至十小時。

工人階級的這些經濟的勝利,很少引起智識階級的注意,就算是革命的智識階級吧,也是如此——他們是特別去忙純粹的政治爭鬥,而用他們自己的眼光觀察所有的問題。可是這種事實對於政治爭鬥的發展和結果,也有絕大的意義的。沒有武裝暴動,去推翻專制政府是辦不到的。恩格思說:政府首先是武裝隊伍;不拿出自己的隊伍,以抗政府的隊伍,不拿出革命的軍隊,以抗沙皇的軍隊，不但是談不到勝利，就是連怎樣重大的爭鬥也說不到呀。工人們都相信一九〇五年春天以後，一個不很覺悟的工人爽直地所說的，——就是因爲他不很覺悟才成爲第一次國會的議員，“用罷工的手段什麽也能達到”。但是假如罷工有這樣的神力，——爲什麽還要爲着並非全體工人贊同的政治口號而去武裝暴動呢？武裝暴動的話就成了“這樣”恐嚇人的言辭。無論怎樣，這是唯一的眞正的與合於實際的計策。

好像預定的計劃似的，“罷工主義”的理論，可說是不久能得到顯然的成功：就是罷工，能以從專制政府那裏爭到第一次原則上的讓步。

一九〇五年革命的事變，沒有那一個可以跟上十月罷工，那樣完全是“自然產生的”(事前沒有準備臨事缺少有計劃的指導的意思——註)，這個名詞很恰當的。整月以前沒有一個革命的團體想到我們臨到比正月九日還要高的新而且大的工人運動波濤，爆起的除夕，這些團體，我們已經說過，專幹政治爭鬥，把注意力都集中到臨到的“布萊根國會”的選舉，極力宣傳拒絕選舉。拒選最容易在城市中實現，這是很明顯的，鄉村地主和農民們是要出來選舉的，那麽無產階級羣衆的運動是注意到提議於一九〇六年舊歷正月十日招集的國會上去了——這是俄國工人不能牢記着“流血禮拜日”週年紀念的第二天好像故意這樣規定。所餘的三，四個月，就很能去作拒選和新的政治運動的宣傳。

這個宣傳，正是跟着新的“革命時機”起來的，這個革命時機，因爲尼古拉第二的總長和資產階級的智識分子的那種政客勾當的緣故——上面已經說過——就展開在眼前了。尼古拉的政府，集中抵抗的全力，和工人運動爭鬥，在“布萊根國會”裏向鄉紳的右派讓步，並且决定向大學教授一類的城市智識階級的極右派，對於“大學自治”讓步，其實教授老早就得到了“自治”，實際上這裏所爭的很和關於有自治權的鄉紳會所爭的相近——就是地方事宜脫離地方官署而自治的問題。鄉紳所爭的是要他們本地人來做省長，而不是要由彼得格勒派去的“官僚”。教授們願意他們選出的校長管理大學，而不是彼得格勒任命來的官僚管學監督管理的。無論是鄉紳，無論是教授，都沒有想到這就是反對專制政府：似乎他們只是直接的服從中央，而不服從地方的“官僚”，他們如政治權利被限制的人們一樣，看來所有大學裏的風潮都是因爲教授們“不是自已家中主人翁”的緣故而發生的。只要把權力交給他們，高級學校裏就有了“平靜，和平及幸福”了。若是以鄉紳會爲純粹地主的機關，那麼高等學校就是資產階級的機關了；鄉紳們和教授們總是有些對的地方：地方的地主們選舉出的人，比起從彼得格勒派來的官僚，在他們中間有威權些；資產階級的教授，比起青年們所忌恨的代表“警察”的監督或管理來，比較的容易影響資產階級的青年。

是後，在和平的時期，“自治”就是這樣的幫助專制政府了。但是一九〇五年，資產階級的青年也受到羣衆運動的影響，而加入運動，他們的指導團體，在那個時候，不是社會民主黨派的（大半是少數派），就是社會革命黨派的。無論是社會民主黨員也吧，無論是社會革命黨員也吧，總是對於專制政府沒有便宜的。專制政府打算把自治權交給大學將來的立憲民主黨員和十月派，但是大學的自治權落到社會民主黨員和社會革命黨員手中去了。在一九〇五年假期以後，學生招集會議議決不繼續罷課了；自從正月九日學生就沒有停止罷課，而去利用大學教室作革命運動。在所有大學裏，舉行千人的大會，警察不能加以干涉，因爲到"自治的"學校裏去，沒有本地當局的召請，是不能的。本地當局假設能以叫市警進去，他們是高興的，但是學生的情緒不容忍他們這樣想呢。在第一次三千人的大會以後，莫斯科大學的校長，杜魯比茨克要反對而把大學關了，但是浪濤高起還能管他嗎？不久大學教授的和"學院的"協會（也是"職工政治學會"之一）不得不承認大學之內的會議是平常現象了。革命自己奪得自由的講壇了。

我再重複一句話吧，就是爭鬥的人自己也沒有想到，這個風潮到了什麼程度才算適合呢。剛剛在大學的頭幾次會議後第二天工人運動新的波浪就出現了。

這個汹湧的猛濤的前聲在三個禮拜以後就感覺得到，八月末（舊歷）在巴庫的煤油廠中，又爆起了新的罷工；此事的原因，是因爲煤油業主沒有實行他們在一九〇四年末所允許的條件。這次反對罷工，就採用新的方法。但是知道這個方法的人是很廣遍的：開動了行政署所調遣的黑黨隊去反抗工人。從前這個方法也"零碎"的用過；在庫爾斯克春天就用來反對學生的示威運動，在下新城夏日就用來反對智識階級和工人。在高加索的周圍，運動已有武裝撕殺的性質。巴庫成了國內戰爭的舞台，戰爭的時候，所有的把漢諾，薩布琴的工業區都燒毀了。第一個影響就是劇烈的煤油饑荒；煤油價格增至200—300%之多。第二個影響——就是工業中區煤油的企業機關一步加緊一步的停滯下去。不要忘記，二十世紀頭幾年的恐慌，還未完全消滅——新的工業發展只是到一九〇九年才出現的。大小工廠開始關閉，失業增加，工人中間也就不安起來了。

在這個困難的環境中，九月末(舊歷)一個跟一個爆發的單個罷工，就和預定的一樣開始低落了。要注意的就是，雖有"餓王"的小資產階級理論作爲革命的中心指導，可是這次罷工的不是最饑餓和最落後的工人——反是從過去罷工的光榮得到大的利益的一部分呢！他們的物質地位，不但沒有加劣，而且是已經稍爲改善，自然他們無論怎樣還不以爲滿足。說到此地要記着，就最優遇的工人工資的增加，也不過20%，而同時生活程度增加了25—30%。罷工的爭鬥，實際上剛剛的能以幫助工人保持着二十世紀開初所爭求的生活程度。

假設工人不願意低降，他就須繼續爭鬥，繼續罷工，從前罷工成功的人們，自然循這個道路走，更能自信並且容易起始罷工。莫斯科的印刷工人，在一九〇二年已經得到工資大大的增加，自從那個時候就有它自己的祕密組織。戰爭引起的物價昂貴(不要忘記，和約剛剛才締結了，而戰爭對國內市場的影響還是完全感覺得出)差不多使他們從前所爭到的利益等於零。還得要繼續罷工。祕密組織——當時完全在少數派手裏——要把運動延長到召集國會的那個有預兆的日子。但是如多數派報紙"無產者"的莫斯科訪員所寫的那樣"沒有覺悟的工人"，及少數派的運動歷史家所寫的，"純粹的經濟學派和經巡祖把韜夫訓練的一小部分工人"，堅持的從速舉行經濟罷工。寫這幾行字的人要出席印刷工人罷工委員會一次會議，也沒有看見這些會員在階級意義上說是"沒有覺悟的"，但是他們自然離開政治革命還遠的遠。像托洛斯基同志開玩笑說的，"爲着一個逗點"和業主爭鬥：排字工人要求符號也得付錢，但是印刷局的管理慣例是照字母來算；這個差別約有12%之多呢。不久繼排字工人而起的，就是麵包工人。這些工人在四月的時候得到一次大罷工的勝利，也有根據去要求爲什麼業主不執行那時候所允許的條件。運動的外表趨勢在我們方才引過的那個“無產者”報上所載的一篇論文上(第二一期，一九〇五年舊歷十月四號)解釋的那樣好，——可以改正了關於‘沒有覺悟的’問題的錯誤——以上我們就用他的話把實情轉述出來吧。

莫斯科排字工人的罷工，如我們得到的消息所說的一樣，是沒有覺悟的工人開始的。但是運動立時就從他們的手中瀉出變爲廣大的職工運動了。別種職業的工人，也加進來了。工人們毅然跑到街上，本是要去通知沒有得到罷工消息的人們，但後來變成一個革命歌遠揚和各處講演的政治示威遊行了。老早懷有反對國會的“全民’選舉那個可恨的喜劇的仇恨，現在爆發出來了。羣衆的罷工，成了戰鬥員羣起出發去爭眞正自由的運動了。參加的有急進的學生，不久他們在莫斯科通過了一個決議，完全和彼得格勒的相同；這個決議，眞正是用自由人民的口氣而不是用諂媚的官僚的口氣，責斥國會，不過是向人民的一個無禮的嘲笑罷了，喚起人民去爲共和國家而爭鬥，由暫時的革命政府召集眞正全民的憲法會議。

於是無產階級和革命的德謨克拉西的前進階級，反對沙皇的武力和警察的爭鬥開始了。

在莫斯科運動的發展就是這樣。星期六，九月二十四日(舊歷十月七日)除去排字工人，製烟工廠，電廠；麵包工人的罷工也開始。晚上舉行很大的示威遊行，除去工人和學生外，所謂‘事外”人的羣衆也參加了(在公開的民衆運動之下，已經不以爲革命的工人和急進的學生是“事外之人”了。哥薩克和憲兵常常把示威的人趕散，但是他們時時重新集合起來。羣衆抵抗警察和哥薩克，開放手鎗，而很多的警察就被打傷了。

星期日，九月二十五日(舊歷十月八日)，事變忽然轉到可怕的地步了。從早上十一時，工人們就開始集合在街上。羣衆高唱“馬爾賽歌”(法國革命時唱的革命進行曲——註)，舉行革命的會議。拒絕罷工的印刷所被打毀。民衆擊壞麵包店和軍器鋪：工人們要活就需要麵包，要爭自由就需要鎗枝(在法國革命歌裏面也就是這樣唱的)。只是在極其頑強的爭鬥以後，哥薩克才能把示威游行閧散。在特外爾斯加亞街，督軍府周圍發生了很大的撕殺。在菲立蒲夫的麵包店周圍，集會了麵包工人和夥計們。 後來這個麵包店的管理說，工人很平靜的走到街上，爲表同情於其餘的罷工工人才罷工的。 哥薩克的隊伍攻擊羣衆。 工人闖入屋內，走到房頂上，跑到頂樓上，用石投擊兵士。 一時就嚴密的圍房屋。 軍隊射擊工人。 所有交通完全斷絕。 兩連爆彈隊繞道進襲，從後面衝進房內，就佔了一個完全沒有阻礙的陣勢。捕了一九二個夥計，其中有八個受傷的。 一個憲兵連長身受重傷。

親眼看見這個運動的人，不能忘記一個特點：羣衆不怕的勇氣不住的增加。 起初聽見一個叫聲："哥薩克和騎兵到來！"就跑散，但是現在羣衆襲擊哥薩克和騎兵已經不是羣衆怕他們，而是他們起首怕起羣衆來了；鞭刀鏟鋤已經沒有什麽用處，——快鎗的響聲愈來愈多，覺得不久礮就開起來了。 只要這些口號是自然提出來的，行動是羣衆自然去做的，那麽無論在這些口號之中或在行動上面就沒有革命可說了。 但是情緒已經是革命的。羣衆還沒有去做革命，還沒有覺悟他到革命的除夕，但是他們已經準備作革命了。

可是運動仍是地方的，只限於莫斯科的。 彼得格勒工人"表同情"於莫斯科的排字工人，也宣佈罷工，但這只是簡單的示威游行，兩天以後就已完結，伊里基作他那個論文時，印刷工人的罷工在實際上，已經算是過去的事跡。　在十月五日以前(舊歷)報紙上只是登載了在大學專門的許多會議及爲了第一次選舉出來的莫斯科大學校長倉猝死了的社魯比茨基克的喪禮舉行的遊行，和學生們的示威遊行等。 在那時候，所有這些事都是極其平常的，算不了什麽新鮮的事。只是十月六日，從莫斯科來了一個很短的電報，最倉忙的報告一件"新鮮的"事："莫斯科到卡簪鐵路上的機器工人晚上罷工，是天二點，莫斯科——卡簪鐵路作坊的工人也宣布罷工。"

讀了這個乾燥無味的消息的人，不一定就覺得全俄總罷工就起始了吧。 可是事實是如此的：莫斯科的罷工就從鐵路工人加入罷工起，逼得全國都罷工了。

鐵路工人，又是在年初領導罷工爭鬥成功的工人中的一部分。 我們還記得，他們爭到作坊中九小時的工作日和工廠條例：收容及開除工人須有工人的代表參與，以後爭工資的爭鬥完全因鐵路當局破壞了。 通令全車運兵(那時還有戰爭，——這正是瀋陽之役的時候)；但是現在戰爭已停，當局覺得須要讓點步，於是就在九月末，在彼得格勒允准鐵路工人和職員的代表大會，大會的目的只是修改撫卹章程，交通部自不會這樣簡單，以爲事情就從此干休了吧：他們只是簡單的盡量限制大會提出的主張，好放鬆當局的手，使他任何時能以說“這個是不准的”。當局的先見是對的：自然大會也要求八小時的工作日，要求憲法會議，要求大赦令——簡單說，就是所有職工政治協會平常所要求的，鐵路協會也是這個協會的一員。當局別的一個預料也證實了，要使大會成爲一個“軟膏”職員佔大多數而不是工人佔大多數的代表，實際上所表現的比在理論上穩健的多了，並且還是反對罷工。

這裏表現出來的重要者不是大會究竟在彼得格勒作些什麽工作，而是各地方對於他的意見怎樣。對於鐵路工人說來，這樣就是他們自己的憲法會議了；羣衆用最革命的色彩去描寫這次大會的行爲——叫這個羣衆看來，大會就要宣布德謨克拉西的共和國了。所有當着大會的代表被捕的謠言散布出去時，人們都很相信這個謠言。在這種情形之下，六個卡醬鐵路機器工人，革命組織裏的會員，就不費力組織機器工人的罷工。

現在加入機器工人的——或者在他們以前的——有作坊和貨房的工人。以後加入罷工的，有電報局工人和管理局（管理局看來自然是他們的"機關"了；勿庸解釋管理鐵路的那些老工程師的管理局自己是不罷工的，但是似乎也不反對罷工），就是說管理局的罷工只是分外的點綴罷了。只要沒人去開火車，只要沒人用電報去傳達這些火車行走的道路怎樣，只要沒有人去辦理開車的事宜——那末，行車在幾天之內必須要停止的。最後幾列回到莫斯科車的人，能以看到排成長隊的工人，扳道夫，車手慢慢的走向城裏；他們在路綫上也沒有什麽做了。他們不是自己的意志罷工的。但是他們很快的就參加運動。靜坐家庭中是不能忍耐，他們就走去開會，並且在幾天之中他們就被莫斯科老早爆發的革命精神薰染了。

開始就有許多人明白了；專制政府，他還不明白他自己所管理的一副機器，還不知道在近代資本主義社會裏鐵路運輸完全停止的影響是怎樣呢。麵包，雜貨，菜蔬，魚肉，及別的交易所的佈告就急急的出現了。食物的價錢，特別是肉價，飛騰的增加。銀行交易所搖動不定。

革命常是交易所的死敵。只要他們(革命和銀行交易所——註)一對面，銀行交易所就不留痕跡的的掃去了。他要到電報局那裏去，但是電報局仇恨的默無一言。郵局也拒絕供他用了。若是交易所去叩國家銀行的門他是不管匯兌的期限了。鐵路和工業企業的股票，就像鷲鳥飛行的那樣快的跌價了。交易所投機的魔國裏面，驚惶彌漫，恨鬼魔牙。金錢的流通，困難百出。從省向都中付款已經全不可能。公司都要清算現款，停止付款。假期票的數目很快的增加。發期票的人，轉用期票的人，保證的人，付款的人和收款的人都困窘起來，難受起來了；並且要求毀壞根於他們見解所製訂的法律，因爲罷工和革命都把經濟流通所有法律毀壞了。

給信用制度的打擊，對於資產階級說來，是最感覺得到的打擊，但是若不趁時除去，也是沙皇國庫一個致命的打擊。地租老早就落下來了。俄國的紙幣，老早成堆的集在國外的交易所了——沒有一個去管他。可是專制政府爲了戰爭的"善後"，爲了恢復沉沒的艦隊起見，爲了充實用去的軍需起見，極其需要一個新的借欵。從交易所裏叫個人來辦理"善後"不是無益的事——沙皇又追念起維特來了。

尼古拉正是在爆發鐵路工人罷工的時候——舊歷十月八號——第一次召回維特來，自然這完全是湊巧的事。但是無論如何，沙皇因對人民讓步，急得跺脚，和罷工的發展是一天天的手攜手的前進。罷工擴充起來——尼古拉也就更搖動不定。他簽名維特所做的那個上諭的十月十七日那一天，就是所有工業和運輸完全停頓的一天呢。在這一天，關於總罷工的電報，就從德境的梭斯諾維茨，亞斯哈把得簪卡斯平區，奥特斯和猶里埃夫——愛斯特連得斯基卡富利斯，卡簪烏拉山後的庫爾坎和唐河區域的諾臥奇爾卡斯克地方來了。罷工的不只是鐵路和工廠——中學，銀行，律師和法官市政廳的職員，審判院的官吏都罷工了。鐵路和電報到的地方，罷工的情緒就隨之普遍了。你看以下就是可以代表那時情形的兩個報紙上載過的電報："坦保夫十月十四日：感覺出煤油和殖民地貨物的缺乏。鐵路的作坊和兩個工廠都罷了工。教會學院，男子中學，職業學校的學生都罷了課。各機關閉了門。通常的景象是不安的"。"庫爾坎，十月十七日：今天庫爾坎站上的工人和職員完全停止工作，城裏的麵包工廠也停工了。鐵路工人各處發出信號，鐵路的哨子一吹就都停工了…………。”

維特在尼古拉的面前，提出一個挑戰的問題：不是撲滅革命，宣布軍事專政，就是讓步，頒布憲法。自然是全心的希望第一個方法。但是他最親信的人——鼎鼎大名的特來鮑夫，才出了“不要愛惜鎗彈”的一個命令和以後同樣的頂頂有名的尼古拉尼古拉維奇，以後的帝國主義戰爭時的總司令——同口一聲說道，鎗彈用多少有多少，但是若要用鎗彈之力開行一列罷工的人所停開的火車是不可能的。彼得格勒的衞隊受他指揮的軍事總長特來鮑夫將軍和維特會議時，說道，假設在彼得格勒和皇帝最近的邸府發生了武裝暴動時，彼得格勒的軍隊足以鎮壓武裝暴動，可是在彼得格勒沒有充分的人去開行從彼得格勒到彼得哥夫（那時尼古拉住在那裏）間的火車呢。專制政府在技術上說來在鐵路工人的罷工前是沒有力量的，所以這也就使他恐惶起來。他的總長們不能到沙皇那裏去，——他們必須乘秋天極其搖蕩的“和游泳一樣”的小輪船。並且這事嚇懷左右人們的頭腦，竟至於禮官們討論尼古拉和亞利山大佛杜洛夫娜及他們的孩子們怎樣逃往外國的問題——小孩子們是非常累墜，“大的阻礙”。這還是步馬隊在彼得格勒的街上嚴緊的刀殺鎗擊羣衆的時候，及各省還沒有一營軍隊加入工人方面的時候呢。總司令尼古拉尼古拉維奇，聽說把他舉爲軍事“狄可推多”的時候，就拿起手鎗來跑到沙皇的房間裏去。宮臣們傳說道，“大”尼古拉要在“小”尼古拉面前，用這個手鎗把自己打死。我們詳細不知道，在沙皇房間裏，王爺（指尼古拉維奇——註）拿着手鎗作出什麽姿勢，但是我們知道這件事是發生於簽准上諭以前的事。

現在我們明白了（從維特的追憶錄上），“大”尼古拉所以頒布上諭者，是因不信軍隊壓服革命之力量，而要藉憲法之助，能以將工人運動拉在和平的軌道上去。在十月事變以前，尼古拉尼古拉維奇“羅馬諾夫”結識了一個極右的卡旁派吳沙克夫差不多和卡旁自己那樣的一個破壞工人的人。國家印鑄局收發課的工人（指吳沙克夫），從前也和軍事當局以及總長們交往過的；——維特於締結蒲茨茅斯和約以後回來時，他也到維特那裏問安——現在成了王爺的政治顧問了。他告訴尼古拉尼古拉維奇說，“善良”的工人，在工人羣衆裏面也是和革命者去爭鬥，但是效果毫無，這是因爲工人除去秘密的方法外沒有任何權利，及任何別的活動的方法，自然就跟着革命者走了，而革命者又指導這些秘密的活動。但是只給工人們公開活動的可能，好像工人們就跟着吳沙克夫和他的同僚們走似的。 吳沙克夫這幾句話給了“大”尼古拉一個很深的印象——像人們所說的，他的眼睛睜開了：你看這就好了，知道怎樣對付罷工了！他這就最後的定住意思了，須要趕快給人民身體不能侵犯，信教自由，言論，集會結社人民自由的永世不朽的基礎了，“小”尼古拉所贊許的維特上諭的案上就是這樣說的。 吳沙克夫和他的高足弟子，不久就要對於這個新的祖把韜夫計劃的成功大失所望：工人們連想也不想去利用永世不朽，做“和平的”工作。 這幾天組織黃色團體的嘗試，一點也沒有成功。吳沙克夫的策劃或者在正月九日以前還有點意思，但是現在工人們已經有了因反對現局發生的團體的時候，他們絕對不能在專制帝國的範圍內採用“和平的”行動——他們已經開始建設他們自己的臨時革命政府了。

革命政府這個觀念，好似暴動一樣，是久已在多數派的書籍說過了。 自從“憲法會議”的口號被資產階級的智識分子採用，而加以解釋的時候，——不是革命的最高機關，而是沙皇召集來制訂憲法的會議——伊里基就很明顯的提出誰要召集這個憲法會議的問題。 到底是什麼政權召集這個憲法會議呢，——到底是什麼政權呢？自然不是沙皇，而是武裝暴動產出的政權，“臨時革命政府”的政權。 自然讓少數派看來，這個觀念太大膽可以“嚇走”資產階級，少數派以爲沒有資產階級就沒有什麼“資產階級的”革命可說。 所以他們縮小了這個口號，提出“革命自治”的主張來。 把誰是中央的主人的問題模糊不題，他們就宣傳各地暴動的人民把政權抓到自己的手中，擠出地方當局——省長，市長，區長等。

所有這些爭論在一九〇五年夏日，已經沸騰到了極點，少數派的榜樣，我們已經在“鮑橋木金”暴動之後，“火星報”發表的宣言上就可以看得出來。 好像歷史故意要給一個客觀的教訓似的。

工人代表蘇維埃，也總得從彼得格勒的罷工中，和他在伊文諾夫烏茨湼新斯基夏天發生的那樣自然的發生出來了。 於十月事變以前，在莫斯科他就算局部的產生了如印刷工人代表蘇維埃，但是印刷工人罷工一停止就解體了。 在彼得格勒蘇維埃(涅窩河區工廠的代表)的第一次大會——只是局部的——在十月三日就舉行了。以大會的名義，出了一次宣言，上面說道：我們向每個工廠和個個職業的人提議，按每五百人一個的比例選出代表來。工廠的代表大會組織工廠委員會，所有工廠的代表大會，組織彼得格勒總工人委員會。這個委員會聯合起我們的運動，就給運動以鞏固的組織和統一的力量了。總工人委員會對外代表彼得格勒工人的利益，他能規定在罷工時候要做的事件，並且指示出來幾時停止罷工。

所以在起初，這只是一個罷工委員會，和伊文諾夫烏茨涅新斯基罷工一樣，以統一起罷工運動。但在彼得格勒起初就很複雜，因爲政治委員會，在伊文諾夫時居於二等位置，在一九〇五年十月總罷工時，就佔了第一個位置了。 鐵路工人罷工的第一個原因已經是政治的——由鐵路的無產階級看來罷工是爭鬥要受阻遏的鐵路工人代表大會。其餘加入鐵路工人的幾種工人，也是依這個方向走去，以下是印刷工人(注意：他們是在少數派勢力之下）的議決，可以作個榜樣，這決議是於十月十四日在彼得格勒的蘇維埃會議上提出通過的：

“俄國社會民主黨所宣佈的政治總罷工，是工人階級和沙皇專制政府的堅決爭鬥的第一步。

“僅僅是被動的爭鬥，僅僅停工的爭鬥，是不足的。我們議決：把罷工的工人階級的軍隊變爲一個革命的軍隊，就是說趕快的組織一些自衞隊。就讓這些自衞隊再去武裝別的工人羣衆，假設可能的話，不怕就是用毁壞軍器局奪取警察和軍隊的鎗枝也行。

“所以就是有少數派思想的工人也明白，沙皇政府和工人階級奪取政權的爭鬥開始了。所有彼得格勒的工人羣衆都明白這一層。馬克思維爾工廠的一個紡織工人，把這個思想表達的很清楚，很簡單。

“不鬥爭是不能活下去的。只要追憶一八八四年以後我們的爭鬥，一八八五，一八八八，一八九六幾年所有的罷工，一九〇五年中間不斷的爭鬥，我們工廠全體工人就切膚的覺出我們的地位是一天天的壞下去。除去持杖毁掉一切，沒有別的出路。專制政府阻礙我們生存的競爭。業主的壓迫更因雙頭鷹（是俄皇室御章——註）十倍的加重。現在身受萬層壓迫的我們，初次知道須要掃除專制政府了。”

所以彼得格勒工人的精神是純粹多數派的，無產階級革命的；彼得格勒的多數派的團體，自己做了一個大錯誤，就是在最初避免蘇維埃，好像避免少數派的組織一樣。這個錯誤，不久就改正了——自十月十五日（第一次"常"會在十四日舉行的）多數派的代表就加入蘇維埃的組織。但是無論如何，蘇維埃開始的步驟是不是革命的——如何到彼得格勒市議會的請願遊行，參加這市議會的當時有富商，有錢的智識階級，多部分是小的和中等的官僚的代表們。無產階級團體的主席，不知有人要求他還是有人懇請他就向"盛"會講演，要求市議會來武裝工人階級。這樣的要求可以送到沙皇那裏去，可是資產階級的會議自然堅決的拒絕作無產階級的居間人。

實際上，這個時候彼得格勒和莫斯科羣衆的情緒非常緊張，最適於提出武裝暴動。十月的罷工，沒有轉為武裝暴動，這就是這次工人運動第一次的失敗。為什麽緣故失敗了呢？

除去所有別的原因以外，還要記住，罷工是自然（即事前沒有準備臨時缺乏指導的意思——註）爆發的，革命的團體沒有準備這次罷工。革命的時候只有一個騰漲最高的時機，失了這個時機，就一去不返——革命爭鬥中還沒有有經驗的運動指導者，對於這一點一時還沒有了解團體中最革命的，多數派的黨部那個時候沒有惟一的首領，這個事實對於運動失敗上也有很大的關係。伊里基本要趕囘俄國，但“意外之事”——或者不比這次罷工還要意外些吧——把他阻留在斯士克霍莫，差不多兩個禮拜後，他才能囘到彼得格勒，而什麼都已完結了。不但是在少數派指導運動的彼得格勒，就是在多数派執行部堅固操持領導地位的莫斯科，都以爲十月十七日是十足的成功，因趕快的要休戰；就是說，正是作了與專制政府發表上諭相同的事了，專制政府肯“賜給一切自由”，完全不是因爲他最後的讓步，而是因爲他要暫時的休息呢。

專制政府在工人階級勝利的第二天，就要直爽的表明他還是保持原地，一點並無讓步。十月十七日尼古拉簽了上諭的字，自十八日起，全俄遍地開始屠殺，智識階級者和猶太人——沒有决定屠殺工人，只是限於攻擊單個的工人代表而已。屠殺的計劃是極其一致的，處處都是相同，沒有一個聰明人敢相信屠殺是“自然生起”的。幾個地方的掌櫃的和投機者的“善良公民”，以教士爲首頌，和着一羣流氓，帶着從警察署得來的尼古拉的御像和三色旗，就到街上作“愛國的遊行”唱着“上天保佑沙皇呀”的歌。

“愛國遊行”這樣景象，表演在剛得勝利的罷工的環境中，表演在人人都喊“打倒專制政府”的口號和街上滿揚馬爾賽革命歌聲音三色旗火速變爲紅色旗的時候（白的和藍的兩條都撕了去）。顯然就是粗野的挑戰了。“愛國者”自然要求在沙皇御像面前脫帽致敬，拒絕的就立時打他個落花流水，這樣的就把這夥人打人的情緒激盪起來。警察署看着不是以爲自己不負責任，好像沒有什麼破壞秩序的事發生一樣，或是偷偷的跑出街去——恰似鑽了地洞一樣的溜了。漸漸遊行的人更紛亂了；不但打不脫帽子的人，就是看着不十分願意的也打；假設記起誰由民衆大會過，遇見就打，以後更到他家裏去，在那裏已經不只是打，而且加以毀壞。假如遇見了革命的示威遊行，那就羣衆相鬥，但是逢着“紅黨”抵抗的時候，鑽地的警察就神速的跑出來，可是不只是警察自己，並隨有哥薩克和步兵。假設是多少有點組織的抵抗時，大礮就放起來，“愛國者”在慘殺之後，就任意强掠破壞，毫無約束。

假設我們知道不但是沙皇的御像是從警察署拿的。就是警察自己也是常常擡着這個御像，（在奧特斯，市長南得哥爾梯在馬車上帶着他走遍全城，）還須要警察署發出“保護”“愛國遊行”的命令，那麽，所有這些運動都是組織起來的，是絲毫沒有懷疑的餘地，前警察總監勞蒲森此時正合他前任的當局鬧意見，洩露了他的祕密，他這一揭破，實際上又給了一個文件的證明。起初本是打算，屠殺的傳單，就藉搜查印刷局所得到的材料在警察廳裏面印刷；就用憲兵官吏散佈傳單，有時自己就做傳單，地方當局原來因爲自已愚憨或具有特別“警察的”慈悲，阻礙屠殺，但是不久就被看爲“沒有出息的”而撤換了。可是中央當局是“毫無所知”，內務部長杜爾諾夫，老練的偵探大家，從維特那裏聽見直接屬他管轄的警察廳所做的勾當還是“驚奇”的不得了呢。

那時在“俄帝國”內受屠殺特別厲害的有百十個人口稠密的地方。屠殺時死的約有三千五百或四千人，傷者一萬人。在邊疆發生的屠殺最慘酷：在奧特斯殺死者，有七百之多，在唐木斯克，當着省長和僧正的面前，鬮到戲院焚死者有一千餘人。在莫斯科和彼得格勒未曾慘殺，但是單個被打被殺的智識分子和工人代表亦不少。現在呢，活到民衆勝利時候的屠殺罪人，已經鎗斃了(就在當時，有許多被用恐怖手段的革命者打死)；而他們的"愛國的"狐羣呢，就完全被紅軍的鐵鞭掃出國境，用不着費時間去說他們。在歷史中，也和別種科學一樣，"不是爲要哭笑，而是爲要了解"，所以我們把屠殺就當作專制政府和革命爭鬥的"戰略的方法"，那麽我們就能看出，沙俄政府這個機器還是怎樣的堅固。中央機關發出命令在幾天之內，進攻的地方有一百處，每處相隔一千俄里，——這配說是鐵路罷工了，只是鐵路罷工是羣衆的情緒準備出來的，而這次沒有情緒的作用罷了。雖然沙皇的行政衙門也要把屠殺當作"純粹俄國人"反對雜種的革命者的"埋怨的爆發"，但是屠殺的地點完全不否認這點。假設說，這是黑黨羣衆事實上自然的對付革命運動的方法，那麽革命運動愈高漲的地方，屠殺也就愈厲害。但是我們知道在革命運動的中心，莫斯科和彼得格勒，未得實現屠殺。同時慘酷的屠殺發生在很多"居住的小地方。那裏並沒有任何革命運動，只是有可愛的平無寸鐵的屠殺犧牲品——猶太人。 正是不合力學上壓力愈大反抗力愈大的定律，這裏"壓力"愈小，"反抗力"愈大罷了。

假設我們在一九〇五年十月至十一月平心靜氣去斷論，我們那個時候看了屠殺就可以明白俄國的總罷工很少搖動專制政府。 沙皇政府是惶懼的，但是他的讓步是恐懼的結果，而不是失了物質力量的結果。可以而且必須盡量的利用這個恐懼心，但是必須火速的快去作：失去一天就倍增我們敵人的力量而倍減了我們自己的力量。若這樣火速的進攻，須要和一九一七年二月至三月及十月那樣慣於爭鬥和把所有力量集中到一個口號的羣衆；又須要應付神速知道誰是朋友誰是敵人而能向一點去爭鬥的團體，一九一七年就是這樣，在實際上只有一個革命的政黨存在；如"國際派"社會革命左派是多數派寥寥的贅物，沒有什麽獨立的意義。 在一九〇五年，就有三個黨部，互相去爭革命運動的首領：多數派，少數派，和社會革命黨。 民衆那個時候還沒有明白少數派的反革命(就是許多少數派的首領門也不明白呢)，實際上社會革命黨那時還不是反革命的政黨，雖然有許多認爲他是反革命的，——到我們以後研究農民運動的時候，我們就明白這一點了。好似所有的團體都有同樣"領導"的權利——羣衆的眼，也是東望西瞧，羣衆也不知道要往那裏走。我們現在知道許多罷工，直接的互相牽連互相礙滯，只爲着每天所生刻刻出現暫時的問題去爭鬥，根本的責任——準備武裝暴動——却丟到腦後去了。

專制政府的恐懼，不是很快的就過去了，一方面因爲從鄉間傳來的消息，罷工雖然消沈下去，而別方面又有關於軍隊中騷動的消息傳來，恐懼心沒有消失。農民運動與耕種的時期，有密切關係的。農村經濟每年的開始和終結——春夏二季——之後，常常農民運動加劇起來。若是說夏天農民運動消沈下去，而給制定"布萊根憲法"一些幻想，可是到了秋天就望到新的爆起；秋天運動的性質不和春天一樣，不是關於僱用勞動的問題，而是關於收穫莊稼的問題。農民運動的組織，活動的方法和目的，我們到下章再詳細研究：在這裏說一說運動的結局和這些結局給尼古拉左右的印象罷。

運動在十月中旬開始——是受了普及全國的鐵路罷工所生的心理的"傳染"，各地方的運動支持到十一月底。

這次運動大概是普及於中部黑地各省：坦保夫，烏洛聶克，烏克蘭，基也夫，契爾尼哥夫，鮑部爾幾省——特別是瓦爾加河附近幾省，薩拉韬夫，薩馬爾，和西木比爾(現在的烏爾燕諾夫省)幾省。 春天大半是罷工的運動，現在毀壞的事佔了絕對的多數了。 在很短的時間，燒毀，"折毀"及普通破壞的邸宅有二千多所，而只是十個受擾亂最厲害的省分的地主的損失，照官場統計，就有二千九百萬盧布(金盧布)。

在坦保夫和薩拉韬夫二省也毀壞過，但是在沙皇村(註——即涼宮所在地)破壞得最厲害。

維特在他的日記上寫道："我剛剛帶着向陛下的報告到了沙皇村時，特萊鮑夫在招待室遇見我，談及農民的強固的暴動，並且向我說，消除這個禍患，惟一的方法，就是趕快廣遍的將地主的土地沒收來給農民。 我就疑惑，在十月十七日後召集國會的除夕，能以採取這樣鹵莽的方法。 他答覆我說，所有的地主定要很喜歡這個方法。"

大將（指鮑特來夫——註）說道："我自己就是個地主，很喜歡把我的土地白白的捐出一半來，只要我相信在這個條件之下我能以保持我的那一半土地。

“在報告的時候，皇帝實際上對於這個問題沒和我說，只是轉給我一個計劃書；說到：到閣議上討論討論這些提議怎樣。就是米古林的計畫書。”

這就是關於須要沒收地主土地給農民的計畫書，這是照專制皇帝陛下的意志和命令，必須趕快採行的方法。

維特拒絕，並不是因爲他不害怕農民運動——反之，我們知道從他的內閣時代留給我們許多關於土地改革的“文件”（在這些文件中，就有我們現在提過的米古林教授的計畫；教授簽的字糢糊不清，尼古拉親手用“羅馬諾夫”的筆法，並排着把教授的名字寫在括弧裏，——好比現在打字的女人在公文上打的清楚名字一樣；尼古拉很恐怕維特連這樣鼎鼎大名的“祖國的教主”還認識不清！）。維特拒絕這個方法，是因爲他不願意重演二月十九尼古拉對於農民的“恩典”——因此維特主張還要上諭宣布分割土地（將一部份土地割給農民耕種——註）而由他——維特先生所召集所組織的國會議決宣佈。但是各方面都說，須要從速，時間不容遲慢。維特往下敘道：“那個時候（十二月）杜把叟夫侍衞上將，勇敢慈和的可敬的人物，來彼得格勒了。他從契爾尼哥夫和庫爾省來的，他爲了蔓延很速的農民擾動，被任爲全權代表到那裏視察去。他向我這裏來，詳詳細細的告訴事變的情形，而同時他說，現在最好是把農民已經奪去地主的土地歸給農民。我說可在召集國會和參政院以後辦理，强去沒收，不經過這些機關的討論，我是不去辦的；我說了這些話的時候，他就說，現在用這個方法能使農民安靜下去，'你看吧，農民把所有的土地都奪了去，那你怎麼也不能處置他們了。'"

只是十二月工人革命的破壞，才把沙皇村的膽量壯起來，所以維特在二月上了"他的"土地改革計劃書時，尼古拉對於這個改革，置之不顧，還强迫維特把制定這個計畫的總長（庫特來爾）撤職。這個時候，就是軍隊暴動在沙皇村所引起的恐懼也不得不少微減輕了。

又大規模的重演六月的事變了。軍隊中最無產階級的一部分，看見無產階級的勝利，不能漠然相待。正是在頒布上諭以後，一個禮拜，客浪士塔梯的水兵開始暴動。他也是和十月罷工那樣自然爆發的。召集開會和發布"共同的宣言"就算是暴動的開始。發布宣言的人被捕的時候，他們的同志就要用武力强把他們釋放出來

——於是和"忠於職守"的軍隊發生衝突，可是這個"忠順"也是不穩固的，不久就動搖起來。擾動蔓延各處，儼如水兵總罷工然。運動缺乏指導的中心，沒有指導的人，可是當局很快的就出來了：他把暴動的最少覺悟的和最不強固的一部，集合起來，把他們解散，再去處置那些沒有組織沒有一定行動計劃的少數有覺悟的，就沒有困難了。客浪士塔梯的事變共總三月就已結束。但是客浪士塔梯在沙皇村所引起暴動的驚惶正要快消沈的時候，而塞瓦斯韜堡的暴動又繼之而起。

這個地方暴動比較有經驗有準備，比之客浪士塔梯鞏固的多，於是生出大的希望來。革命的團體老早就藉了已經受過宣傳的塞瓦斯韜堡海口的工人，在水兵中間從事宣傳；社會民主黨的宣傳，大概是藉這些工人幫助的；黨部的本身，有很顯明的少數派傾向。他的職責只是組織起水手代表蘇維埃——連想也不想去武裝暴動。但是情緒是非常的緊張，照地方憲兵的消息"在十一月初旬就流行十一月中旬將有水兵暴動的謠言，"水兵運動的情緒，是非常模糊的——水兵鎗斃司令部，捕了軍官去，但同時到街上去唱着"上天，保佑沙皇呀！"的歌，雖然拿着紅色旗子。但是有個時候，自然的運動潮流漲得非常的高，以至當局趕快把還沒有加入暴動去的軍隊，調出城去，打算和他們退到把拉克拉夫，本須給暴起羣衆指出暴起的目的，但是沒有這樣的領導者。運動有大覺悟的地方，就是沒使當局能用解散客浪士塔梯運動那樣簡單的方法，把他們解散。但是當局終究得到妙計，暴動者的首領，是個偶然得到的一位人物，是個撤差的海軍將官名爲史米梯者，是個愚憨的夢想家；自稱爲社會民主黨員，但仍是和他老師民粹派米漢洛夫斯基一樣，說些各種社會主義政黨都須合併起來的話，給了尼古拉一個電報："榮耀的黑海的艦隊，忠於陛下，不敢違上，要求陛下趕快召集憲法會議，好不再受總長的命令了。"雖有忠順的電報，可是沙皇仍然承認不幸的史米梯爲"叛臣"，時常焦急問人說："幾時結果了他呀?"水兵羣衆不服從當局，這件事對於沙皇和他的將領們是很嚴重，至於水手對於此有什麽感覺——那於他們沒有什麽大關係。在史米梯發出他的電報而水兵開會時，漸漸大膽起來的當局，暗地裏就準備進攻。十一月十五日出征了。這時以前，暴動者還能有奪到所有艦隊的機會，但是現在這個時機已經過去。 現在幾乎所有的艦隊都在當局手中，當局就毫不躊躇的把敢豎起紅旗的軍艦沉到水底下去。 同時陸地上，海軍營也被炸毀被佔據了。 史米梯被虜，以後和三個為運動首領的水兵一同就刑。

專制政府此時在物質上和組織上又更强起來，但是他一定覺得，今次他之能以强固，大概是因為他的敵人的錯誤吧。 塞瓦斯韜堡差一點變成俄國共和國的第一個"紅堡"；假設暴動的首領，不是一個夢想的智識分子，幻想無用流血可以完成革命，而是一個眞正的軍人，那尼古拉就要失去黑海的艦隊了。 可是當局是不能担保這樣傚倖事永久重演的。 關於軍事"擾動"的消息，從各方飛來：哥老的訥，薩馬爾，洛斯韜夫雅羅斯拉夫斯克，庫爾斯克，瑞木白爾韜夫，海參威，伊爾庫斯克和哈爾濱。

自遠東飛來的消息最可怕了。 雖然已經締結和約，那裏還駐有沒有解甲的，不久還是打仗的軍隊，是除了彼得格勒以外，尼古拉所剩有唯一有組織的大武力：其餘的軍隊，一點點的分散於廣大的四方。 長期的後備軍（滿淸的軍隊，多數是這種後備軍）不明白，為什麽締結了和約，還把他們留在遠域，離家萬里，於是就暗地圖變，最後就自動的逃出兵營，強奪火車開回俄國。當局看見這種事情，就急得跺脚，但是全軍的情緒都是一致，若是依靠“忠順”的一部軍隊，此刻是不可能的。想依靠紅鬍子（中國滿洲的土匪），要一個俄將去組織起來，但是這個方法除去大流血外，還能有什麼結果呢？就是軍官也有同樣的情緒，他們中間也有許多候補的。十一月末，從伊爾庫斯克（想回俄國的羣衆路上所遇的第一個大中心）有電報來：“昨天晚上，在城中戲院裏面，舉行伊爾庫斯克全體衛兵的大會，還有報館的代表出席。開會的有四千兵士。一個副官當主席。兵士和軍官們講演的很多，議决提出改善兵士經濟上職務上和法律上的地位的要求，假設不能滿足要求時，就舉行和平的罷工。所有的衛隊一致表示願意參加俄國全民對於取消死刑和戒嚴會，以及根據四則選舉法（平等的，直接的，不記名投票的普選制——註）召集憲法會議的要求。城中人心沸騰。兵士和哥薩克到處受人民熱烈的歡迎。黑脚黨一個沒有。”

所謂“自由日”——這樣稱一九〇五年十一月和十二月之間無產階級運動的時期——就是專制政府恐懼的日子。但是人們對於這些都見慣了。特別使專制政府放

心的就是覺得在他的中心，彼得格勒，漸漸的沒有危險了。革命沸騰於全國，但是肉眼不見，而在彼得格勒的革命屢次失敗了，

失敗的第一個原因就是革命政權初胎的蘇維埃不曾在革命時得到一個主席。因爲有兩個事實阻止了：第一個事實，就是我們說過三個革命組織混合起來——社會民主黨多數派，社會民主黨少數派及社會革命黨。第二個事實就是，所有三個團體，只是到十月才出頭露面。只是在十月之末，彼得格勒才公然出現了社會民主黨的報紙——多數派的"新生活"和少數派的"開端"提出"全世界的無產階級聯合起來"的口號。這對於俄國的無產階級是偉大的光榮，——看見世界無產階級爭鬥的口號，公然在十字街口出賣的報紙上宣示出來了。但是只有積月的這樣公開宣傳，才能把出報紙的那些政黨的眞面目使廣大羣衆知道。此時以前，他們是從代表黨出席會議的代表知道黨的名稱的。

祕密工作的領袖，自然能出頭的時機很少，並且出來也只限於很小的團體。簡言之，能被推爲蘇維埃主席的黨內同志，因爲種種原因不能提出來，而作主席的是一個

和薩瓦斯韜堡的史米梯那樣湊巧的一個人物名爲諾薩爾者，他是一個律師，爲史得勞夫斯基黨部的事情宣傳的時候就出來了，在工人間又是名望素著。他從一個工人胡魯斯塔來夫借了姓去，因此他在歷史上就成了雙姓胡魯斯塔來夫——諾薩爾了。黑百黨的報紙上，一看見每次蘇維埃出頭時就聽見他的名字，就說這是彼得格勒，也可說全俄的無產階級的眞正首領，於是就給胡魯斯塔來夫諾薩爾大吹其牛。實際上說，他是一個十分愚憨的熱烈講演者，他的政治智識略比史米梯多些，雖然人們說是他正式加入少數派，但是實際上他連少數派也不是呢。

蘇維埃的缺點，這樣的主席看起來還是優點，這是不足爲奇的。他以後對於蘇維埃寫道："黨綱上積極的要求，不能立時就爲蘇維埃的旗幟呀！"

"蘇維埃不是政黨，也不是陰謀祕密的組織。蘇維埃的人員不是從政治上意見相同，剛加入就接受政黨或"會社"的根本主張的那樣隊伍裏徵集來的。

"蘇維埃是無產階級選舉出來的團體。蘇維埃的政綱，他的活動及策略全看工人羣衆的成分，勢力和情緒而定的。"

胡魯斯塔來夫沒有想到臨時的革命政府——蘇維埃就是這樣政府的雛形——的策略，不是看工人羣衆的“情緒’而定，而是看工人羣衆的利益和他們所從事的革命去定的。在這樣團體中實行黨的紀律不能說是他就變爲一個祕密陰險的組織。無產階級定然不難去選舉黨內負責的人，假設他知道他們了。不過這都是因爲黨部剛剛出頭，而無產階級不能知道他們的首領罷了。黨的人最和蘇維埃接近的，就是托洛斯基（那時他是“開端”報的編輯之一），就是他也是在蘇維埃快要結束的時候才能出爲主席的候補者，此時蘇維埃除去榮耀去死外，沒有什麼別的了。

蘇維埃組織不良，沒有一定的政治方針，自然不能立時抓到一定的政策。他的罷工能力到了盡頭，十七日以後，罷工倉促停止的時候，更表現出來：一個星期以後看來有恢復軍事行動的可能與必要。無產階級把打擊的目的自然的非常正確的指示出來。就是在十月以前，工人們已經快要得到八小時的工作日了；這個口號在正月九號就廣遍了。此時運動也和十月罷工那樣自然爆發起的：就在十月二十七至二十八日（廢曆），五金工人用革命的方法已經爭到八小時工作日（九小時的工作日大多數已經爭到了）。蘇維埃的執行委員會，只不過是批准五金工人的提議而已，而蘇維埃在二十九日“沒有爭執沒有討論”的就議決了：自三十一日起所有彼得格勒企業機關都去開始爭到八小時的工作日。　業主們還是被不久發生的總罷工嚇得神魂顛倒，還沒脫離無產階級光榮的戰勝了尼古拉（我們現在知道這個勝利，資產階級也暗暗幫助的）時的痲醉形態，所以在頭幾天還是保持消極的態度。但是三天以後，爭鬬就逞蘇維埃的意志而中止，蘇維埃又宣布一個新的政治罷工。

正在爭求八小時工作日爭鬬起始的除夕，客浪士塔梯的水兵暴動就被鎮壓下去。散布謠言，說他們將受軍事法庭審判；傳說不久要鎗斃六百人。無產階級不能忍受這樣的慘劇；工人的情緒自然是幫助水兵，蘇維埃能特別引起政治的爭鬬那更好了。一個代表說：“假設我們能把水兵同志從專制政府手中搶來而救了他們的性命，那我們就用死刑來對待專制政府，我們讓軍隊中的朋友們當作我們的保衛吧。”

這是很對的。但是怎樣去幫助呢？這裏要想什麼方法呢?"用罷工的手段什麽都能得到!"正湊巧此時在波蘭宣布軍事戒嚴。十一月二日蘇維埃宣布說;客浪士塔梯暴動者釋放而取消波蘭的戒嚴之前,繼續罷工。

這是很好的"態度"。工人罷工特別的齊心一致。一九〇五年胡魯斯塔來夫在他的彼得格勒蘇維埃歷史一書上說道:"十一月罷工時,蘇維埃沒有費時用力去引沒有罷工的工人參加罷工的運動。但是工人都罷工了。"

但是根於"情緒"的東西,是不能持久的。四日(罷工是在舊曆十一月二日開始的)執行委員會因爲"情緒"低落就提出停止罷工的問題。蘇維埃不贊成執行委員會的提議,但是到第二天五日,必須提出停止罷工的問題,雖然波蘭戒嚴令還沒有撤消,而客浪士塔梯的水兵,仍未釋放。因爲不如此,彼得格勒就有自己停止罷工的紊亂景象。

爲這個沒有成功的好運動(指短時期的政治罷工——註)自然就得中止八小時工作日的爭鬬。沒有比爭鬬劇烈時候忽然改變進攻的方向再危險的事了。只是神力才能在這種時候避免失敗。可是這裏沒有神力出現呢。罷工工人去作八小時工作日的爭鬬時,業主方面已經不是消極的，而是最大膽最用力的抵抗。一部分工廠爽然的就關起門來。等到工人肯按先前的條件作工為止；別的工廠裏就揭出布告來，若是再用革命的方法實行八小時工作日，那就打發滾蛋了。

胡魯斯塔來夫——諾薩爾他的"蘇維埃歷史"上解釋這個業主陣勢的變動，說是業主們受了維特政府的逼迫而這樣作的，好似政府是怕彼得格勒的無產階級干涉客浪士塔梯水兵的事變一樣。維特不至因徒然的過問而非常怕懼吧——這是第一點；第二點，就是不久以前，業主們還和工人們聯合一致反對政府。"在十月罷工的時候，資本家不但不阻止工廠的工人會議，——他們還付給大多數工人罷工日的一半工資，在幾個企業機關裏，工資還是完全付給呢。在蒲奇洛夫和別工廠裏，沒有一個為了罷工而被開除的工人，工廠管理局把蘇維埃代表在蘇維埃忙着開會那些日子的工資完全付給他們。奧布霍夫工廠的管理局預先就把工廠裏的輪船給蘇維埃代表讓他們渡過城裏去。

"公理報"（資產階級的雜誌，以後立憲民主黨重要機關報——註）上載有："第一個罷工在解放運動的歷史上是光耀燦爛的一頁，是工人階級為人民的政治和經濟自由的爭鬪中偉大功勳的紀念碑。”以外還有一個解釋更正確的。無產階級的退却，將他屢戰屢勝的榮譽破壞了。資本家算計道：他們沒有達到自己的目的，而在政府面前退却，為什麼在我們面前就不退却呢？八小時工作日自然比起憲法會議的要求，容易損失他們的腰包。

失敗也有其好的結果：相信罷工萬能的心理在蘇維埃裏完全消滅。“就是熱烈主張總政治罷工是奪取政權的普遍方法的人，也在他的策畫裏面添上“武裝暴動”了。反對武力，只有一個工具——武力。

“現下需要在我們工廠裏組織工人，武裝工人。每個工廠裏組織幾十人的團體，選出他們的代表；幾百人團體，選出他們的代表，而置一個指揮，管理這幾百人。在這些團體裏，嚴行紀律，以備無論在那一個時候，聽命令就可以出來爭鬪。記着，我們去作堅決的爭鬥時，只能依靠自己：自由派的智識階級，已經開始不信任以至仇視我們。德謨克拉西的智識階級，動搖不定。各團體聯合會在第一次罷工時，那樣熱烈的加入我們的運動，對於第二次罷工，就很少表同情了。”但是說這話的人——胡魯斯塔來夫——諾薩爾——忘記了武裝暴動比起罷工，要需更大的費用呀。　但是現有的力量就是作罷工用也是不足的。　這個就能預先料定當時在彼得格勒沒有很大的成功。　至於“自由派的資產階級”是否表同情，“德謨克拉西的智識階級”是否有希望，這裏沒有什麽大關係。　自由派的資產階級是怕無產階級，德謨克拉西的智識階級是在無產階級強固的時候才和他接近。　無產階級一輭弱，一定是壯了資產階級的胆而使智識階級走開去了。

自從舊曆十一月中旬起，彼得格勒蘇維埃好像“就要斷氣”了。　他只有顯一次神通的力量。　十一月二三日所有彼得格勒的報紙，資產階級的報紙也在內，就登載：“工人代表蘇維埃的執行委員會在十一月二二日的常會眼看將到的破產，認爲工人階級和所有貧民必須從儲蓄銀行抽出所有的存款，並且要求賬目及工資都用現錢。”“政府的官報”就認爲蘇維埃的决議“不能不影響於儲蓄銀行的存欵，這點從抽欵人的增多就看出來了。”　在十二月內，彼得格勒儲蓄銀行所發行的存款比起收進來的，多四百多萬金盧布。　全俄國發行的存款超過收進的，八六〇〇萬金盧布。這可以說，在十月十七日以後，彼得格勒無產階級所能給專制政府的感受是一個最大的打擊。自然不只是受蘇維埃決議的影響才抽出存款來，就是彼得格勒儲蓄銀行最重要的存款人，自然不是無產階級和其親屬，而是中產階級，並且有一部份簡直完全是黑白黨人的心理。抽出存款，只是中產階級以爲"亂"時將要來到願意把錢放在"自已身邊"。說這次運動是蘇維埃的聲望引起來的，就逼得政府不得不承認蘇維埃的宣傳的影響就遠出工人階級之外了。在政治潮流高漲的環境中，這自然能大大的提高蘇維埃的聲望而增加政府的惶恐。但是現在是潮流降落的時候，政府已經脫離惶恐狀態，——大膽瞄準的而不是致命的打擊實不過提醒專制政府掃除蘇維埃的時候到了而已。爲要消滅繼續滾湧全俄的工人運動起見——十二月莫斯科的武裝暴動算是達到極點——維特的政府就須在彼得格勒鞏固起來，因爲在彼得格勒比其他地方容易得多。十一月六日胡魯斯塔來夫——諾薩爾就被捕了。在組織上，這還不是特別重大的打擊，——繼承胡魯斯塔萊夫的人是"亞諾夫斯克"(托洛斯基那時的假名)。蘇維埃終究得着自己眞正的政治首領，但是這個首領須要領導已經擊敗的軍隊。彼得格勒的工人，對於他們主席的被捕“表同情”的寥寥無幾。保羅底斯基工廠決議：“保羅底斯基工廠全體工人爲主席胡魯斯塔萊夫同志被捕的事，宣言道：若是工人代表全市蘇維埃議決了罷工，那我們就是準備着舉行，在所不辭(!)。……”

只要比較十一月初彼得格勒的工人一致的營救客浪士塔梯的水兵，和這個半允的罷工(並且這是蘇維埃責任之下的事呀!)去營救他們自己的主席，那就可以斷定革命的潮流已經走的怎樣遠，而隔專制政府勝利的日子如何的近呢！蘇維埃自己也準備結束。十二月二日他發表著名的“宣言”這宣言就好比是他的遺囑。宣言起始是“政府將告破產”幾個字，煞尾又重複十一月二十二日對於從儲蓄銀行抽出存款的決議，又代表無產階級的名義說，“若是沙皇政府顯然公開的和全人民爭鬥時，就不要使用沙皇政府債券”，特別的就是這個宣言沒有喚起蘇維埃關於胡魯斯塔萊夫諾薩爾被捕所出的通告上所提的武裝暴動。這個宣言上簽字的革命團體，幾天以後才單獨去作這件事。當時蘇維埃這樣沒有黨派的會議上，相當的“情緒”也沒有了。

在第二天，十二月三日，蘇維埃全體被捕。以後維特興高彩烈的說：“我逮捕了牠，一點事情也沒有，一滴血也沒流。”

由上所述，讀者知道彼得格勒的無產階級對於不只是一個主席被捕而是他們整個代表團體（蘇維埃是由五六二個代表組織的，代表一四七個工廠，三四個作坊，十六個職工會。被捕的只是執行委員會。——註）被捕的事，還不是很一致的罷工去對付，那就不以爲是奇事。彼得格勒三分之一以上的工人，就在這事件後，雖然有莫斯科洶湧的暴動，還以爲不必中斷他們的工作，尼古拉路線仍是繼續工作，好像沒有什麼事似的，這種消極就很能幫助政府消滅莫斯科的暴動，再要組織新的蘇維埃代替被捕的舊蘇維埃是不可能的。有一個會員在他的追憶錄上說道：“第二屆蘇維埃全體大會一次也沒有開過。”

“革命（在彼得格勒）顯然的消滅下去了。”早已承認這個事實也早已給它一個所謂通行的解釋：彼得格勒的無產階級，在十月和十一月罷工的時候已經“餓壞”，再沒有力量去作重大的革命的運動。

因爲我們願意歷史"不是爲哭笑而是爲的了解"，所以必須對於這個問題稍微解釋一下。

無產階級在罷工爭鬥中的"窮困"是什麼意思呢？在西歐，這就是說；每個工人的團體，有他自己的"爭鬥的"罷工的會計處，失業工人藉此維持自己的生活。這個會計處空虛，罷工的人和他的家屬就去受餓——這也是"長久的罷工工人的窮困"逼迫着他們投降。

在一九〇五年俄國的工人，有沒有這樣"爭鬥的會計處"呢？同志們，記起那時來，想發生的問題，一定是好笑呢。什麼"爭鬥的會計處"那時連味道也聞不到呢。在彼得格勒的蘇維埃之下組織的"失業工人委員會"可以說是這樣會計處的雛形。說彼得格勒無產階級在一九〇五年之末運動的消沉是和這個委員會的財源涸竭有什麼關係，那眞是沒有着落的話——再者這些財源爲數無幾，也沒有重大的意義。

所以必須向單個工人的個人境遇裏面去找解釋，實際上這兒有沒有窮困的現象使他們失望和停止爭鬥呢，？下面是彼得格勒五金工人工資的統計，從蒲奇洛夫工廠紙堆中找出來的。

一九〇五年十月中（想是舊曆）每個蒲奇洛夫的工人，平均得到四十四盧布和八十一個哥比，一九〇四年十月得四十五盧布和四十四哥比（金的）。十一月平均是四十四盧布及五十六哥比，而一九〇四年十一月得四十七盧布及六十五哥比。只是在十二月間有很大的差別了——二十八盧布八十四哥比，而一九〇四年十二月，得四十二盧布及四哥比。

最使彼得格勒五金工人窮困的，就是十二月的罷工，那時彼得格勒的無產階級"因爲窮困"才參與罷工，非常渙散，前幾個月的"窮困"，好似是阻礙彼得格勒無產階級十二月的運動，但是"窮困"不很大，若說他有重大的意義簡直就輕視此地的無產階級了。俄國的工人每月爲了三個或四個的銀盧布，還不至於把他自己的自由賣掉。

一九一八至一九一九年就證明給我們看，當着無產階級爲其本身的事爭鬥，他能受怎樣的貧困。一九〇五年十二月在彼得格勒這個成功的希望也是沒有的。"窮困"不是物質的，而是政治的。無產階級好像一個事事不順利的個人一樣容易而且很快的疲乏起來，倦於爭鬥。十月十七日以後，彼得格勒的工人運動，一點結果也沒有，這在最不堅固的羣衆裏自然生出絕望的心理。假設只有去受鞭笞，別無希望，還値得去爭鬥嗎？常打小敗仗，是最好的方法了。

若在這裏去找什麽個人的失策，自然是最大的錯誤，完全是反馬克思主義的人做的，彼得格勒運動的領導者所領導的無產階級是有一定組織程度和一定政治覺悟程度。無論是組織程度，無論是政治覺悟，在彼得格勒比起其餘俄國各地高得多，但就在這裏，組織也是有些薄弱，從蘇維埃起初只有四個職工會，因此可見當時的狀况。至蘇維埃完結時就有十六個職工會；職工會的組織在蘇維埃時期，增加四倍，這可以說是他的重要工作。蘇維埃完結時，彼得格勒的無產階級，比起蘇維埃成立時鞏固的多，這也就是他的成績。假設我們再說蘇維埃是一個很大的訓練政治覺悟的學校，蘇維埃存在以後，不但是正月九日的事不會發生，就是十月開始的那樣半經濟半政治的自然產生的罷工也不能再演——我們就知道蘇維埃不是徒然存在了。

爲無產階級爭鬥的中心彼得格勒是俄國別的地方的一個絕大的榜樣——這次彼得格勒的蘇維埃比起孤立的

單獨的，與什麼也不相聯的伊文諾夫烏茨湼新斯基的命運較好些。隨着彼得格勒的蘇維埃先例，在唐河沿岸的洛斯韜夫（十一月之初），在基而夫（十一月六日），在考斯徒勞木（月之中旬），在奧特斯，在尼古拉也夫，在薩馬爾，在瑞威爾，在巴庫，叟爾磨夫，在坦閑洛哥，在猶祖夫克在特威爾等地，也就發生工人代表蘇維埃，在這些城市裏，蘇維埃是十一月底或十二月間產生的，比起彼得格勒來晚得多，就是在莫斯科，蘇維埃產生的也是晚些（十一月二二日）。彼得格勒失敗之後，莫斯科成了革命的重要堡壘。十月的罷工，就是在這裏開始的。一九〇五年的工人運動，就在這裏受到最後的打擊。

莫斯科的無產階級，照組織和覺悟來說，是不及彼得格勒的無產階級。莫斯科區裏，紡織工業佔大多數——而在彼得格勒，五金工人就佔上風了。一九〇五年罷工工人總數有八千人，而五金工人二五二，紡織工人總數是七〇八千，罷工工人總數有 1296 千工人。每個五金工人在這一年內罷工三次半；而紡織工人，就是二次還沒有罷過呢。假設我們再比較比較這兩個地方的周圍，那我們就看到彼得格勒的周圍，總數是二九八千，罷工的有一，〇三三千人，莫斯科周圍工人總數是五六七，罷工的有五四〇千。每個彼得格勒的工人，罷工三次半，而每個莫斯科的工人有連一次還沒有罷過的。自然其他各省更加落後（工人總數五四三千，罷工的有四〇三千）。

但是莫斯科的無產階級，雖是較為落後，可是因此力量更為生硬：十月成功之後，直到十二月前，沒有失敗過。同時，莫斯科的智識階級比較的軟弱；同時充滿了智識階級的彼得格勒，工黨須要抵抗各色各樣"民主派"的強大的競爭，而因此就須作各種"非黨的"聯合，但在莫斯科社會民主黨派，多數派，佔很大的勢力。只要蘇維埃在此能將羼雜很多"各團體聯合會"的智識階級的"罷工委員會"取而代之時，那麼蘇維埃的成立就算黨對於非黨的勝利了。那時在莫斯科出來和多數派競爭的，只有社會革命黨派，自然他們在那時不是社會主義者，但是革命者的名稱還當得起。在莫斯科"偶然出現的人物"的作用是很小的，沒有像胡魯斯塔萊夫諾薩爾的人物去點綴莫斯科的蘇維埃。革命運動中實際上的狄克推多是莫斯科社會民主黨的委員會，會長是死去的夏宅爾馬拉特同志。這個委員會曾發起莫斯科最大的一個追悼十八日被黑百黨殺死的鮑曼的示威遊行，參加者有二〇萬，可以說全莫斯科的人都集合起來去瞻仰這個大示威遊行。這個遊行給黑百黨一個非常大的印象，他們只是在晚間黑沈之中，藉了哥薩克之助，才去進攻遊行後散歸的人們。莫斯科運動比較集中，可是也有他的危險：反動勢力若在中央給一個對準的打擊，就能停止全盤機器——使革命失其領導；假設能把中央和社會隔離，那麼全運動立時就沒有組織了。我們後來知道，莫斯科不幸就是因有這兩個缺點。莫斯科無產階級革命的主力也有他的好處。又如彼得格勒工人眞正教訓的那樣的失敗和絕望，莫斯科工人是沒有的。在十一月和十二月之間，在莫斯科發生一次總罷工——郵電工人總罷工失敗了，這次罷工與鐵路工人總罷工有同樣的希望，但是這種希望沒有實現。當局已經準備了，雖然那時郵電部團結一致去罷工而堅固保持着，但是他沒有得到什麽讓步。這又可以證明專制政府的恐懼驚惶對於十月十七日的勝利有怎樣的關係。但是這次失敗，還沒有把無產階級激惱——反之接近無產階級的新興的廣大羣衆被拉進革命羣衆去，他的隊伍更增加了。郵局工人不是單獨出馬。

而絲毫沒有料到的：多數派能把像"獵市"的屠戶——一八七〇年起就是歷史上反動的保障，——這類的人就宣傳過來了：一八七八年慘殺學生遊行以後，"獵市屠戶"這個名稱在莫斯科智識階級的口頭上，和"屠殺者"一樣的。現在就是這個獵市屠戶，也到罷工羣衆的隊伍去了。

更爲重要的，就是社會民主黨的宣傳，也開始染到莫斯科的衞隊。雖是比起彼得格勒的衞隊少的多，但是按成分說是大大的較爲德謨克拉西些。在莫斯科的衞兵團，軍官不是富豪地主的出身，兵士不是富庶的農民。在莫斯科有常備步隊，軍官是資產階級的分子，兵士是從"中農"徵集來的，只是用"榴彈隊"的名稱隱飾起來罷了。在莫斯科只有一個蘇謨騎兵團（不是以前就是以後，曾叫做郭薩爾騎兵團）算有"衞隊"的組織和慣例。以外莫斯科有無產階級軍隊——工兵營路兵營等——路兵營都是從當過鐵路工人徵集起來的。在沙皇的都城彼得格勒，不保留這樣"危險的"隊伍的——我們還記得，彼得格勒的衞隊，在十月裏連一段鐵路也沒抓到呢。

十月間就開始到莫斯科軍隊中去宣傳。追悼鮑曼的喪禮遊行的時候，一部分穿軍裝的人，隨着莫斯科委員會的旗幟走，好似莊嚴的護衛似的，就引起人們的注意來了。他們中間還閃耀出“後備的少尉”的金肩牌。工兵和礮兵受宣傳的最多；他們看着工兵好似“自己的人”，但是宣傳也染及像“候補的”哥薩克這樣的軍隊了，其中也有好比在滿洲軍隊似的那樣出拔的後備哥薩克主軍。他們遠離家鄉，極其困憊，警察的職務煩惱了他們，所以他們當着革命者說及農民的困難時，他們就毀壞當局，全心同情於革命。

十一月末十二月初的時候（舊歷），莫斯科的衛隊中，就開始騷動，形式和規模在彼得格勒還沒有見過。起初是工兵和托洛亦茨—塞爾吉也夫後備軍發表一個“共同的宣言”，但是並非就止於此。十二月二日，在洛斯韜夫的榴彈團裏就爆起眞正的暴動。軍官有一部分被逐出去，有一部分被捕起來；而全團關在兵營裏，選出二十個人組織的兵士委員會完全管理兵營一切事宜，同時別的榴彈團也唱着馬爾塞革命歌，從一個團營跑到別的團營。

兵士的要求是純粹經濟的，——普通說來，他們就是要求一九一七年著名的“命令第一號”上所表出的那樣軍士權利的規定。但是無論從那個見地去論，這總是武裝的羣衆表示不去服從政府了——並且這個羣衆武裝的很好：洛斯韜夫一團有八架大礮。必要記得，那時在軍事當局自己手下還沒有礮隊呢：因為礮隊不可靠就把礮收集起來，放在霍頓的步兵營裏，放在步隊保護之下（也是以後所說的不很可靠的步隊）。工人們在這個時候堅決的爭鬥，給了運動一個很大的推動：未經歷練的兵士羣衆，是不相信宣傳的智識分子。工人的運動，在這幾天還沒有發生，——只是十二月七日才開始的，那時洛斯韜夫變兵的暴動老早被當局消清，而警惕的當局就把所有不可靠的兵團都除解武裝，關在兵營裏面。

這件事上就可見羣衆對罷工以後爭鬥準備非常薄弱。洛斯韜夫團的暴動，不是運動的信號，因為都等着委員會發出命令，但是委員會害怕破壞了運動而成為隔離的莽然運動的罪人，自己就等着中央的命令。但同時在莫斯科關於彼得格勒蘇維埃的命運一點也不曉得，就是彼得格勒蘇維埃，我們知道，在他的宣言中，也沒有喚起武裝暴動呀。十二月四日，在莫斯科就知道那裏的蘇維埃——精確說些，他的執行委員會——被捕了。莫斯科的蘇維埃，絕對多數議决了宣布罷工。但是委員會决定讓各工廠審查這個議决。這又費去兩日。在這個時候中間，——十二月五日——全市的黨大會，就認淸須要爭鬥了：一個參加會議的人說：“同時舉行的全俄鐵路工人大會派來的代表，宣稱他們參加政治總罷工的，就不是有轉移事變的重大意義，可是意義也是很大呀。”鐵路工人的罷工，有决定的重大意義。因爲假設鐵路一停，若要從別處往莫斯科運輸軍隊就不可能了，可是依莫斯科衞隊的情緒看來（在實際上也有一部分是如此的）是到了出發爭鬥的時機了。

工廠的會議，就足證明“工人羣衆普遍的熱狂及其對於武裝爭鬥的準備”，至於審查以後的蘇維埃議决，只是簡單的一個形式而已。因爲這個形式，只是在十二月七日早晨，蘇維埃給“全體工人兵士及公民”的宣言才出現的，宣言結尾有幾個口號：“工兵民同志們，勇敢的去爭鬥呀！打倒罪過的沙皇政府！總罷工和武裝暴動萬歲！”這個宣言，已是和彼得格勒的宣言一樣，所有莫斯科革命團體都隨着蘇維埃之後簽字。同時全俄鐵路總工會，也發表他的宣言，宣布自十二月七日起，舉行鐵路工人政治的總罷工。

所有這些事件只花了三天的時光。——對於革命說,這是很長的時期:回憶一八三〇年和一八四八年(二月革命)的法國革命在三天之內開始完結的。可是假設鐵路工人和十月時那樣團結一致的去響應他們總會的號召,那麼莫斯科的暴動還許有成功的希望。莫斯科的都督,剛剛任命的杜把梭夫,除去背荷彈匣的騎隊和四百哥薩克以外,實際上什麼軍隊也沒有。要求從彼得格勒調遣軍隊,那裏統帥軍隊的"大"尼古拉答覆說:"彼得格勒沒有閑着的軍隊調往莫斯科。"杜把梭夫只得自己設法脫難了。

這個曾有過軍事勝利的人物——他在一八七七年爆毀了一個土耳其的鐵甲艦,他的事業就是從此時起的,——現在又從事國內戰爭。就在他發給尼古拉王爺(小尼古拉——註)而得到絕望的回答的那個電報那一天,他就通知內務總長說:"現在捕到了六個重要的鐵路工人的代表。"

杜把梭夫自己不知道,誰落在他的手。在實際上,七日的夜間不是捕的鐵路工人的代表,而是指導全運動三個重要團體——社會民主黨，社會革命黨及鐵路總工會——中最有聲望的代表組成的機關呢。其餘被捕的人當中，也有"莫斯科的狄克推脫"夏宅爾。

最不幸的事發生了。——運動失去了首領。同時必須在技術上指導行動的莫斯科社會民主黨(多數派)的執行委員會，處於和社會隔離的地位了。這個委員會沒有一點可以調用，不能給敵人一個重大打擊。他只有"自衛隊"，非常軟弱，(全莫斯科只有三百——四百人，)武裝不足，直接的責任不過是維持會場罷了。自衛隊只有心理上的意義，因爲黑百黨派相信"委員會有一七〇〇〇的自衛隊，全身的武裝起來，"於是就害怕他們了。但是可當作眞正爭鬥的力量，他們只能在示威遊行時應付而已。"執行委員會"決定從事爭鬥——進攻警察，憲兵，小的軍隊，不給杜把梭夫少數的軍隊休息——這是可以採取的惟一策略。但是黨的自衛隊，必須有一個避身之所，他們自己好能休息和裝彈呵。由是必須要特別在可爲黨的行動根基的工人區裏築起巷欄。

羅網似的巷欄很快的就築起來了。方才已經提過一次的那個參與大會的人說道：十二月九日"我們和同志們在執行委員會討論了是否要喚起人們建築巷欄的問題後，走出來時，就看見所有凱旋園街就滿布長着列的巷欄了。”不只是工人建起的，——是半受工人熱狂薰染半爲“保衞”動機所激動的小資產者築起的：不讓軍隊，特別是哥薩克，走近他們，他們來了一定不能免掉慘酷的屠殺呵。

運動是取守勢的，但是武裝暴動，只有進攻的方法，才能存在。全城劃成許多築起巷欄的區域，劃爲些很小的旅順口，其中最可怕的就是蒲來斯淖。他們幾乎完全互相隔離——譬如在蘇哈夫區關於蒲來斯淖的事實有很多玄幻的傳說。——所有的區域，又都和“執行委員會”隔離。無論什麼中央的指導，是不可能的了。

不錯，兩方面都可圍攻：所有隔離的“旅順口”將杜把棱夫和“忠於”他的軍隊所在的中心，包圍起來——對方共總不過是一千五百兵士：暴動者在數量上是絕對的佔優勢，八百個洛斯韜夫暴兵和他的大礮以及工兵都加入這邊來。但是被圍的中心，有他的優越：第一因爲這是中心，而佔據中心的有在“內陣線”行動而按次擊敗分散各區的優越處。第二因爲在每個圍攻的時候，勝負的決定，全看那方面救兵來的快些。

兩方面都是迫切的等着救援。 滿佈巷欄的區域裏面，傳着關於彼得格勒的工人"暴動"奪取兵工廠等等的消息。我們知道，這是離開事實多麼遠哪。對方僥倖很多，月之九日，我們知道已經不能調用莫斯科礮隊的杜把棱夫，因為尼古拉也夫路線沒有罷工，就能把特威爾……沒有受過宣傳而登時能開始行動的騎礮隊調來了。同時"大"尼古拉相信，彼得格勒都安然無事，就把騎兵和帶有重大的軍器的榴彈騎隊調往莫斯科。 又從波蘭調來剛剛"暴動"而被壓服的，急於"消輕"自己的"罪過"的一團兵， 滿築巷欄的區域，實際上還是堅禦的一區——紅的堡壘，蒲來斯湟的進攻就開始了。其餘的區域裏，自衛隊放完他們的鎗彈，自己困窘比起他們給杜把棱夫兵士的困窘大些（就是他們蘇謀一團才剛剛的開動啦），只是知道，衛隊走到暴動方面來和望彼得格勒來的後援的計算都是落了空，於是得了委員會的承諾就停止爭鬥了。

蒲來斯湟的英勇抵守，又給俄國革命史增上最榮耀的一頁，但是他可不能就把時局改變。十二月十九日，暴動可說是壓下了。　暴動證實人們對於黨的策略的希望是不錯的——只是因爲這個戰略才能以支持十天，只些因爲黨的戰略，革命方面的損失才比反革命的損失小是：那時軍隊中打死的有三十五個，而自衞隊共總打死的只有十三個。　但是居民的損失，可是不只此數啊。　莫斯科的醫院，登記打死和因傷致斃的有一千多人，在示威遊行時爲鎗礮的犧牲品的工人也不在少，——十二月十日，特外爾斯加亞街的鎗殺特別慘酷，當時被地雷烘死的有數十人。　但是大多數死的，還是普通的居民，不是在家中被鎗打死的，就是在"圍攻"的時候滿築巷欄區域的街上被打死的。　人民慘酷之中，得到教訓，就是國內戰爭時，是不能保守"中立"的。

"勝利者的奏凱"自然是由鎗擊表示出來了。　但是可以說，就是因爲那個黨的戰略，杜把梭夫兵士擊殺的範圍才沒有從前許多鎗擊民衆那麽寬大呢。　一八七一年在巴黎周圍的工人堅守着每個巷欄的時候，凡爾塞的兵容易從巷欄後，從住宅裏，從房頂上射擊。　但是怎樣對付顯然沒有直接參加武裝爭鬥的人民呢？所有的射擊幾乎都是一種神怪的自衞隊發出，可是好似蒸氣昇騰空中，在"恢復秩序"前老是烟化不見，那怎麽辦呢？只是騎隊的軍官，僥倖的解決了這個困難。他們在蒲萊斯湼找到一個吃醉了的遊民(他們說是一個"工人"))，他把"所有的煽動者"都指示給他們。根據這個黑百黨式的醉漢的報告，就鎗斃了十七個人，其中有兩個女人（一個反動的軍官說，是兩個女學生)，但是共總用這樣的方法，在蒲來斯湼鎗决了百二十個人，又沿着卡簪路線鎗斃百二十九人，以報所有鐵路罷工的仇恨。因把杜梭夫"瘋顛的"鎗彈和地雷打死的人，比起死在杜把梭夫劊子手下的多的多，——這又是一個在國內戰爭"中立"時吃虧的新證明。再者，在被鎗斃的人之間，屬於革命團體的，爲數寥寥。其餘的都是用追尋反革命的方法牽連到那些和平的居民。

讀者可以看得到，一九〇五年十二月莫斯科所發生的事變完全和根據前例和我們略略提過的巴黎暴動：一八三〇年七月，一八四八年二月和六月和一八七一年的巴黎公社，所構成"武裝暴動"的觀念，不相副合了。實際上那是武裝民衆和軍隊的爭鬥。但是莫斯科在十二月時，絲毫沒有沙皇的行政衙們和革命政黨戰爭，兩方面都依靠他們手下組織起來的勢力來互相對抗，因爲革命者的力量，是非常之少，所以除去黨派戰爭以外，他們不能採取什麼別的方法。

那時，我們都以爲這是革命武裝爭鬥的新方法，在二十世紀技術的條件之下，是惟一可能的方法。我們並且想過，軍事技術的發展，就可以使黨軍的衝突代替了民衆的爭鬥。

帝國主義的戰爭把這個最後幻想消散了，一九一七年莫斯科的十月革命，可以證明羣衆的武裝暴動，在我們的時候，是完全可以實現的東西，莫斯科街上的十月事變，不只是人數很少的自衞隊去爭鬥，而是被工人羣衆所推動的紅衞軍和跑在他們這邊去的軍隊去爭鬥，並且民衆運動的潮流不住的引進大批軍隊替革命爭鬥。

一九〇五年，沒有這樣的現象。那時在莫斯科什麼"紅衞軍"也沒有組織起來（那時只在芬蘭產生了紅衞軍）。工人羣衆團結一致的罷工起來，——莫斯科十二月的罷工比起十月的團結些——頭幾天就熱狂的去做示威運動，千方百計幫助自衞隊，供給他們食物，住宿，藏匿他們。但是他們去作巷戰戰鬥員的，在每個築起巷欄的區域，最多的不過數十人。只是在蒲萊斯湼武裝的工人，計有數百人，其餘各區的自衞隊不過數十人而已。這就是那時看到的現象了。人們也給了他一個聰明的解釋：沒有武器，沒有技術上的準備。難道一九一七年前，莫斯科有過怎樣重大的準備呢。就在一九〇五年秋天，各個團體也就學着放鎗了。說到鎗械，要得到他們，不是怎樣不能解决的困難。自十月之末，黑百黨屠殺的時候起，資產階級的莫斯科已經充滿了武器。每個居民都設法獲得武裝保護他的居宅和他的庭院以免蹂躪。在十二月之後，杜把梭夫的警察，要搜查的時候，而害怕的居民——這次已是杜把梭夫派了——就一堆堆的把鎗枝交給黨部：莫斯科委員會，在幾天之內，收到一千五百很好的藥槍，快鎗，十輪子等的槍枝。少微加一點武力的壓迫，工人羣衆兩個禮拜以前就能從資產階級手中剝奪很多的武器。不必費怎樣特別大的力量，就能將杜把梭夫所關閉起來的已被宣傳過來的兵士釋放，而帶到街上去爭鬥了。最後就是強奪幾尊大礮，也不是不可能呵。當局非常怕這一著。一個統帥莫斯科軍區的將軍給某人寫信說道：“若是革命黨抓到了兩枝槍，就是不去用他呢，那也就不妙，因為無論如何這總是他們的戰利品，定然給人一個很深的印象。若是一旦疏忽以至如此，那就嚇死人了。”

若要這樣去做，須要羣衆深信，只是武器才能解決問題。但羣衆還沒有這個信念。十月罷工的成功，使得人們特別看重這個罷工爭鬥的方法。什麼罷工，若不是轉爲武裝暴動，終歸失敗的——鮑爾雪維克始終不倦的這樣說——但這個道理，在十月之前，還不是人人都明白的：只是十二月失敗的結果，才使人人明白了。

這樣說來，十二月的暴動，是有很大的眞正的敎訓。或者廣大的民衆，看見人們不是用“和平的”方法“袖着手”去反抗沙皇政府，而是手持武器去反抗沙皇，所得到的印象的影響更大。這個印象是不能忘記的——十二月事變，對於民衆眞是銘心刻骨。羣衆的無準備，——特別是常提到技術上的無準備，好像在技術上就能和準備世界戰爭似的，去準備革命呢。——給了蒲力汗諾夫所領導的少數派責斥多數派的口實：“不應當去暴動呀。”這個勸告是很伶俐的，好像勸告一個不會浮水的不要下水一樣。可是不下水他怎樣能學會浮水呢？

假說照無產階級的覺悟和組織來說，次於彼得格勒的莫斯科尚且不能完全準備羣衆的武裝暴動，—— 希望比莫斯科無產階級的更落後省區無產階級準備更加困難了。 以下是一個參加運動的人所給於有很強健的社會民主黨黨部的一個大中心卡響運動的特點："卡響的無產階級，沒被莫斯科的暴動引起很積極的爭鬥：也沒有起來暴動(好像梭爾磨夫似的)，也沒有舉行政治罷工(好像薩馬爾似的)。 自衞團只有幾十個人。 地方上革命團體的毀壞倒有大的意義。 但是關鍵不在於此。 卡響的工人羣衆，是不很鞏固的，沒有組織的，革命的潮流沒有大大的激起民衆。 一九〇五年，他們雖容易提出經濟的爭鬥，但是作積極的爭鬥，他們還不能呢。 十月十九到二一，'卡響革命'之帶有智識分子的性質和十二月羣衆之消極的關鍵就在於此。 卡響工人中間，還須繼續工作，工作，工作，……。"

"莫斯科"式的運動，除去上面引語中所提過的梭爾曼夫，還在許多地方發生過，但是他們還不能匯合爲一區的暴動，哥爾洛夫克(唐河流域)，臺米爾尼克唐河的洛斯韜夫工人的自衞隊反抗的最強硬。這裏除去和蒲來斯湼湼相同的地方，還有自衛隊保持了三天的擲彈相鬥，還能安然的退却呢。在北高加索的暴動，有成功的大希望，和除去遠東以外這幾天軍隊中所有最大的暴動一樣：庫把的哥薩克步隊出而爭鬥。但是這裏我們可以看到兩種運動——工人和軍隊——完全不相聯結，哥薩克步隊不但不和新俄羅斯的工人聯合起來，並且從城中跑到自己的村裏去，躲避到二日(一團)。同時工人運動，可被從他地調來的軍隊撲滅。

但是另一方面，西伯利亞的，再正確些說，西伯利亞鐵路的運動顯然的爆發，只是因爲工人和兵士羣衆的接觸。自十月起，鐵路已經在選舉出的鐵路委員會的手中，委員會的重要責任，是辦理送遣滿洲軍隊解甲的後備軍囘國。這些後備軍的情緒，我們是知道的——在他們的宣言中，不和當局客氣，還要恫嚇說要消滅他們呢——但是他們只有一個目的，就是趕快囘國，就是趕快要離開西伯利亞。地方的運動，倚靠他們是很難的，但就是這個"地方"的運動本身也是以爲新設的鐵路的關係，西伯利亞的小資產階級和農民仇視鐵路。除去"居住地"以外再沒地方跟上西伯利亞那樣慘酷的屠殺了。在這種環境之中，就明白怎樣兩個“征討車輛”，在軍事上說是有很小的力量，但是看來不費力量就可以調去懲敵似的，——用向所未聞的恐怖的方法，在兩個禮拜就在各方“恢復秩序”了。統帥這些車輛的維特頗覺滿意……但就是他對於和稟呈尼古拉所說的“赤塔不戰而讓出”的事自己也不禁驚愕。在莫斯科羣衆不能奪取武器，但是他們團結堅固，很有勢力，——所以那位維特先生伶俐的就决定不去惱怒他。但在西伯利亞他就毫無憐憫的去“剷除革命”，可是一九〇五年那裏還沒有革命的羣衆呢。

革命的人們裏面，沒有登時覺出十二月是怎樣的一個關鍵時期。革命的人們裏面，那時還沒有估計到專制政府的驚嚇，與十月以後所得到的成功中的關係是怎麼樣。自從十二月起，這個驚心終究過去了。“小”尼古拉深信“大”尼古拉的手槍將要逼出他什麼讓步來，但是這些讓步只是留在白紙上罷了。在十二月二三日星期五，他接見“俄民協會”的代表團，首領是杜布洛文，來問十月十七日的上諭是不是現下還有效力呢？尼古拉告訴他們說：“你們放心吧，眞理的太陽已經出來，我們可以興高彩烈呢。根本大法快就頒布。”黑百黨們起初腦筋就紛亂起來，——他們自己簡單，不懂得“根本大法”是藉以解釋十月十七日的上諭使憲法的味道都沒有被聞到。

寫言的人——我們從這個信才知道——前兩日，見到尼古拉，“得到一個印象”：“陛下勇敢矍鑠，恰像决定了一個好事而現在有成功的把握似的。”這是在蒲來斯涅最終槍殺兩日以後的事。

尼古拉開始欣悅未免有點太早吧——一九〇六年夏，他的專制政府，又逢着難日；但是關於一件事他快樂是對的：就是他的大敵，無產階級，漸漸的離開戰場。去年罷工三次半的每個五金工人，一九〇六年每個連一次還沒有罷過呢。工人總數有二五二千工人，罷工的只有二一三千——適等於84•9％。

從前落後的紡織工人保持的還好些——後備軍拉進來了——但就計算起來每個工人的罷工還不及一次（七〇八千工人，罷工的只六四〇千——90％）。無產階級的進攻愈形軟弱，資產階級愈加抬起頭來，業主更加倔強無禮。一九〇六年春冬罷工的成功和失敗比較起來，是很有意思的。春天罷工的共總七三千，成功的有三四千，只有十一千失敗，而二八千在雙方讓步條件之下妥協了。

同年冬天罷工的總數三七千，八千妥協，成功的只有六千而失敗的有二三千。春天業主和工人的衝突之中，業主得着勝利的有 15%，但冬天得着勝利的佔有 62%。

資產階級進攻，工人退却了……。

第　七　章

農民暴動

工人階級開始了俄國的革命。　他是第一个決意與沙皇政府爭鬥的——而第一次的爭鬥就失敗了。　照事實說，這不只是一個階級的失敗，而是全革命的失敗，因爲在一九〇五年的俄國，沒有別的組織革命力量，只要政府自己組織得以保全，他時常能鎭壓沒有組織的革命。我們現在看見了德國的革命，我們對於這點就非常清楚。從德國革命的先例，我們就知道一國內沒有像一九一七年我們的鮑爾雪維克黨，革命容易被破壞，敵人的勝利得以保障。一九〇五年，我們中間有許多人太看重革命自動生產的意義。許多人對農民的希望，與此也有關係。

一九〇五年秋天以後發生的事，似乎是證實這些希望。我們已經知道，工人運動在彼得格勒失敗以後，農民運動算是重要的運動，也只有農民運動使政府心懼胆怕呢。在十二月之後，革命者的希望，都放在農民運動上了。革命者想道：第一次工人運動已經失敗，但是鄉村出來爭鬥時，那麼工人革命在鄉村暴動的環境中就不能失敗了。

我們仔細看看，回想過去，就能更清楚的了解鄉村的暴動。首先我們就能看出無產階級的運動，不只是工人的運動，而且是純粹城市的運動；我們就能看出這自然是無產階級普遍的運動，但是就大部分說來，這是大資本主義企業工人的運動。那時小工廠（二十個工人以下的）罷工的，是合所有企業機關的四七％，換言之，就是並非全體小工廠在一九〇五年都罷工過，而自五〇一至一千個工人的罷工百分率是合一六三・八％：每個大工廠罷工不止一次，但是一千個工人以上的大企業，是合於二三一•九%:每個很大的工廠罷工兩次以上。把城市和鄉村罷工的數目比較一下那就更明白了。雖然俄國的大半工廠(約有60%)都建築在城外,可是鄉村罷工的次數總是比城市少。在革命前十年間,當着運動多是爲經濟要求而起的時候,城外的罷工,總計只佔罷工總數的四分之一:自一八九五至一九〇四十年間,所有罷工中的24•8%是發生於鄉村的企業的。但是在一九〇五年政治運動時,"鄉村的"罷工就落到15•7%了。我們從此就得着兩個結論:第一,生產機關愈小,他的革命精神也就愈小;第二,鄉村——卽就鄉村的無產階級說——比起城市來,更要偏於"經濟"些,我們知道城市的廣大羣衆當時還十分是偏重"經濟派"呢。

所有這些原因集合起來,就可以證明鄉村不能參加革命實行到底。就是在一九〇五年,就可以預料到一九一七年所證實的事了。無產階級能把沙皇政府推翻,鄉村只能參加保障革命的勝利罷了,這個保障革命的勝利,伊里基以爲比勝利本身還難呢。在奪取勝利,鄉村無法可以鞏固城市的勢力,無法可以來代替城市,在一九一七年二月革命時,鄉村的作用,還是次一等的。以爲鄉村單獨是能革命的，這還是我們民粹派宇宙觀的一個餘痕，是巴枯甯思想的一個餘痕，說什麽農民是天生的社會主義家，天生的革命家。馬克思主義那時只能把這個錯誤的觀念征服了一半：一九〇五年，除去社會革命黨，非馬克思主義者以外，沒有一個人以爲農民是“天生的社會主義者”了。但是還有許多人相信農民是有“天生的”革命性呢。所以去看誰領導鄉村的革命，誰是鄉村革命中的重要羣衆，和藉誰的力量，革命鑽進鄉村裏去，這是非常重要的。

現在我們回到農民運動起初，回到一九〇二年去吧。檢查官加瓦林斯基關於鮑爾塔夫省那年秋的“騷動”作了一個很大的報告，形容暴動農民的物質地位：很寬泛的計算起來，每個農民得到的土地還不及一個半俄畝。每年麥子不敷用的約有一千五百萬。“可以租給鄉村人民耕種的土地，又有三百五十萬。這些人還須購買大約七百萬蒲特麥子，就是每蒲特黑麥合五十哥比算計，還得需要三百五十萬盧布。但是他們沒有錢，那麽他們就必須重利借債或賣苦力，以求得着金錢。從現有的材料看來，在這省日工的工資是很少的，工業不很發達，手工業的作坊也沒有。偏僻地的面積，隨着農業機器制度一年年的發展，漸次的減少了。"

假設把人民按人口來說，那麼在"鮑爾諾夫省於一九〇〇年，沒有土地的就有 16•9%。"鮑爾塔夫省是"居民最積極參加騷動"的地方。在暴動的一個縣裏在一八八六"至一九〇〇十四年間，春苗田的地租增加 123%，冬苗田的地租增加 92%。""在一八九七年，地租增加得特別快。"若一注意地主和富農爲求自己的經濟上的利益計，通常在收穫的時候，就把土地租給農民，那麼這個地方農民生活情形之苦就更加描寫的清楚了。在君斯坦丁格勒縣裏，收穫一俄畝的麥田常常因爲運費就用去兩畝田的麥子錢。在鮑爾塔夫縣，農民收穫一畝田，就得用去三畝麥子錢。牧場是給與的，但不是常常這樣的，就是給與農民也須替他們作苦工。在別的地方，農民完全沒有牧場，不是失去牛畜，就是得把牲畜縛在家中。"

農村的貧農受着貧困和地主剝削的逼迫，不得不起來暴動。審問時農民的供詞，完全把檢查官的形容證實並且加以補充。當着原告樊新克向前去撲擊他的暴動羣衆時，問爲什麼他們要毀壞主人的房屋，被告蔡茨夫說：

你有一百畝地，我們一個有一畝，若你也試試去種一畝地，那時你看我們是怎樣的供養你呵。”

“當着證人卡再湼茨在掠奪亞橫鞱瓦最後的時期，向那打破管理處窗玻璃和窗框的那個犯人要求不要這樣的無禮胡鬧，這個犯人答道：你怎麼呀，你想我能藉 $\frac{3}{4}$ 畝地生活嗎？說了這話以後，就安然的把掠奪的東西運出去了。”

被告人農民吉延對於亞橫鞱瓦事件的解答，也很可以表示當時情形：他大概說了以下的話：“讓我來把我們農民的不幸的生活告訴你們聽聽吧。 我有父親和六個年輕的家口，沒有母親和子女，我們藉 $\frac{3}{4}$ 的田園和 $\frac{3}{4}$ 的耕地過活。 為了去牧牛，我們還要付給庫茨敏諾夫十二個盧布。 要了一畝的穀田，我們須得給他收穫三畝田。只是用兩隻苦手去這樣工作。 現在就是高價的土地也很難去找了。” 吉延往下說——“我們這樣活下去是不成的，我們現下如在陷阱。 我們將怎麼辦呢？我們農民各處已經求遍了。 我們也到紳董那裏去過，也走到地方法庭去，沒有一個地方接待我們，沒有一個地方幫助我們…………。”

假設我們看看這一點，我們就得到農民反抗貴族，過去的農奴反抗過去的地主的階級暴動的通常景象了。但加瓦林斯基，雖然自己有這樣的觀點，用他善良官吏的資格將他所知道的完全呈報當局，以下就是他關於鮑爾諾夫一九〇二年暴動的情形所說的話。

“從法庭的調査統計，我們知道運動是在里西沾村社預先的宣傳準備好了，村社的社員無論在積極參加騷動上，無論是用文字宣傳新思想和分散給鄰近居民有罪的書册上，都是非常積極的宣傳家。照通常來說，這個村社的農民與衆不同者，不過是他們特別善良和工作上特別仔細罷了（庫洛米茨和前任獄吏安得也夫斯克）。他們也有土地，藉農民銀行之助買的，但是照那些證人說，忽然農民停止付給三年前的利息，因爲相信銀行不能把他們的土地拿去。”

但從這報告別的地方，我們知道“藉農民銀行之助購買土地，是要購買者須照市價，不是照農民銀行的估價，農民銀行的估價時常是比現行的低些；但是若想購買者必須把農民銀行估量不足的那 10% 交上，那似乎他只是富人才能夠。” 所以里西沾社員（在他們中間宣傳的是社會民主黨"火星派")不是簡單的貧農:第一這是開始窮困衰落的農民，第二這些眞正中農是深受城市中宣傳的影響。從別的地方，我們知道里西沾社是銷行"火星報"的中心之一。爲詳盡敍述他們的特點計，我們還得加說一句，就是里西沾社員不是侵擊地主，而是侵擊鄰近大的租地資本家，向他們說:"滾蛋，我們和我們的先父都在這裏工作，這都是我們的。"夜間他們"燒死"資本家，由此可見"在這最後幾年"之中，租地的資本家和里西沾村的農民一天一天的不好了。

我們從此知道貧農是一九〇二年農民運動的主力軍。他的大本營，不是鄉間的窮光蛋，而是小的鄉村生產者，就是那時稱爲'有家有業的農民'，——他們在和資本主義農業生產不稱力的競爭中，失去了他們的經濟地位。蒲哥橋夫式的運動就開始釀成更適於二十世紀的形式了。

在一九〇五年初次屠殺時，我們又似乎看見"蒲哥橋夫式"的農民階級的運動。以下就是關於一九〇五年二月庫爾省農民運動描寫的話:"在指定的那一天，離邸府不遠的地方，燒起草堆，木梁或在長棍上燃上一大捆草把，用這個信號就把暴動農民羣衆和馬車一起集合起來了；時常馬車集到 500——700 輛。 有一次（羅馬諾夫斯克）敲擊驚鐘作信號，農民集合起來，就走向地主的田莊，到了那個田莊放了幾下鎗，把穀倉的鎖毀壞，把麥子放到馬車就拉着走了。 主人和他的管家到來，絲毫也沒有阻擾他們；農民不過讓他們看看是什麽一回事罷了；不把主人攆走，但同時也不去向他解釋寒暄。 大半是強奪粒穀；很少擄走別的東西。 所以除去麥倉外，平常別的建築是不去侵犯的。”“參加掠奪的，有許多鄉村，——男女老幼；爲着搶掠而被捕下獄的，其中有一個瞎叫化子；村人供給他馬輛，幫助他去運麥子，於是他就輸運了不少，有時，從村莊裏先出發一部農民，出去搶奪以後，其餘的農民表同情於初次出發的，就出發去強奪第二個邸府了。 村莊中間去分家產的事是沒有的，每次誰願意去就去，不管他是從那個莊村來的，時常有從很遠地方來的。”

審問時問道？“你們要怎樣？” 農民同聲一氣的答道：“我們要吃飯。”

在別的地方，非常有趣，運動的直接原因就是和封建制度的餘孽去爭鬥。有時暴動的原因是因所謂“割地”而生的。 在一九〇五年二月四日初在社會革命黨人刺死的塞爾哥弈羅馬諾夫所有的杜爾濱哥夫的田莊裏暴動就是因此發生的。杜爾濱哥夫村的農民，是被杜爾濱哥夫的地主的一萬七千畝地圍着。但是不大的一塊楔地，就給主人生出很大的利益。“前任的杜爾濱哥夫的村長於他在村社內的五年職務中，曾恭敬的數次跑到辦事房要求給他三百畝的田地，代替現錢(“村社是不付現錢的”)，因爲這三百畝地，農民是常付給田莊許多罰欵，這塊地是有很大利益，因爲他的入款是很多的。”

“在杜爾濱哥夫的村內，還有這樣的一塊地——在村道上的一塊角地——伸入農民田舍間的一點楔地，這塊地在火災的時候，也是很珍貴的，對於經過的牲畜是很便利的。杜爾濱哥夫村社老早就從這塊地的買賣得到利益了，幾年以前，該社經他的社長的手，爲了半畝就付出五百個盧布。

“這塊地一千個盧布賣給一個富農，這個富農就在這塊地上開起酒店來，同時繼續從農民勒索罰金以利自己。

“杜爾濱哥夫村的農民地位是那樣苦的，在二月間就把杜爾濱哥夫的田莊毀壞了。這個田莊能給塞爾哥弈親王十三萬盧布純利的收入。”

平常役工，就是藉楔地去強徵的，我們知道這是暴動的原因。台來森克的田產和糖廠之被毀壞，只是因爲"台來森克不願意要錢，而只是要人們替他作工……。假設不能趕快收穫時，那就多算上兩倍，而這個罰金又是以役工代替……現在實際上罰金很少，在十五年中只有八十五個盧布。爲什麽呢？因爲處罰都是用役工，所以罰金不常見呢。……

"每畝草場，平常費去我們十二盧布，現在費去三十盧布，因爲都不願意受用現錢，而願意以工代價。……'他們說：假設是現錢，那麽二十盧布也用不了，而且把牲畜喂的還好些。'一次就能用三十俄畝去牧畜了。"

但是封建社會的餘痕，並不是運動唯一的原因。攻擊大地主的，不只是先前的農奴，從前的自由農民也是如此。在蒲斯考夫省就發生這樣的事情。"先前自由的農民把土地按五畝爲單位分開，但是現在土地不夠，不去租地簡直不能生活。地租是很貴的，饑凶之年是完全不用錢去付的，現在大大的感覺牧場和草地的缺乏，而居於很困窘的地位了。地租在各處一律增加：廢除農奴制以後，得付三十盧布的一塊地。現在大概須付四百盧布，還須要吃自己的飯給地主去作工呢。” 假設我們舉出這省有暴動的事來，那我們就可以看到從一二一個事件之中有六二個根本的原因是土地缺乏，這就是說 50%多的事件是因爲土地缺乏而生的。因爲楔地(註——地主的地夾散在農民田地的中間，若是農民從這塊土地走向別段土地，經過地主的一條田地時，必預交稅)而起的只有四條。而“不滿於貴族階級特權”的事只有兩個。法國大革命時農民運動所提的口號“廢除特權”，在俄國這個口號只佔第二個位置。

在薩拉韜夫省的運動，是最有組織的，那裏社會革命黨在鄉間宣傳的非常用勁。所組織的農友社，有二百多處讓他們用各種方法去爭鬥：罷工，不合作及自衛隊等。有些地方還用恐怖手段。十月總罷工爆發時，薩拉韜夫的農民不是站在旁邊漠然不顧的。他們決定要暴動。……社會革命黨的農民部，決定要幫助農民運動，而竭力使他走上正軌。各地方的團體必須要武裝起來。他們把政府的村警解除武裝，得到鎗枝。組織自衛隊，走遍鄉村，以除本地當局而破壞舊制度。所有地方當局都被逐了。選出新的鄉村當局。”

以下是薩拉韜夫最暴亂的一縣把拉稍夫斯克的農民呈給閣議的呈文。

"爲要養家就須從巨商地主處租地耕種，而地租又一次次的增多。直至現在，每畝租價已達二十盧布。但土地的出產，不足以交給這樣高的地租。我們將怎樣活下去，用什麽去付租去養活自己，那我們就不知道了。

戰爭把我們的能工作的人和養家的人都徵收去了。戰爭終結時又得付新稅，貨價高騰；但是土地的出產，一年年的減少，我們自己愚庸已極，實在不能設法幫助自己。

"以外又沒有別的工作做，可以得着餘額的工資。

"我們想：停止土地賣買，土地轉屬於耕種土地的及藉以養活的農民，是很公正的事。

"我們第二個困窘就是我們的愚庸無識……

"除此以外，我們還希望不要禁止我們閱讀書報。

"再者我們希望在報紙上可以自由發表意見，這在別國早已實行了。

"我們第三個困窘，就是我們沒有政治權利，官吏充斥，從他們所得到的，是困窘和煩惱多，而正誼和保護是很少的。"

從此我們就知道，除去關於純粹政治的出版自由，什麼也沒說。 假設在伊文諾夫烏茨涅新斯工人的大會前說一聲"打倒專制政府"，引起會場的紊亂喊叫，那麼在莫斯科省的一個農民會議上若是說了這樣一句話，羣衆就要說"兄弟們！你們聽見這是什麼話呵？給我在他的頭上重重的打！"

同時，運動的經濟基礎，再沒有比把拉韜夫縣的呈文表示的更清楚。 薩拉韜夫省農民爭鬥的全策略，都是這個經濟的基礎決定的。 以下是親眼看見暴動農民運動的人寫的一段話。"農民運動最要的就是：1，把地主及其家屬攆出邸府；2，麥子及其餘生產品收集平分，有時家中的動產，也是這樣去處置了，3，牽出牲畜來；4，和農工，家奴算帳，讓他們走開；5，時常將廠屋等件焚毀。 地主受農民的警告就跑走了，不用對他們採用什麼暴力。 農民毀掉地主的家產，同時就在原則上決定把地主的田地自春日交給公社，平等的享受，關於此事在許多地方形成了社會的判決。 村警和衛兵躲藏起來，但是有些地方也被農民捕獲。 爲進攻地主邸府的農民之首的，常是武裝的自衞隊；分配麥糧和生產品及金錢是由地方農民組織起來的委員會和農友社去辦理。從地主的辦事房，官酒店及酒稅徵收局强奪的錢都變爲社會的公產。農民焚毁廠房是有兩個動因：a，假設把房產焚毁，那麽地主就不能很快的囘到鄕村，所以也就容易鞏固新的土地所有制度；b，假設房屋保全着，那就成了農民所共恨的哥薩克的適宜住所。結果焚毁了幾百房產，價値數百萬。就像萊西特堡斯基男爵，佛自木斯基侯爵的廣大的宅產，像普洛早洛夫斯基和吉米都夫的邸府都淨淨的失去了。邸府時常就焚毁了，不管從前農民對於主人的關係是怎樣，不管地主的意見如何；地方著名的自由派的鄕紳——李烏夫，埃爾木拉埃夫，畢西洛斯基等的房屋也被焚毁了。舊貴族的邸府內有珍貴的圖書和畫圖室等也都毁掉。如把拉稍夫斯基，亞梯卡爾斯基，彼得洛夫斯基和塞爾都夫斯基等縣完全無損的地主邸府是寥寥無幾。”

在這裏小農反對阻礙他的大地主的暴動，已經是事實。我們知道，農民有他自己的推動力：農民比起想指導他們運動的社會革命黨，還要實際些。他們明白，僅有命令和宣言等是不足的，——必要實際上廢除地主的產業，使舊制度無所歸宿。

誰領導這個運動呢？仔細一看就知道兩個力量，互爭領導的地位。其中一個，現在的人很少去注意，但他是很有趣的。從一個“公平的”——沙皇的警察特別是省長和憲兵，關於農民暴動的報告——書籍上引用一段話來描寫他吧。看看警察的報告，我們就知道農民的“自然爆起的”爭鬥，有時組織得還不很壞：驚鐘一響，羣衆就趕快的集合起來，非常遵守時間，把產業毀壞跑走了，——衞兵和哥薩克來了，什麼也就都完結了。誰組織起來的？就是警察也不能不去注意這一點。“庫爾的省長鮑爾錦克寫道——運動一定是有人在旁非常祕密的巧妙的指導，農民留心的把他們的指導者隱祕起來。”解釋一九〇五年的農民革命是“自然爆起”的比之解釋“沒有審慮”的普哥橋夫暴動是自然爆起的並不好些。在普哥橋夫的暴動時，我們知道組織的人，大概是貴族的家僕——可以說是農奴鄉村的工業的手工業的支部。在百三十年之後，誰又担起這些原始的宣傳者的責任來了呢？

在起初，我們只是聽見這個新力量的反響。蓮警省，依那時軍事當局的話，暴動的源泉是出於從城市特別是從工廠區來的鄉村人所帶的謠言。在庫爾省里哥夫縣，“暴動是由於聖彼得堡的驚人的事件和別的許多城市中工人的罷工所引起的。”這還是一九〇五年春天的事。同時在烏洛聶哥省，“關於彼得格勒和別的地方的工人運動的消息，”引起“農民的談論和不安的情緒來。”（比較楔卡台林諾斯拉夫的省長的報告吧：“自然鐵路上和工廠裏工人的罷工影響及農民呵。”）正月九日不但是城裏和工業區爆發起來——就是在偏僻地方也覺出他的推動力來了。

這裏無產階級革命反映的紅光剛剛一閃起來，在別的地方，就發生直接在卡路克省暴動的起因“是因爲南方發生失業現象停閉許多工廠以及莫斯科各種的罷工之故，而大批農民回到鄉間。”在城市受宣傳的工人，一旦變爲失業者，就把所受的宣傳帶到自己鄉村去。在西木比爾省的情形也是如此，那裏“散發傳單的大半是因罷工從薩馬爾和兀爾加河下游城市回來的本地農民。”

在契爾尼哥夫省於一九〇五年毀壞的台來森克田莊的周圍，當地的農民埃夫當克木和他的兒子們，給薩爾村農民的"不安的情緒在一九〇五年二月初大大的加劇了；並在當地一個農民洛神和別人，從南方工廠回到薩爾村以後，就激起暴動——農民就成羣結隊，集合在街上而互相談論起來了。"

所以從工廠回去的農民——這是第一個最普通的聯結城市革命和鄉村革命的一個線索。這不一定是無產者，——但同文明的城市世界聯合這是主要的事。坦保夫省孟爾夏縣，夏奇鄉村中有七十農家，鄉村一半人是信摩洛克教的，一半是信正統教的。信摩洛克教的是受教育的富庶的。他們訂閱各派的報紙，認識托爾斯泰的著作。出去尋找工作，於是就在俄國各種城市中居住了。特別是常往來坦保夫城。他們時常散發傳單。

此地那個組織蒲哥橋夫的運動的一個識字的家僕，有他的後人實行他的思想了。他現在已經不是貴族的家僕了——但是他的歷史也同他的先人一樣，最重要的就是他也是個識字的呢。若是把我們知道的這人類都要敍述完，那得寫的很長，因爲這類人多的很啦。以下就是西木比爾省布伊斯克縣一件這類事的代表，在那裏曾把梯萊甯地主的邸府毀壞了。派去調查的委員報告說:"最要的活動人是:1,謄寫員彼得普士阿夫,自己編製了一個計謀，而本村農民更有智識的就向會場說他的行為是不對的。2,庫茨湼茨夫曾充過卡嚮監牢的牢吏,智識不壞,曾在彼得格勒住過,而在蘇胡木卡爾鐵路上作過事,在鄉村學校畢業,3,秦生諾夫……4,尼古拉庫拉里夫……在鄉村學校畢過業。這四個人是梯萊甯田莊上騷動的主犯人。"

漸漸"從工廠囘去的"農民面目就變的具體些了。奧爾洛夫省的卡拉契夫斯基縣"從礦山囘去的"工人，說要作在工廠所作的事了：他們說——"把管理的人逐出去,自己去佔他們的位置,把工人攆了。"在同省的得米徒勞夫縣"從礦山囘來的"候補職員和工人，利用人民程度低淺就鼓動他們,有時農民的情緒達到可怕的境地。"在契爾尼哥夫省……從"得到蘇拉哥縣的縣長及地主得來的消息,說農民又重起騷動,這是從工廠囘去的武裝礦工煽動起來的,這些礦工成羣結隊的遊行,對人用武。"這些礦工的參加,給了農民暴動的技術上很大的影響。一九〇五年七月七日,從鮑合木梯地方來的電報說:"鮑合木梯縣的契爾萬諾夫克村農民把地主萬斯爾也夫的田莊的牲口棚，牲畜及車棚都燒了，並把水磨也炸毀了。”

在普哥橋夫，暴動時的農奴礦工及現在的這些半農奴的礦工，對於農村，是無產階級革命最近的一個榜樣。所以一九一八年白黨將軍喀拉斯諾夫和金尼肯那樣的憎恨礦工，其原因卽在此。在各處“人民的低程度”使各層勞動羣衆容易聯合起來——大將們是情願保持着這些羣衆，各處都是在很低的水平線上。但是在烏拉山的礦穴“普哥橋夫”派的後人，還不以爲事情就因此完結。漸漸在省長的呈報上所有的無產階級中的一個個人物就現到我們的眼前。在蓮響省普郎縣裏，如憲兵營的司令一九〇五年十一月所呈報似的，“從調查中知道農民運動是受了本地農民中一個從莫斯科工廠回來的農民名喀麻洛夫的影響；他告訴農民說，盡力去幹吧，將來土地就要屬於農民了。”奥爾洛夫省烏爾霍夫縣，在十二月四日於蘇鮑湼夫教會學校裏，蘇鮑湼夫和奇蒙諾夫克二個村莊的少年開會，他們中間有許多人，在布連斯基工廠和兵工廠作工。在這次會議上，布連斯基工廠的工人保加特料夫和加里橋夫說道，“警察也沒用處，現在的政府也沒用處，須把地主僧院會的土地及政府的森林奪來分給農民，不要去付稅了。"

於是我們就知道指導鄉村運動的就是從城市回去的人，特別是依靠鄉村無產階級和半無產階級分子的工人。可是不幸的很，這不就是惟一的分子呢——又有從什麼別的地方來的其他分子。　這就可證明社會革命黨所組織的中央農民團體——農民協會——的活動了。

農民協會的創設，可說是在一九〇五年春天，但是他的有組織的爭鬥，就是所謂"請願運動"——農民自己製訂呈書送到彼得格勒去，裏面呈訴自己的痛苦，其中的一個（鮑拉稍夫縣彼得洛夫基村的）我們剛剛才引過了。"各團體聯合會"的智識階級把政府當作"一羣土匪"而地主的大會也去誹謗尼古拉的時候，這個向沙皇陳述的形式就足以證明已受宣傳的農民不但跟在無產階級之後，並且也跟在資產階級之後呢。　所發出的呈書有六萬有奇，但是尼古拉和特來鮑夫，只是在農民從陳請書的形式轉而採用更堅決的行動方法時才去設法對付他們。

親眼看見運動的人，一定要說農民協會（在一九〇五年七月三一至八月三日的莫斯科大會上才最後產生的）在這時比之農民羣衆重要的多。　參加大會的一個人說，

“民主立憲黨和社會革命黨招集的大會，對於無贖價的沒收地主的土地和用武裝暴動建設共和制度的一切議決案，表示反對。社會革命黨，在智識界的會議上曾責備社會民主黨的要求是不徹底，在這次大會上就證明自己是最純粹的自由派了。他們不憚去參加眞正耕種爲數不多的農民的大會，而農民却切膚的困受地主的壓迫，沙皇政府的專擅及壓迫。社會革命黨對於沒收地主土地，是否要給贖價的問題，社會革命黨員達明斯基就說，“但不要使地主受苦耐餓，不要沒收他們有限的土地（到五十俄畝）可以給他們維持生活的撫卹呀。”社會革命黨都說受我們的逼迫，不在原則上反對沒收大地主的土地，但是當着說到所謂地主耕種的土地時，他們就縮起尾巴來了。社會革命黨，在其到大會上關於土地問題議決案的第三項說道：“沒收地主土地，一部分須付贖價，一部分不付贖價，沒收地主土地的條件，必要在憲法會議去規定，憲法會議關於這個問題一定要頒布法律。”“農民協會必須詳細的去研究這個問題。”大會的領袖和社會革命黨派，就根本不准對於這個農民的根本問題多發表意見。

我們引過的這個作者，解釋這些關於農民議決案的隱晦，說是受了社會革命黨惡劣的影響。但是社會革命黨必須有一個靠身，——因爲他們此時的勢力還不足，只把農民所不願聽的東西強給他們，而工人的大會就不客氣的把說地主困窮的馮達的斯克攆下講壇去。就是我們引過的作者，也得承認農民協會全省大會的糊塗不清的議決案“自然是農民羣衆的政治落後的反映，尤其是農民的首領的落後。這兒就表明出社會革命黨的眞面目。社會革命黨不是代表鄉村貧農的利益，而是代表富農的利益罷了。”

社會革命黨派和一九〇二年一九〇五年，時常指導農民運動的農民沒有分別。在各個地方就可以看出。蒲都爾省的運動（一九〇五年春天）可說是帶有罷工的性質，但是“指導的人是小康的（很富的沒有）農民；沒有土地的人是更爲胆怯，因爲他們沒有每日的工資是不能生存的，於是就不得不停止罷工以避免飢餓，曾經企圖由富庶的農家捐助貧農，但是來到的軍隊就阻擋了他們。”

但是薩拉韜夫省裏，在農民運動的大舞台上，這個特徵表現的最清楚。薩拉韜夫省把拉稍夫村的一個地主於一九〇八年初寫給烏爾地方的經濟社說道：“上層富庶的農民操縱了農民的運動。　楚麻茨不久還是服從上層的，現在也列到革命者隊伍裏去了。” 把拉稍夫的地主以爲富農“是反革命的，與普通人民一樣。” 他所觀察出來的這一點，他看來好似是新鮮的新聞，可是鄉間的宣傳者——社會民主黨和社會革命黨員——就在五年前，已經看出這個現象來了。　他以下寫的是什麼呢——楚麻茨說:“土地對於商人和貴族沒有急需: 土地自己是不能耕種的，也不能監督經濟的。但對於窮農，土地更是完全沒有用的:就是這一段地他還不能去管理呢。因種種不完，而致收穫不良；需要好的牲畜，馬具，種子，犂，並須修理，在收穫不佳的時候，還得腰包裏有錢。但是貧農就是沙皇分給他的一段地也儘夠耕種了。　把土地分給無地者和少土地者——這是地主的計畫呀: 他們把一段地種瘠了，也把銀行的地耕壞了。銀行不能不把土地給小康農民耕種，不是每戶十三畝，而是每戶五十畝或百畝了。” “這類話差不多每天我從小康農民處聽到，他們時常以爲自己還是屬於左派的黨呢。” 這是“烏爾經濟社”的通信員最後的一句話。

所以穩健的社會革命黨，是農民協會的政治指導者，不是偶爾的事情，就是農民大會通過糊塗不淸的議決也不是偶然的事。無產階級沒有勢力的地方，貧農只是暴動的軍隊罷了——指揮這個隊伍的，是鄉村富庶的分子，他們所憎恨的，不僅他們從前的主人，而且是新聞的麥子市場的競爭者。

小康農民的指導作用，在第一次國會中農民代表的社會成分中，又表現出來了，關於詳細的革命史，我們下面再說，爲要說完農民暴動的特徵，還得加上幾句呢。農民代表中最左的是勞動黨，他們中間十四個，大概佔全數百分之三十，有土地至多不過二畝，這就是說他們是屬於鄉間貧窮的人，其他十五個代表每人有四畝多地，就是說他們是屬於眞正"中農"，其中有二個是有十畝以上的土地，這自然是屬於把拉稍夫地主的那一類的人了。其餘的那十三個人沒有說他們的土地多少，引起很大的懷疑，這就是最左的最革命的一派。不在黨的人中有十畝以上的，有十一個人，合百分之二五以上。但是除此以外，農民選舉了二四個立憲民主黨人去充當國會議員，他們的土地，照我們引過的這個作者說來，比別的還多呢。

所有的農民代表，仍然都僉字贊成勞動黨的土地計劃:關於經濟的問題,他們都是團結一致的。

"布爾根"的選舉法作者以爲農民是取保守主義的,但是這種意見,完全不能成立,關於大地主有利益的事,農民完全不是一個保守者。地主的意見有些地方仍然是對的。第一,地主說"限制專制政府的威權的思想,農民是不知道的,"這一點他們是說對了。但是實用於全體農民,這還是不對的,——從"須要更換沙皇"這樣幼稚口號中,我們知道黑地各省農民沒有完全覺悟爲什麽要反對專制。若是只實用於政治上指導農民的富庶農民,這句話是對的。國會中的勞動黨,關於政治問題,是唯立憲民主黨是聽,立憲民主黨是想要"把沙皇從危險中救出。"農民對於"只是沙皇和民衆聯合起來才是立法政權的來源"完全是同意的,對於"爲了大赦就不必破裂"一點(我們知道就是立憲民主黨對於這點,也許和他破裂)和對於"俄國不必再有戰爭,俄國須得和平"一點,也是同意的。一個議員把國會給沙皇的呈書形容的很好——勞動黨也參加進這個呈書。議員麥爾庫洛夫說:"我想像作呈書的這位先生,是捧手胸前肅然垂首的在那裏祈禱賜恩要求垂青吧。——但他把自己的要求沒有明顯的表示出來，而作的又不完全。 呈書作者的概念，只是妥協的概念罷了。 他急於要向當局溫言相商罷了。 他說到取消死刑，但是沒有提到停止已經舉行的判決呢。他說土地改革問題，似乎這些話不是眞心的願意，而是一種被逼而出的聲明罷了。"

就是對於農民屬望的黑百黨派，對於農民改革問題，還是有點對呢。 農民的革命家，對此沒有澈底，沒有完全不妥協的毅力，這在勞動黨所同氣一聲提出的土地計畫上完全顯明的表示出來了。 並且他對於沒收大地主的土地，也沒有站在革命的觀點上，他並且還批評（社會革命黨的土地計畫，也就得批評）"強要沒收土地須出贖價給國家"的要求。 換言之，就是他也和地主妥協了。

只是無產階級站在積極的革命的觀點之上。 假設無產階級在一九〇五年末能革命到底，那麼農民更是不能了。

1 9 0 5

第　八　章

資產階級的憲法

我們已經把一九〇五年——一九〇六年第一次俄國革命的羣衆運動觀察過了。　羣衆運動中的兩個革命的波浪，工人和農民的革命波浪，並不是同時發生的：工人革命在一九〇五年十二月已經達到極高點，而農民的革命的極高點只是一九〇六春天才開始的。　農民運動在一九〇五年春夏遍及九六縣，同年秋日就蔓延到一七一縣，只是到一九〇六年春夏才蔓延到三〇五縣。（佔歐俄面積之大半。）一九〇六年秋天暴動的縣數已經落到七二個了。一九〇七年春夏稍微增長些（八二縣），可是到本年幾天秋乎完全消落下去（三縣）。

這兩種運動的分道揚鑣不相同時，自然是二者失敗的原因。但是說原因都在於此，也是不對的。一九一七年，沙皇政府只被城市的人民推翻，並且十分容易的就推翻了——此時鄉村還未得參加。所以要去解釋這次爲什麽失敗，一定還有一個别的原因，我們對此點也已經講過。這個失敗的原因，簡單的說，就是羣衆還沒有脫盡經濟派的思想。當時工人的領袖們，在二十世紀初，已經唾棄經濟派的宇宙觀，從"火星報"創辦時起，他們就知道必須起始爭奪政權，而向當局婉求讓步是不成的。但是這點對於廣大的羣衆，還是不很清楚。假設一九〇六年四月在斯土克霍莫開的（所謂聯合的）俄國社會民主工黨的大會上，蒲力汗諾夫在關於武裝暴動決議案上，還提議把"奪取政權"改爲"用武力奪取權利"幾個字，以致引起伊里基氣憤憤的說："這樣變動實際上是自尋滅亡，"那麽焉能去怪這些羣衆呢？在武裝暴動的決議上，不去說奪取政權，反去說"奪取權利"，你看這樣的投機派的思想，是怎樣的模糊羣衆的意識。 你看這個方法的偉大（暴動）和微小的目的（奪取權利，就是說從舊政權手中得到權利，逼迫舊政府讓步，而不是去推翻他）顯然不符，是如何荒謬絕倫。

工人階級在一九〇五年，還沒有完全脫掉經濟派的思想，而農民在一九〇六年還沒有起始脫掉呢。 就是農民運動的首領，還沒有爭鬥政權而不爭取權利的覺悟：一個勞動黨的首領亞拉金在第一次國會的講壇上，高誦農民的呈書，上面寫到人民對於“沙皇老爺”的希望時候了，“我們的沙皇是人民的沙皇，而不是官僚宮臣的沙皇，”一類的無稽之談。 那時上層農民還熱望得着他們所急欲從舊政權得到的唯一的權利，——土地的權利。

一九〇五年的革命沒有革到底，是因爲暴動的民衆沒有革命到底。 但是不要以爲這個歷史的過程，是一種自動的過程，與參加這個過程的人的意志及其行動沒有關係。 在階級爭鬥中和單個人物的爭鬥中一樣，對戰的兩方都是利用彼此的缺陷和弱點。 我們知道政府——地主們——也是利用暴動羣衆不足的革命精神，不是利誘（布爾根的國會，十月十七日的宣言書）就是威嚇（正月七日，一九〇五年十二月）。 資產階級更利用這個不足的革命精神，設方籌計的要破壞革命運動。 羣衆是因爲沒有覺悟才去爭奪權利，不明瞭從舊的政權中得不到什麽權利，須要自己抓到政權，那時所有的權利都不爭而得。 資產階級竭力設法使羣衆相信爭取權利的爭鬥才是眞正正確的革命，而爭取政權的爭鬥那就成爲"無政府"了。 但是資產階級破壞了羣衆運動，同時還是利用它來威嚇當局，威嚇地主，因爲地主們不願意把自己的權利和資產階級均分享受。

我們第一次革命的最大缺點——不能革命到底——是資產階級手中最有力的把柄。 資產階級希望藉用這個把柄把開始的大革命變爲一個小革命——不讓他成爲一七八九年的革命，而使他變爲一八四八年的革命。

他們在這一點上是成功了。 俄國是止於一八四九年了。 只是一九一七年十月終究擊散俄國資產階級的希望。

趁着敍述第一次俄國革命的特徵終結時，我們還須要看看資產階級在此次革命中的作用。 我們後來知道，他們的作用大半是預測後事的：從一九〇五年俄國的資產階級，就可以預見一九一七年資產階級的面目。

一九〇五至一九〇六年挺身出馬的俄國資產階級，只是對待無產階級時才是一個整個的階級。我們知道在這一點上，資產階級內沒有不同的地方：當着無產階級起始革命時，所有資產階級的派別都是鼓掌歡迎，但是當着無產階級要革命到底時，他們就異口同聲的去反對無產階級。但是資產階級的本身，是各種不同的派別集合而成的，他們的利益衝突，在他們對於政權的態度上就表示的最爲明顯。資產階級在俄國不同無產階級一樣，他們就是分爲“小組織”的一個政黨也沒組織起來，而組織了幾個政黨，他們中間的互相仇視，不但比鮑爾雪維克和孟塞維克中間還厲害，就是比社會民主黨和社會革命黨中間的歧視還激烈呢。

資產階級的派別有以下的三種。最左的是資產階級的智識分子，一部是居於工業管理機關內的地位，一部是資產階級社會中最技巧最寶貴職業的代表：工程師，新聞記者，律師及醫生。這一派是代表純粹的資產階級的思想，但是因爲這種思想的具體表現，是根於私有財產的資產階級社會的法律，資產階級的社會科學是作這種思想的理想研究，那麽資產階級的社會科學和資產階級的法律理論家和實行家——教授和律師——自然是這一派的首領了。“小智識階級”，各地的醫生，教員，農業家，統計家，技術家，不是這個左派的左翼，就是這派和革命政黨間的中介的連環。

比資產階級智識分子派右一點的，我們想是工業資產階級的代表吧；在歐洲各國都是如此，但在俄國就不同了。俄國比之任何歐洲各國家，革命的發生比之經濟的發展，要來得遲。一八四八年德國的革命，結果是給了爲數不多的德國共產黨組織起獨立工黨的刺激，但是在二十年以後，這個刺激才成了事實。在俄國革命開始的時候，無產階級獨立的政黨已經存在了。只是這兩個事實就足以看出革命時期，俄國的階級分化比一八四八年的德國深大到如何的地步，更不必說“大革命”時期的法國了：在法國初起的時候，不但沒有工黨，就是一個整個工人階級還沒有，——法國的無產階級在十九世紀初才開始形成，也就是革命才把它產生出來的。俄國階級關係的成熟，也就使俄國工業資本家不能依靠羣衆運動去達到他們的目的，達到他們所需要的“權利”。在起初他們還不明白這一點，還想在俄國利用工人，好像法國從前的工人資本家利用沒有分化沒有分爲階級的"民衆"一樣。一九〇五年夏有些廠主就商議出宣佈閉廠的計畫來，把工人攆到街上去，而藉此推進革命。但大多數的廠主，那時不願意採取這個方法，可是當着十月的罷工就不期然而變爲爭求八小時工作制的爭鬥時，工業資本家的政治態度因此就完全決定了：工業資本家不能和革命者合作，只能合消滅革命者合作。

所以在俄國最急進的地主就不期然的成了資產階級的智識分子右邊最近的一派了。這一派生活於俄國鄉村中的中古世紀情形之下，與其說是他們從事於資本主義的大企業經濟，不如說他們正去造成這種經濟的必要條件。因此這些地方的地主所組起的鄉紳會，在俄國鄉村中所盡的職務與在亞洲和非洲才殖民地化的國家中的教士所盡的職務一樣。教士先到了殖民地的國家，無論是新教教士或舊教教士，創設學校，開辦醫院，就開始教訓本地人民。以後資本家就來到剝削這些人民。在俄國只是在十五至十六世紀資本主義剛萌芽的時期，教士和尙能担任這樣的職務：在近代他們簡直絲毫無能爲力。

地主企業家又得自己來担任這些教士所應有的職務。但他親身是不能作這件事的,—— 他必須有智識階級的幫辦才成。 因此小智識階級就成了鄉紳會所急需的分子了(因此這個小智識階級就稱做“第三分子”——以對鄉間兩個基本分子——地主和農民——而言。) 著名的鄉紳史鮑夫(莫斯科全省鄉紳會的會長,在一九一九年是一個莫斯科白黨組織所謂“國家主義中派”的會長) 把第三分子和他對於地主的需要形容的最妙。 他對蒲萊夫說:“在現在沒有那一個階級說是領導社會生活。 這個職務在現在和將來,只能屬於蒐集聰明和宗教力量的那些社會的分子,這就是“第三分子”。這個“第三分子”中間好像如鄉紳中間一樣,自然有沒有出息的人們,但是不能從此就說“第三分子”中間大多數是在政治上沒有出息的分子。 要注意的就是,這些人們中間不安的和容易浮動的情緒,大概是因爲他們在政府和鄉紳會中間的地位不定的緣故吧。 但是他們大多數還能純潔的盡職於鄉紳會的社會事業。” 他又用感人的態度向另一個反動者史士爾莫——歐戰路斯普金得寵時尼古拉的總長——提議依靠“第三分子”模仿鄉紳會的前例: 日漸增長日漸鞏固的各等級的智識階級，叫政府看來是不可靠而且危險的。若是貴族階級在六十年代農民解放以後失了他們重要地位，那麼政府須要從別的社會黨派得到靠山。不能永久對智識階級取這樣不信任的態度。政府自己造成智識階級，使他們進高等中級學校，每年造就出些各階級眼光遠大有提高生活要求的整千整萬的人。必要利用智識階級的力量，必須竭力使他們成爲保守的人，而不要逼得他們到了反對派去，更不要常常惹惱他們的自愛心而阻礙他們把自己的才力及學識用在社會和國家生活的幸福上去，以致激起他們正誼的不平。

那時史土爾莫藉左派鄉紳的前例證明給他看，所謂"靠山"是怎樣的把依靠他的人推到左派去。我們還記得用左派鄉紳的錢創立的"解放社"，就是這個"第三分子"的指導。沒有"第三分子"，鄉間的資本主義的經濟生產完全不可思議。一九〇五年革命後，鄉紳看出"第三分子"的危險時，他們只有把"第三分子"的"文化來源"斷絕，減少學校醫院的數目，取消鄉紳會的農民學和統計學，換言之，他們等於野蠻的地主。

屬望於封建制度的殘餘，不是從鄉村裏搬出去，就是使他成爲“壞東西”的犧牲品。

從此知道，資產階級的智識分子和最進步的地主貴族是俄國資產階級中兩個主要派別的左派；右派是工業資產階級，在政治上沒有和商業及銀行資本家說開；再右的就是舊式的大地主，他們依田租役工爲生，實際說來並不是屬於資產階級。左派的口號是把俄國變爲一個立憲國家，君主只有名義而實權操於由國會大多數所組織的內閣手中。這樣國家統治的方法在政治上是去欺矇羣衆，常藉報紙學校各種教育和政治的組織及選舉會議等欺矇民衆，使之不明瞭自己實際的利益，叫羣衆相信實際上對於資產階級需要而有利的，對於他們民衆也是需要而有利的。資產階級解釋給羣衆說，兩院制是於他們有利益，因爲一院解決問題太“倉促”——爲“修補”這個缺點起見，就得又設第二個議院，但時常在此議院中資產階級就不期然的佔着上風。歐美的先例，就證明這個方法是很有效的，藉了這個方法，就能長久維持；但實行這個方法的必要條件，是欺矇人的教育程度比得欺受矇的人高。我們的資產階級的智識高、自然就要採用這個方法了。同時資產階級的智識分子是“幕府”的人，不爭鬥的人，沒有覺得有採取公開爭鬥的必要：所以資產階級不得不利用別的力量，利用公開的爭鬥的軍隊。但是經驗告訴我們，軍隊在這樣情形之下，容易從僕役一變而爲主人。

就是根據這個道理，操縱軍隊的右派，全然屬望武力。他們深知自己沒有學識也就不希望去欺矇民衆，爲達此目的所實施的方法，如各種"戰民協會""大戰協會"，能矇欺沒有智識的民衆，但是不值得去欺矇他們呀——只是利用這些方法來當作實際上的力量罷了。因爲這一派的口號，就是用竭方法去完全保持舊制度，所以除去赤裸裸的武力以外，別的方法他們是不注意的。

中派不能同情於赤裸裸的武力，因爲完全用武力是破壞生產的，這就是說企業資本家一派，要使生產不變的一直往前進行。但是他們欺矇羣衆的方法是很少的。克梯奇這個人物是很彰明光大的，他每天的行爲是人人所共見的，只有這派極伶俐的人，才能將自己變爲"民衆之友"，不過只在智識簡單的羣衆之前罷了。這派的代表，在選舉上本沒有和他的左派那樣大的選舉的成功之可言；但是他們藉經濟壓迫之助，就悄悄的容易把政權奪到自己的手中了。 許多人在物質上是依賴他們的；這些物質依賴的顧主們，不管他們願意不願意，必須要聽從他們的"恩主"呀；工人害怕喪失了工資，就不敢出頭去反抗他們。 結果就是這派是資產階級的最堅固的中心了。他們以為君主不只是簡單的點綴——他們需要"強固的政府"，所以他們在可能的範圍內，不去反抗專制政府，只要這個專制政府能聽命於資本家就夠了。 六十年代在歷史上著名的政治家，如米里琴，薩麻林，瞿趣林，克外林，就是以後十月黨的先人呢；因為他們的責任就在於使專制政府聽命於資本主義。

但是歷史上最舊的俄國資產階級一派，"十月黨"（自然只是在十月十七日以後他才能取這樣的形式）無論如何也不能在資產階級的反動派中，佔領導的地位。 他們是中派，但是在有事之秋，也是分為幾派的。 智識簡單的民衆，看見右派及其黨綱，左派和他關於"民衆自由""和平的發展"的甜蜜的講演；但是在實際上政府在這樣爭持的喧嚷之下，就決定自己的態度去採用十月黨的政策。 到我們研究斯翁里平反動時，再詳細去說吧。

"解放社"崩壞後（我們記得實際上解放社是於一九

〇五年春天崩壞的)資產階級於十月之前,沒有固定的政治黨派。 鄉紳大會是資產階級組織的舊有形式,他們用力的去追趕漸漸走向左方的資產階級的智識分子。 我們已經得到關於七月大會的觀念了。 但是舊歷八月"布爾根國會"的上諭已經出世,選舉的時期就將臨到,——不能藉着"鄉紳大會"的名義或者藉着幾乎已不存在沒有紀律,不能給黨員以實際的訓令的"解放社"的名義來出席選舉了。 一九〇五年十月,正在工人罷工的熾烈的時期,"協會"舉行他的最後的第一次大會,而終結了他的"協會"的生命,變爲一個眞正的政黨了。 "協會"在三月的大會上,失去了左派,於十月大會又失去了中派,——普諾考,波維奇,庫斯考窩,鮑古查爾斯基和其餘的不加入大會組織的政黨者,自己又組織了"沒有名稱"的特別的一派,沒有什麼政治的意義。 所以解放社只是一個右派到了政黨中去了。

雖然如此,可是十月事變的情緒是非常緊張,以至於一個先進的"協會"的右派,是以"社會主義者的名義"去講話去表決議案呢。 右派的從前首領及現在立憲民主黨的首領米里考夫竭力的要和資產階級劃出一個界限來。 他說:"我們眞正的區別就是他們("我們的右派敵人")以俄國地主和工業企業家的窄狹利益的名義而爭鬥。 我們的黨永久不保持這些利益的。" 可是和左派就沒有這樣固定的界限,實在說起來,他們(左派)也不是"敵人"。 米里考夫說"在我們和我們友誼的左派的聯盟者之間,也有一定的界限,但是這個界限同我們和左派的界限是不同的。 我們和他們一樣,也是居於俄國的政治運動的左派地位。 但是我們不合他們的民主共和國和生產工具社會公有的要求同意。 我們中間有些人不同意於這些口號,是以爲這些口號是要不得的,有些是因爲這些口號是出乎實際政治的範圍以外的。 只要能一同去爭達共同目的時,不管彼此動機如何不同,兩派總是團結一致的爭鬥; 但若是企圖堅持他們(左派)所提的口號而想把它添補到政綱中去,那末,結果只是分裂罷了。但是我們相信我們中間定有遠大的政治眼光和機敏的見解,可以來免除目下的分裂。"

那時在實際上沒有一個政黨去爭求"生產方法社會公有",這點用不着多向讀者細述。 多數派和少數派對於當時俄國的革命是資產階級的革命,都是同意的。 所爭的只是怎樣去了解“資產階級的革命”罷了。斯騙羣衆的事已經開始。在工人運動的潮流漲漲最高的時候，新生的立憲民主黨就趕快的聲明：“我們也是社會主義者；只是合理的，不是緣木求魚，而左派的是不合理的。所有的區別都在於此，”和此聲明完全相印相符的，就是那個大會爲了那時發生的罷工事情通過了的最表同情的議決案。這個議決案意謂：“罷工者自己所提出的要求，大概歸作幾項從速批准所有根本的自由，近於平等直接不記名投票的普選制原則，自由選舉人民代表到憲法會議中去，以及大赦令。所有他們這些目的都和立憲民主黨的要求相合，這些絲毫沒有疑義。由於我們的目的相同，立憲民主黨的成立大會，就以爲聲言完全同情於罷工運動，就是他自己的責任了。黨員絲毫不讓的，用盡黨內所有的方法去實行這些目的，並且和其餘爭鬥的黨派一樣，絕對不去和政府代表談判，以達到自已的目的。”

在“布爾根的”國會中，立憲民主黨是完全如米里考夫所說，爭政治自由和參加政權的特別目的，我們始終要達到我們的目的，不去注意任何的妥協，而必須擎高俄國解放運動波浪所激出的旗幟；這就是說，必須去爭求按平等直接不記名投票的普選制爲原則去召集憲法會議。”

簡言之。不但是半社會主義者，就是半共和黨，也是竭力去爭“人民的自由”的（黨的第二個名稱也就是叫作“人民自由黨”）而不和沙皇政府作任何的妥協。智識簡單的人們或者不能看出，就是這黨的名稱已經是表示妥協了：照通用行文的慣例說，“憲法”一字人人都以爲是指君主立憲，就是說沙皇政府加以國會的限制，好像當時西歐君主國所行的那樣。人人常常以爲“民主”一字，是指共和而言。“立憲民主黨”的名稱，在實際上就是指的„君主共和”，就是說不是君主，也不是共和。實際上這就是：“看環境的轉變罷了。革命的潮流再高漲時，我們就走到共和黨；革命的潮流消沉時，我們就再回到君主制去。”在立憲民主黨的正月（一九〇六年）大會上，這時正在工人暴動受摧殘之後，用特別機敏的手腕實現了的一個很大的變動。黨綱又加上一句：“俄國必須變爲立憲的或國會的君主制。”爲要與“可恥的”“左派聯盟者”區別出來，在立憲君主黨爲討論政略所開的正月大會上說道：“立憲民主黨用盡全力，竭其方策去從事廣大組織的工作上去，但是除去武裝暴動。”

這個新黨於組成伊始，卽大展其欺曚羣衆的政策，內有資產階級的智識分子，教授律師爲其首領及最富於自由思想的地主如皮士魯凱維奇及都爾哥魯克侯昆仲們。自組織伊始，黨內種種以及黨之名稱都是謊言。但是他們欺騙民衆，只是因爲他們依賴民衆而以民衆爲重大的力量罷了。當維特於政府危險時期，找尋靠山，就向新生的立憲民主黨請他們的首領加入政府，但他很驕矜的正式的答覆維特說:“我們只是加入一定要召集憲法會議的政府。”在非正式一方面，立憲民主黨更不客氣了。當着一個立憲民主黨的首領凱興到維特處去看看他對於立憲民主黨取何態度，維特告訴他說:“我對於此黨普通的見解是表同情的，關於此黨許多的意見也表贊同，所以我打算幫助這個黨，但是一定須有一個條件:就是此黨須把革命的尾巴割去，就是須公然激烈的反對使用炸彈和手鎗的社會革命黨，那時社會革命黨沒有右派只有左派，凱興就答覆我說他們不能這樣做，並說我的提議無異於他們向我們提議脫棄了我們的實力——各種的軍隊。”

從此我們知道在一九〇五年十二月以前，立憲民主黨正是作弄提高革命潮流的玩意。他們夢想一九一七年二月所發生的那樣事情，所有勝利的民衆在"德謨克拉西的"智識階級的影響之下，把政權交給立憲民主黨李夫的政府。一九〇五年十二月假設民衆勝利了，社會革命黨和少數派完全竭力呼喚"受教育的""有經驗的"立憲民主黨的首領來領得政權，這足以證明在十二月前，不但是"愚狂"的鮑爾雪維克相信武裝暴動的方法，就是"聰明"的資產階級也是這樣相信，不過資產階級自己不加入巷戰而是讓別人去担任罷了。立憲民主黨的作弄革命高漲的把戲中，也有不錯的打算。但是"情緒"一變，立憲民主派就手腕靈巧的利用革命消沉來愚弄羣衆。這一點我們不久就可以看到。

但是我們在講這點前，必須先要看看後來的十月派是如何。十月派自然對於革命保持不同的意見，可以說保持比立憲民主黨更要眞實的意見。十月派的首領古奇克夫在一九〇五年十一月鄉紳城市大會上說："在危險時，沒有一個國家不實行軍事戒嚴。波蘭的代表說，在波蘭實行戒嚴令是沒有緣故的，但我知道不是這麽一回事：波蘭正有武裝的暴動。再者議決案中限制武力，這幾個字是什麽意思呢？革命者方面先開始用武力。假設限制，就得從雙方限制起呀。焉能責罰一面而恩赦別方……。我們自然不歡迎極左的政黨。”和十月派很接近而形式沒有加入“十月十七日協會”的杜魯比茨基侯爵（以後創立“和平革新黨”，也是和“無名稱”派那樣無聲無氣）當時在“大俄報”上寫道：“現下俄國社會的出路有兩條：第一條路是採用武力這條路的必然結果，——就是無政府，就是爆壞一切。第二條路要用和平的方法去改造而鞏固現在這個纖弱無力團結渙散及惡劣的政府。除此之外，沒有第三條路。目下若在這兩路之外，另尋他法是更危險的，因在兩路之外別尋他法是等於消滅俄國自由主義毀壞俄國全智識階級及文化的深溝險谷。我們想政府居於這樣的地位，就自然而然的於我們和極左派中間劃一顯然的鴻溝了。只要我們不要犧牲我們的原則時，這樣鴻溝是不能免掉的。”

立憲民主黨為要欺矇羣衆起見，就要於他們自己和“右派”清楚的劃出一個界限，而抹殺他們和“左派”中間的鴻溝深界，那麼十月派為大資產階級和不落後的大地主的純粹代表，自然就清清楚楚在自己和左派間的界限隔起來了。立憲民主黨承認若在可能的地方可以實行八小時的工作制（好像有一個社會主義政黨要求時時處處實行這個八小時的工作日呢），而十月派關於此點一聲也不發。立憲民主黨聲言他們贊成“公平估價”，將地主的土地強收來以給農民耕種（他們在十月後解釋說，公平估價就是指的不以故意昇騰的地租為準備估價，而是照地之實價完全交付），而十月派就只承認“在公平贖價的條件之下強收部分田地，國家需要這樣時，才可以如此辦呢。”一個創設“協會”的廠主克里斯韜夫尼克夫簽名的一個文書上面，“强收田地”的危險首尾齊全的都解釋出來了。在這個文書上寫道：“他們（社會民主黨和社會革命黨員）在自己的黨綱上大牛只是說地主貴族政府的土地收歸國有（收為國庫所有），但這只是開端以後他們又要求把所有其餘的財產收為國有了。所以我們不能和主張收回地主田地白白的分給農民的人們表示同意。”

觸及“神聖的財產權”時，需洛外留神呀，他們都要和一切侵犯財產權的人拚命的爭鬥。我們已經知道古基克在十二月以前怎樣去解釋政府的壓迫和戒嚴令是為甚麼了。二月召集的“十月十七協會”的第一次大會通過一個議決案，協會中的執行委員會為要迎合城市小資產階級的心理以求得成爲國會選舉時的候補者，所以在這議決上說道："只是在武裝和武裝準備時，才可下戒嚴令，而極需要戒嚴令的時期——過去戒嚴令就須立刻取消。不要濫用這個慘酷的權利，若是戒嚴令因需要而下了，更必須少濫用呢。無論在什麼時候，無論爲什麼原因，不經審判而處以死刑的制度，必須趕快的取消。"贊成這個決議案的有百四十二票，反對的有百四十，一個代表喊道："好了罷，我們只是討論怎樣適用戒嚴令呢。"

十月派在這樣情緒之下，十月之後，當着維特和請立憲民主黨員似的請他們加入他的內閣時，竟拒絕維特之請，好樣是奇事似的。我們値得講一講這個問題，因爲我們能從這個問題之中看見十月派比維特政府如何的聰明，而於階級關係上比政府覺悟如何深刻，在十月派和維特之間，自然不能因爲"憲法會議"起什麼衝突——憲法會議這幾個字對於資產階級中派沒有什麼意義的，他們不是同立憲民主黨一樣把政策建築在空洞的話上。我們也知道在他們中間關於極力壓迫革命黨的事，也是沒有歧意的。但他們中間，也有極重要不同的兩點呢。第一，於十月之後，已經不能和"布萊根"憲法那樣規定似的拒絕工人的國會選舉權。 我們知道十月十七日的上諭有幾分就是對工人說的。 關於這一層，十月派和維特意見是一致的。 那時當着維特最害怕在無產階級中有勢力的"極端"左派在國會中佔上風，而焦心積慮的要減少工人在國會中的議席，把他們錮於人數特別少的"選舉團"，因此這個選舉團也有純粹的階級成分，投票者都是成年的工人——在這個時際，十月派的首領在新選舉法(以後於十二月十一暴動最激烈的時期發表的)籌備會議上就直截了當的主張普選制，但只是二十五歲以上的才有選舉權呢(好像普魯士一樣)。 把少數的工人混於農民和小資產階級中，叫他們看來是比單獨一個工人"選舉團"這個方法可靠的多。 估奇克夫在沙皇村尼古拉主席的會議上說：現在提出兩個計劃來：第一個計劃，是建設在有限制的原則上(就是只有交納一定賦稅的人，才有選舉權及被選舉權——註)，但同時工人還可以去參加選舉，特別是近來表示浮動不安的工人所謂城市的愚庸羣衆——家僕，衛兵，馬車夫，手工業者等等——就除外了。 工人們選出的十四個代表，可算是特別的代表，把持工人運動而自己嚴如一合法的罷工委員會。 不要害怕民衆；吸收他們參加國家政治生活，將得到最鞏固的安泰呢。頒布普選制，是一定不能免的，假設現在不給他們，那麼於最近的將來，他們一定自己起來強爭。現在宣佈這個原則是正誼的，信實的，慈惠的事。

頒布普選法能將無產階級有覺悟的一部分（“近來表示浮動不安的人們”）混合於“家僕衛兵馬車夫的羣衆”的這個計劃，看來是非常可靠，以至一個大地主的代表——同時是大糖廠廠主——鮑布林斯基伯爵也走到古奇考夫和史鮑夫一邊去了。鮑布林斯基說：“不久以前，我來此地時，在閣議上主張，選舉者根據階級分別門第，但是現在聽了剛才的演說和討論後，我放棄了我自己從前的意見而贊成普選制。”

在一九〇五年資產階級已經很明白那膾炙人口的“普選法”對於他們是怎樣有利的事了。但是在籌備會議上佔多數的官僚，是落後的人們。他們回憶過去，自蒲萊夫時起，他們就最害怕國會中“第三分子”，不讓他們佔多數，所以就倉卒的把工農錮於等級的圈套裏。農民選出的是農民，工人選出的是工人。內務總長特別激烈的堅持這個觀點，沙皇村會議的這一幕末尾，就是他的演說。

杜爾諾夫也是十月派(當時人吹噓他們爲"社會活動家")拒絕加入維特內閣的原因。 維特願給他們任何的總長席，但是內務總長一席須留與杜爾諾夫，誰也不得爭佔。 而十月派此時也證明他們不是傻子：他們很明瞭內務總長——警察的最高長官——於革命爭鬥的時候是非常重要的。 在實際上杜爾諾夫也是比維特勢力大些。十月派不想在杜爾諾夫之下去作"社會的"點綴品。

可是無產階級不願意立時就利用一九〇五年十二月十一日上諭所給與的權利。 無產階級的領袖，深信十月和十二月的革命波濤，不是最後一次，而將來仍有和鄉間農民暴動相聯繫的革命潮流的高漲，所以決定對於維特的國會採取對於布萊根國會的同樣的政略。 多數派決然的宣言拒選。 只是無產階級最落後的分子，才參加選舉，有些少數派也非正式的加入選舉——在拒選政略沒被斯土克霍莫黨聯合(因爲大會聯合起多數派和少數派)大會取消以前，少數派不敢決然破壞拒選的策略。 這已經是選舉最末的事了。 —— 大部分的選舉於三月中旬舉行，結果立憲民主派就爲了選舉中最左的黨了。

十一月要取炸彈和武裝暴動政策的立憲民主黨，現在也要來破壞這種暴動提高革命潮流的把戲沒有成功，他們並沒有失望喪膽，現在又想減低這種潮流。城市中小資產階級羣衆的心理，對他們是很有利的，這些羣衆在城市的選舉者中居於絕對大多數（按維特的法案，所有租房的人都有選舉權——指的爲數寥寥的工人，不住在工廠的寄宿舍中，而獨自租房居住者，工人又另外分爲一個選舉團。）但城市的小資產階級痛恨政府之壓迫，——莫斯科的居民，深受杜把梭夫的轍擊的害處，痛恨更是深大——同時又疾恨左派的政黨，因他們的莽撞，引起這樣的慘殺來。"合理的"社會主義者和"穩健的"共和黨——這就是引誘小資產階級的餌餅，立憲民主派就證明自己是上籥的漁夫。他們就大胆的盡量的去許這允那：藉彼選出的代表的力量摧折專制政府的威權。立憲民主黨中央黨報的"聲報"寫道："我們加入國會，要盡自己責任，先從否認國會起首。"立憲民主黨四月第三次大會上通過了一個決議，內容是"本黨就是公然和政府決裂也不肯罷休。"一言以蔽之，居民滿意了；立憲民主黨攻擊杜把梭夫的鎗殺羣衆。說他們也是反對武裝暴動，這只是證明他們是聰明的人罷了。小資產階級現在說起武裝暴動，就氣憤填胸，滿嘴白沫。

居民給立憲民主黨的報償，甚且超過了他們自己的願望。在城中所通過的代表幾乎都是立憲民主黨，並且我們知道農民還選出二十四個立憲民主派的代表呢。共總立憲民主派得了一七九個主席（但算上同他們很近的進步黨和民主改革黨共總得了一九七個）。國會共有四七八個議員，所以他們還沒有爭到絕對的大多數。

最大的困難就在於此。立憲民主派若是在國會中得到大多數，他們就要緩緩的去欺朦選民而與政府相競爭；假設他們佔寥寥少數，他們恐要"大膽的"重複他們選舉時迷惑小資產階級的那些大話；但只是空言大話，什麽結局也得不到，他們以爲這是自然的事，因爲我們人數這樣少。但是立憲民主黨，也不是佔絕對的大多數，也不是居於寥寥少數的地位；他們是國會中指導的政黨；他們要形成多數，從極其複雜的分子形成其多數，其中最合意的一部分就是個個立憲民主派所意料不到的大左派，勞動派（共有九四人）。我們知道勞動派是極其簡單而政治思想上沒有大覺悟的，但是他們是眞實無假的——這自然叫立憲民主黨看來是大缺點了。事實上他們相信，能以藉國會的手段，爭得權利和土地。立憲民主黨，並且許諾去"爭得"，但自己很知道這件事是萬難實現的，而自己也就和他們中間慈善者所自認的那樣去實現選民要求的一小部分了。（我們現在看明白了。）領導這樣的羣衆是件不容易的事呀。

國會以外的空氣，是出人意料之外的那樣神速的熾烈，這更使情形加難了。我們已知道，一九〇六年全年罷工和罷工的人怎樣的減少了。但是在那章，我故意把這年四五六月漏去，那正是第一屆國會選舉開會的幾月。那時頭三個月，有七萬三千罷工者，到了次三個月，就增加二倍還多，共有二二二千罷工者，其中幾有三分之二（一四四千）工人不是勝利，就是雙方妥協，這就是說每次業主都是讓步。每月罷工數目的增加是：二月十七次，三月九二次，四月一〇二六次，五月四四九次，六月八六次。罷工的潮流，經時不多，但是他可以表明出一九〇六還繼續存在於無產階級廣大羣衆間的那樣幻想的一個模型。就是工人也是希望從國會中得些什麼，國會之召集讓他們看來，好似是一件重要事件，但在實際上，國會只是爲執行巴黎交易所的意志而召集的罷了，巴黎交易所那時剛剛借欵與尼古拉以作戰爭"善後"之用。這次借款沒有國會承認的根據，——在十二月的鎗殺以後，羅馬諾夫以爲個人信用已經恢復。但是法人仍是爲要使小資產階級能夠購買債券，所以必須得到國會假仁假義的批准，——好說法國不是借款與專制政府，而是借與"立憲的"俄國呀。那時法國的財政總長普加賚主張不要很快的把有益的點綴消除，還要在臺上演那已允許的戲劇——召集國會。因爲俄國的資產階級的願望也是如此，（十月派在頭幾次選舉遭受失敗，）所以在沙皇村上就決議召集國會。這沒有什麼絲毫的危險，——錢已經借到手中了。預先就决定：假設國會敢提出土地問題時，就立刻解散。普加賚也不能有什麼奢望：他也不是要求給國會權利，只是要求召集起來罷了。

第一屆國會所有這些密祕的歷史，只是現在才知道呢。方才講過，在那時就是一部分工人對於國會還是相信，看作國會是革命之中的一個"階段"。我們也講過小資產階級的純正的信心。我們並且看到農民運動只是於一九〇六年春夏之際——"第一屆國會"開幕之前——

才爆發爲猛大的火焰。農民運動大影響於軍隊。關於各團"擾動"的消息以數十計。今次運動也牽連到彼得格勒的衞隊！就是衞兵第一營，蒲立奧木萊仁斯基，也同勞動黨表示團結的同情。此事之原因，我們是知道"勞動黨"是代表"小康農民"的利益，這樣的農民，佔都城衞團的兵士大多數（一九〇二年的一個農民暴動的指導是蒲立奧木萊任斯基團的副官）。這次對於政府的危險，自然是比一九〇五年秋日小，兵變少些，因爲只是在無產階級革命爭鬥的環境之中，兵變才能有偉大的革命意義，但是這次運動可以影響於居民，對於政府也有很大的影響。

所有這樣的事件，屢次使國會的立憲民主黨地位更爲難堪。不但需要於國會之內和勞動黨"相合互應"，——於國會之外，還須要和廣大羣衆的運動相應接。立憲民主黨——他們對於這一點也是承認的——到國會去是摧殘革命，但是革命正是先從國會開始呢。立憲民主黨於純粹政治的問題上，利用勞動黨的不很覺悟和國會外羣衆的不覺悟，而要脫出自己的困難。我們知道立憲民主黨交給勞動黨派的一個什麼的陳書，而勞動派就唯命是聽的通過了。但是關於社會的問題，要使內部調和更爲困難。左派的地主身爲貴族，並且願意保持這樣的地位。立憲民主黨的代表當着廢除等級的問題發生時，就說出特別奇異的話來。立憲民主派國家法專家克克士金說道："我們願意保存等級，但是等級的本質就是法權的不平等，某種的特權和限制。一旦特權和限制廢除，那麽等級的分別是不能存在的了。只剩下一個問題——這就是不值注意的名稱的問題。"就讓貴族稱作貴族，農民稱作農民吧。……但是正當貴族在坦保夫省乘馬游行時，立憲民主黨達到改選的目的改選時，就令農民代表必須退出。農民看到這一層，當着開始討論爲國會所禁止的土地問題時，（但是國會不知道這是不准討論的問題，）一定發生不能調和的衝突。我們知道若是國會提到這個問題，那麽就決定解散它。但是國會只是討論這個問題，別的問題幾乎沒有提到。土地問題佔了國會短期的四分之三去。看來相聚討論是很難的，我們記得就是國會中極左的一派勞動黨，對於這個問題也是居於妥協的地位，——眞正的農民革命家，在國會中是沒有的。但是勞動黨對於這點也是眞實的妥協者：不是收回所有地主的土地，並且還有贖價，但是他們總是希望得些土地呵。可是立憲民主黨受他們內部地主一派的逼迫，要設法使大部分的土地留在大地主的手中，要設法使地主不要失掉他們所需要的工人，他們同意只是犧牲"野蠻的地主"，"盤剝重利的地主"罷了。立憲民主黨的計畫書上說："所有一九〇六年正月前租出的土地，所有大部分用農民的用具耕種的土地，及荒蕪而能耕種的土地，都須沒收。"但是"有工業和農業的工廠的土地，就是說上有建築貨棧和房屋而為技術上所需要的，"是不能沒收的。

所以由此，卽知允許地主自己不經營的地主土地的存在了，而大的田產不要觸犯呀。此外我們還記得所有的競爭，是發生於大地主和小地主之間，農民就開始和農村資本家爭奪了。對於此層，立憲民主黨的政綱講的很激烈：分配土地的數量，是以需要為標準，這就是說分得土地的多少，全視地方之情形，及別的手藝的收入而定，總以滿足衣食住三者需要及交納租稅為宜。"

立憲民主黨這樣規定"農民需要的經濟"：讓農民不要受餓；但是要使他和地主在市場上競爭——那就不成

了。 一個很忠實的立憲民主黨員捨普金公然承認立憲民主黨的計劃書"是重演一八六一年的改革"，一八六一年的改革是所謂有名無實的解放，而今次"分配土地"也是有名無實的。 但是農民已經不是"大改革"那樣的農民了。 國會中的一個農民代表，公然的聲說："我們現在萬不要和一八六一年那樣的半途不進虎頭蛇尾。" 另一個代表說"假設地主們不允讓出地來(想是根於勞動黨的條件讓出來)，那麽人民就不付償價，自己收回土地來了。"

從政府的觀點，這樣的說話顯然是挑戰，非驅逐不可。 此時已經不是維特的政府，——維特以借款條件升爲內閣總長，但自借款辦完後，尼古拉趕快撤消極不同情於自己的內閣，國會裏大多數是"左派"(立憲民主黨和勞動黨)，這是撤消內閣的藉口——但是以後第二屆國會更"左"，還未有把斯鞱里平撤換。 曾充薩拉鞱夫省長而稱爲"自由派"的這位斯鞱里平（我們看出他以後已是右的十月派)在事實上是新內閣中的靈魂；名義上內閣總長是老官舊宦的郭里木金，名居高位，實無大權。 到六月間，就把斯鞱里平提出來了，同時正當貴紳大會，就呈給尼古拉一個堅決的要求，消除全俄風行一時的奪取貴族土地的宣傳。 國會討論土地問題，並且專是提起土地問題來，——顯然是老早就該把國會解散。 貴族不能再忍耐下去了。

斯賴里平——他正是居內務總長之職——要用自己的力量把國會解散，但是軍事當局特來鮑夫——此時還是在尼古拉的左右——對於武裝勢力的信任，已經失掉了。（特來鮑夫於一九〇六年夏末才死。） 假設蒲立奧木萊任斯基團是不可靠的，別團就不可設想了。 所以特來鮑夫就有利用立憲民主派解散國會的想念。 就是政府也不能不重看立憲是用以欺騙三月間他們的選舉的靈敏手腕。 爲什麼他們在七月間沒有成功呢？國會解散了，但是還有"國會的"政府，國會全權代表委員會——庸愚之羣衆還想這是很大的"進步"呢。

斯賴里平不願向立憲民主派讓步。 他要慫慂尼古拉組織官僚的（首先是他自己）和"社會活動家"的"混合"內閣，而重演維特的一九〇五年十一月的嘗試。 但是邀請組閣的史鮑夫所代表的"社會活動家"，是堅持立憲民主派取得政權。 史鮑夫在彼得高夫和尼古拉會見時，向他說道："現下在這樣情形之下只是能讓國會中的多數派代表組閣。現下立憲民主黨中間所呈顯的反對的精神，不能以引起重大的危險。該黨這樣的性質，是全由他們所居的不負責任的在野黨的地位而來的。但此黨的代表得到政權而自己担起重大的責任時，那麽該黨現下的色彩就改變了，而其入閣的代表，就以爲自己的職責就是大大的限制黨綱的要求，不實行選舉大會上所提的全部的要求，而只是實行十分之一二罷了。”

尼古拉正願意知道立憲民主黨怎樣欺朦他的選民。史鮑夫就滿足他的奢望，向他解釋，怎樣去對付五個根本問題：取消死刑，政治犯的大赦，土地問題，各民族平等，波蘭的自治。史鮑夫還補說："假設立憲民主黨的代表組織政府，那末他們以爲在最近的將來必須解散國會，重新改選以脫離爲數很多的左派，而造成國內強毅進步分子的議會。我看皇帝是滿意我的解釋，而問誰在立憲民主黨享有最大的威望，而能統治國家呢。”米里考夫在他追憶史鮑夫的論文中，沒有否認史鮑夫這話，並且幾乎加以證實。他說道："史鮑夫說立憲民主黨得到政權，就不像斯稻里平及別人所想的那樣破壞和革命，這自然是很對的。自然於實際實現黨綱時，就因當權的關係，加以修正和補充了。”

他補說道：“但是立憲民主黨自然贊成將恐怖派赦免(這是意見不同的基點，並且比土地問題還重要)……。”立憲民主黨準備犧牲農民的土地，但是以爲恢復了“秩序”，而再將頭顱犧牲於社會革命黨的炸彈之下，簡直是不通的事。這是很重要的一個歧異之點，尼古拉看來炸彈也是“眞正的革命”，我們知道恐怖派也是所謂“眞正的革命家”：誰要冒險去反對他們，誰就是眞心忠於陛下和祖國的。斯轁里平冒險自己的性命而表示忠心——立憲民主黨沒有這樣的忠心，就是他們政府的凶兆。

對於立憲民主黨還有一件不利的事，這就是資產階級的智識分子還沒將總長席從官僚手中奪到，只是準備拚命爭此總長的位置。議會會長立憲民主黨員謀洛木萊夫請米里考夫(黨的實際的領袖)到他那裏去，並如米里考夫以後所說，“幾句寒暄之後，就突然提給我一個問題：我們兩個誰將爲國務卿呢？”史鮑夫當時也想要當作“公正的和事老”，提出以下這樣的一個名單來：“謀洛木萊夫爲國務卿，而米里考夫就爲外交總長。”但是謀洛木萊夫答道：“兩熊同居一穴，有些困難吧。”可是依那時見他的人說，米里考夫"已經以國務卿自居了"。

但是歸終到底，這些瑣碎問題——但是很有意思的——無論怎樣解決下去，不能幫助立憲民主黨解決最要的問題：在緊要之時，現出立憲民主黨完全不能操縱國會，而讓他們入閣對於尼古拉簡直沒有什麼利益呀。

原來眞相是如此的。郭里木金和斯稻里平的政府受貴族大會的逼迫，發出了一個宣言說，"強力沒收私有土地是不准的。"這對於國會的工作，是有絕大的不便，國會此時，還未將土地問題討論完。"強力沒收"幾字，在所有的計畫書上都有，——政府忽然聲言道，無論國會怎樣表決，地主的土地是不能觸犯的。人民的代表憤怒至極，決意訴之於全體人民的宣言，來反駁政府的宣言，而宣佈其眞相，立憲民主黨怯懦似鼠不敢動作——立憲民主派的法學家就推想國會的這樣行動能為解散國會的形式上的原因。但是國會中諸代表的情緒是很緊張的，立憲民主黨還未敢堅持的起來反對"訴於全體人民"這個方法呢。他們設計籌策的要把"訴書"弄的和緩，照社會民主黨的黨團所說，他們所提的"草稿大概的意思，簡直是責斥民衆要它安然無動，而不是控訴那使國會毫無權力的政府中的强橫官吏。” 投票表決這個令人民安然無動的奇怪的“革命的法案”的時候，也發生了一個謠傳：立憲民主黨贊成這個計劃的有一二四，右派和社會民主黨（五二票）投票反對，而一〇一個勞動派保守中立。庸愚的代表贊成立憲民主黨向沙皇的呈書的時期已經過去了，——兩個月的國會會議，給了他們一些教訓。

讓特萊鮑夫看起來，這眞是如青天落下大雷似的意料不到的事。國會中立憲民主黨沒有佔大多數，他們的政府還有什麽意思呢？斯韜里平能趾高氣揚了。舊歷七月八日，跟着就下了解散國會的命令，藉口就說國會不作自己本身的事了。同時於一九〇七年正月就頒佈了新選舉法。新政府也組成了，郭里木金辭職，但是國務卿不是米里考夫而是斯韜里平。爲裝點自己的內閣起見，他還要請“社會活動家”入閣，但這近於嘲笑，以至十月派也惱怒了。可是他們不能特別不滿於斯韜里平內閣政策。

特萊鮑夫懼怕秩序破壞的驚心還未完全消失。彼得格勒的工人代表蘇維埃被捕所引起的反響，比起解散第一次國會還大。在斯外堡和客浪士塔梯的兵變也起來了，但是政府已有充分準備，不和一九○五年十一月鎮壓塞民斯韜堡那樣用力的就壓下了。 農民的國會的會議，對於他們，也有相當教訓。

對於特利巴夫這是一個大霹靂。 加之他們這些立憲民主黨，在國會內又不佔多數，他們的內閣，又有什麼意義呢？斯韜里平自然可以得着勝利了。 七月八日皇帝下令解散國會，其理由爲國會干涉非其本分的事。 同時又規定一月重新選舉。 新政府亦因之成立。 郭里木金被解職，新內閣總長，不是米里考夫，而是斯韜里平。 爲要點綴新內閣，又想招請“社會活動家”，這完全是一種輕慢的舉動，就是十月黨也被輕視了。 但是斯韜里平內閣的後來的政策對於他們，並不是特別不滿意的。

特利巴夫對於“秩序與治安”的恐怖，只證明了一部分。 彼得格勒工人代表蘇維埃被捕的反響，比之第一次國會解散的反響，還要高大！在斯外堡及客郎士塔梯也會發生暴動，但政府早已預備，所以毫不費力的就把它克服，比之克服一九○五年十一月西瓦斯托堡的暴動要容易的多。 農民也掀起廣大的暴動來了，——斯塔夫拉堡省的運動特別廣大，這省的代表奧尼普克因爲參與客郎士塔梯的暴動，有受死刑的危險。但是這也不比先前政府所眼見的運動，更可怕些。拒選的無產階級，仍是提示給勝利的光榮的專制政府想到總罷工的實現。莫斯科和彼得格勒罷工都很團結一致，但是罷工者自己看來，這不過是純粹的示威罷了，得不到什麼具體的結果。解散國會的主要脚色——立憲民主黨——的對付，最可憐了。他們在芬蘭境內的蔚鮑爾哥集會，又發表一個"對人民的宣言"，他們首領的幾句眞話，最足表示此宣言的思想和意義。

"道途胡論的蔚鮑爾哥的宣言，只是爲滿足普遍的情緒所作的最低限度的事罷了。人民自由黨的黨員看起來，這是預防彼得格勒街上定然失敗的武裝衝突及表述衆憤的嘗試，這並不合立憲主張相衝突，而是佔在反抗破壞憲法和革命者之間。爲了國民教育問題的衝突所激起的這樣反抗，在匈牙利發生過。立憲的分子和國會的左派商定於蔚鮑爾哥作共同爭求憲法的爭鬥，但在蔚鮑爾哥大會以後，台里奧克會上所反對的却是革命的爭鬥和以後在客浪士塔梯和斯外堡所發生的暴動。

"假設不指定新國會的選舉時間就喚起民衆拒稅和

不入伍，這是有相對的意義，——採用這樣的手段開始的很快，這是因民衆的熱情要求之故。所以蔚鮑爾哥的宣言，只是一個政治的示威及不舉行國會選舉時的一個手段，但是國會選舉已經指定，所以也就沒有事了。”

這幾行是米里考夫在一九二一年寫的，那時他沒有什麽緣由去隱藏他在一九〇六年的革命精神——，正是相反，並且去吹噓他那時的革命精神。不然他怎爲現在立憲民主黨中的左的“共和派”的首領呢？但是這次公正的歷史家看透了這個政治家了，他不能隱藏拿着立憲民主黨這個唯一的“革命”宣言去作反革命的事情。

看來資產階級的智識分子的政治把戲已經要過去了。貴族的反動開始，但是這樣反動不是爲貴族自身的利益，只是給資產階級的反動開闢途逕而已。分析“斯駱里平反動”的社會意義，我們知道若從少數派所了解的“資產階級的革命”的觀點來說，雖有立憲民主黨之失敗，這次所弄的玩意兒，並不算是完全失敗。

第九章

一九〇五年邊境上的革命

我們知道"羅馬諾夫"帝國不是由一個民族組織成的：俄帝國同別的商業資本統治的國家一樣，把各種發源不同的民族而不幸位於俄國商業資本家直接間接需要的通商大道附近的民族，聯合於一個強權政府之下。波羅底海東岸，黑海北岸和西岸，裏海西岸等處的居民，維斯拉，湼滿，西德維納，德湼斯徒爾，及普魯特流域諸部落，言語完全不同的人民，哥魯金人；波蘭人，芬蘭人，克思姆的靼韃人，拉特維亞人，吉爾吉斯人等(除去幾個例外)都是俄沙皇的人民，政治的地位完全相同，這就是說他們對於朝廷沒有絲毫的權利，自己朝廷本身，雖然後幾世的皇帝——自十八世紀中葉——依血統來說，純粹是德國人，但是自己以爲自己是俄國的中央政權。

這個事實是很明顯的，就是後來的幾個俄皇聰明的朝臣也就看的出來了。 維特在他的日記中（一九一〇年)寫道："我們數十年的政策的錯誤，就是我們到現在不曾知道從大彼得帝和大伊喀夫卡林女皇，俄國就不存在，所存在的只是俄帝國。 全民中有百分三十五是外國人，而俄國人又分爲大俄小俄白俄，那麽於十九世紀和二十世紀的政策上就不能忽略了這個歷史的極重要的事實，就不能忽略了俄帝國別個民族的民族特質——他們的宗敎語言等等。"

只是羅馬諾夫諸帝沒有明瞭這一層。 而亞力山大第二又把波蘭的一點獨立餘痕廢除。 高加索早就失去獨立。 亞力山大第三只是關切於波羅底海沿岸"俄國化"的事業。 現下的拉特維亞——和愛斯坦尼亞的地方，當時萬事很順利，並不壞於中華的歐洲殖民地，幾乎全民都是識字的，有自己的文學報紙，法庭並藉翻譯之助而和陪審及證人相談。尼古拉第二時，只是把芬蘭俄國化，並且殘酷處理，而殘狠的壓迫下，在亞歷山大第二時就是"忠順"模範的小國的革命了。

因爲這些民族，都歸在羅馬諾夫朝統治之下，所以一九〇五年反抗專制政府革命爆發的不只是牽連到"帝國"的中原，就是非俄國的邊境也捲入旋渦；再者此等邊界的人民，早已比中央各地開化的多，所以那裏的運動，也比中央的運動更有覺悟，更有顯明的政治性質。正月九日時，除去彼得格勒，只有邊界舉行政治的罷工——在俄國中部運動還是帶有半經濟的性質。

但是革命的勝利和失敗完全以這個中部如何而定。只是沙皇政府於中部勝利了，他就可以不怕邊界革命——十九世紀的經驗，就證明只是在中部站的鞏固，那麼邊界的革命就很容易對付。一八三〇——三一年的波蘭暴動的結果，就預先規定一八二五年十二月黨的失敗。只是在中俄沒有農民的暴動，那麼一八六三年的暴動也就不能成功了。所以去看一九〇五年革命的成功和失敗的全部過程，就不必走到中部區域外去找。邊界的運動在他的過程中，只是幫助或阻礙，薄弱或鞏固中央的運動，但是終究不能代替中央的運動。所以從歷史的事變看來，我們可說一九〇五年的革命是俄國的事變，或再正確的說，是莫斯科和彼得格勒的事變，這並不是因爲國家主義才這樣說。但是在結尾的時候，關於邊界的革命不講幾句是不相宜的，因爲要我們看看邊界給了中央部革命了一些什麼。

單獨去講烏克蘭是很難的——在這個簡短的小書中更是不可能。那時烏克蘭的運動和全俄國的運動緊緊相關。俄社會民主黨的第一次大會，是由吉也夫的勞動階級解放同盟的提議而召集的。一九〇一年第一次的示威運動和街上的革命運動就是在哈爾考夫舉行的。一九〇二年春日頭數次的農民運動是於鮑爾諾夫和哈爾考夫省發生的。一九〇三年夏第一次總罷工的舞臺是在俄國的南部，這就是說是發生於烏克蘭。第一次大的軍隊暴動——鮑橋木金艦的暴動——是和奧特斯有連貫的關係的。上邊所說的這些事件，可說是一九〇五年革命戲劇的幾個情節，可以說全俄革命的幾件枝葉罷了。一九〇五年烏克蘭運動的民族口號沒有什麼意義——只是要求在學校和法庭中採用本地語言，這就是說民族文化的自治要求，政治獨立的要求只是於一九一七年才提出來——那麼讀者就同意在這本小書中不去考論一九〇五年烏克蘭的運動了。很容易用烏克蘭運動的觀點，去寫述第一次革命的歷史，但這是烏克蘭歷史家的責任。

波蘭及芬蘭的情形，就完全與此相反。假設這本書讓一九一四年以後出生的青年去讀時，他就不明白：爲什麼在俄國史上面去談外國的事呢？假設作者要提說"鄰邦"吧，那麼他還應說羅馬尼亞，土耳其和波斯。實際上說，現下波蘭和芬蘭，讓我們看來，也同德國似的那樣的"外國"了。從前窩爾沙夫是俄人從國外回來的第一個"俄國"都市，在該爾與哥伏爾的一個商店中，一位俄人用斷續不接的德文解釋以後，聽見驚怪他說話這樣困難的女店夥問道："你可以說俄文嗎？"現在回想這個情形不禁生奇。

但是無論"俄帝國"從前這兩部分怎樣的於最後七年間脫開俄國——波蘭並且在最後十年間實際上已經脫開——但是他們在一九〇五年革命時，都佔了相當的地位。沒有波蘭和芬蘭二部，不能理解那時整個的革命；雖然從俄國的革命本身，不能了解波蘭和芬蘭的革命，而解釋俄國革命時，波蘭和芬蘭二國也沒有很多的幫助。

波蘭的工人革命運動早就以爲比俄國的早些了，一一當我們一八七〇年代的政治組織（南俄和北俄"工會"）漸漸消滅時，波蘭政黨"無產階級"（一八八〇年代）近似俄國社會民主黨的前身，"現在我們知道兩個運動是同時發生的，但是因爲波蘭的工業很和歐洲相近而又近於西歐的運動，波蘭的工人運動就比俄國的發展快些。這個發展的速度之大，在以下這個事實上就明顯的表示了出來：一八九一年五一勞働節窩爾沙夫的工人舉行沿街遊行而彼得格勒只是舉行祕密的百人會議。一九〇五年始，富拉得米爾使開鎗射擊向沙皇請願的工人逼得走向革命道路時，窩爾沙夫就舉行了顯明的政治運動，而正月九日鎗殺後，窩爾沙夫的無產階級就團結一致的罷工和示威遊行，以示響應，結果受了比彼得格勒的鎗殺稍輕的鎗擊。在俄國其餘的地方還沒有這樣的事呢。一九〇五年十月以前，窩爾沙夫的無產階級舉行了四次總罷工，而每次革命運動的潮流非常高漲，以至沙皇的行政署每次只是藉武力去對付。

不幸的很，說到武力，波蘭的沙皇行政署是有很大優越的地方。波蘭因是境界上的區域，於是就充滿了軍隊。並且沙皇政府非常留心禁止本地人在本地軍隊中入伍。隨便可以把波蘭的精兵運往別處——運至西伯里亞及高加索，但是不留在波蘭；波蘭的軍官也沒有權利在本地軍隊中服務。駐紮波蘭的俄國兵團，是由大俄人烏克蘭人韃靼人充當的，還有許多的哥薩克，而窩爾沙夫的衞隊按其社會的成分說，是很和彼得格勒的相近：在窩爾薩夫駐紮一部分沙皇的衞隊。就是此地軍隊中的運動，平常也不和地方的革命組織發生關係，而和波蘭的本地革命漠不相接。

波蘭的革命，在這樣的歷史環境之下一定是帶有和俄國革命運動顯然不同的特點，在實際上也是如此的：讓所有革命的小資產階級的派別和大部分無產階級看來，波蘭的民族口號是最重要的，特別是波蘭由俄國統治解放出去的口號。在波蘭也有一種國際性的工人組織，名為“波蘭和李特烏的社會民主黨”但是“波蘭社會黨”同他在工人中爭勢力，而社會黨在小資產階級中的勢力是獨享的。讓波蘭社會黨——實際上是現在資產階級波蘭的創造者——看來，驅逐俄人是最要緊的。波蘭不同俄國一樣，他的城市小資產階級勢力很大，一八六三年的暴動即依靠這個小資產階級，而他的思想更染及和他們接近的工人，這也是波蘭社會黨勢力雄大的一個原因。革命失敗了，波蘭小資產階級所剩的只有民族主義，而小資產階級也就漸漸走到波蘭的"十月派"民主黨方面去了，這些民主派是痛恨社會主義，提出波蘭獨立和反猶太人的口號。波蘭的革命政黨爭鬥時的環境，比起俄國的，難的多了。波蘭那時幾乎沒有脫出"戒嚴"的時期。不經法庭審判即處以死刑，這樣事情在中俄只是一九〇五年十二月時發生過，在波蘭就是通常無奇的事；而窩爾薩夫的督都更強去證辨他有這樣的"權利"。當局提出取消戒嚴令的問題時，這個督都還聲明說，若是取消戒嚴令時，他只有辭職，因為他已經慣於戒嚴這種情形。窩爾薩夫的衛戍司令部，以慘刑著名於全"帝國"——只是瑞哥的衛戍司令部在這一點上才能和他爭雄。

這種大有政治覺悟的情形之下，一定使運動的形式更加劇烈。假設波蘭有一八六三年那樣的國際情況時。（那時以普魯士是最有望的同盟者，而和普魯士的國境幾乎混起來了,)運動定然變爲現下武裝暴動這樣的形式。但是自一八八〇年末和德國絕交時起,在波蘭駐紮的有四十萬軍隊,軍隊散於全國,佈防周備。若是有組織"暴動"的嘗試,在醞釀時就要被鎭壓下去。工人羣衆所積下不能發洩的武裝暴動的精力,就一激而爲恐怖時期了——照暗殺的事來說,波蘭遠過於俄國,雖然就是在俄國一九〇五年時這樣事情也成日常的現象了。但是這樣的恐怖手段在波蘭也同在別處一樣,不能有什麽結果,——只是能以增加羣衆運動所給與當局的恐懼罷了。羣衆運動失敗,當局也就大起膽來,而暗殺事件,雖時常發生,但沒有殺死許多當局的要人,(蒲萊夫死後,沒有一個內務總長於革命的時間爲社會革命黨炸彈的犧牲品;暗殺莫斯科省長杜把梭夫的謀畫沒有實現——他自己只是傷了,而幾個暗殺者就犧牲了性命以作行刺的代價;正月九日的罪魁富拉得米爾"羅馬諾夫,"侯爵,連傷也沒有得到,炸殺斯轁里平的計謀,損失了許多的性命,但是他自己還得保全性命,)只是更助長其行虐罷了。"旣然不和我們客氣,我們爲何還要講客氣呢?"波蘭也不能和俄國所發生的兩樣:波蘭的恐怖一方面助長當局發洩久積的雪仇之恨，別方面更使其不加客氣的以爲非這樣作不可；但是這樣手段沒有助進革命，並且也不能助進，俄國本部革命運動日漸消沉，波蘭的運動也是逐次寂然了。最後“民主派”以至懷有極其無稽的希望——從尼古拉手中得到波蘭的自治。我們後來知道因此尼古拉還能施其譎詐的技倆呢。

但是波蘭的革命，並非對於俄國革命沒有影響。一來，在一九〇五年前秘密運動的時期（一九〇七年後運動又變爲秘密的了），波蘭就是國外僑民的革命中心和俄國內部組織的一個很好的橋梁。波蘭是俄國和西歐之間來往通信的最短的道路。只是波蘭“安然太平”，俄國的警察就不去注意這些道路，俄國的革命者，在波蘭各地又處於友誼和同情的環境之中，他很容易由國外運輸刊物入口，或由本國輸出，於是波蘭的運動就給與俄國運動一個無價之寶的幫助。在另一方面說，波蘭的革命運動成熟較早，和西歐緊接的關連，於是就產生出在國際工人運動中有影響能幹的革命的馬克思主義者來，而這些人又經過波蘭和俄國發生緊密的關係。舉出窩爾薩夫一個中學女生盧森堡的例來就夠了，她講俄文比普通俄國人還好。 後來波蘭和俄國運動間這樣的關係還多的很，而俄國從波蘭的運動中得到許多著名的革命家紫爾任斯基臘狄克及其他同志等。

芬蘭的革命運動和波蘭有相同的地方，就是他也是特別注意民族的口號，大批芬蘭的小資產階級的羣衆（芬蘭的小資產階級羣衆比波蘭勢力還大）首先就反抗專制政府，要求民族獨立。他們爭求民族獨立比起波蘭人來容易，因爲他們還有獨立的幾點餘痕。 亞力山大第一於一八〇六年呑併芬蘭時，已經準備和拿破侖開戰了（一八一二年），特別是忙着防衞彼得格勒的後路並藉波羅底海和瑞典保持和英國的無礙的交通。 若想這樣辦，就須要使芬蘭站在自己這邊，因此亞力山大爲要安撫芬蘭起見，就給他保留着政治的自治權。 在芬蘭還存在憲法，不錯，這個憲法是帶有陳舊中古式的色彩，又存有等級的國會。法庭地方衙門學校敎會中採用本地的語言，起初瑞典文是俄國佔據前的通用文字，以後俄國政府由於狡滑的目的（分割而統治吧！）他們說大多數農民通用的語言，並且芬蘭實際還保有自己的軍隊。 雖是軍隊不是有特別軍事組織的軍隊，但是駐防芬蘭的俄軍是由本地人民組成的，就是軍官也是本地人民，（特别是瑞典人，）芬蘭人沒在芬蘭境外充當兵士。

就是因此，尼古拉第二受海陸軍總長庫洛波梯金的唆動，進攻他們。每次練兵時，總是芬蘭的兵士不懂俄國軍官的話。九十年間都是如此，俄國合别國開戰，芬蘭人也叅加戰爭（如克里姆戰爭；於一八七七年戰爭時，也有一營芬蘭的衛兵開到保加利亞去），而沒有人看出其中有什麼不適合的地方。但是到了戰爭時，這是非常危險的。到了一八九九年又頒佈使芬蘭人喪氣的一條法律，芬蘭人也須和俄國各處人民同樣的入伍。由此可以想到不懂俄文的芬蘭農民從戎於俄國軍隊，駐紥什麼徒爾或薩拉韜夫的困難情形，這條法律原則上的重大意義就不必說了。——芬蘭人不躊不躇的就說這條法律有“國家的大變動”的意義——這樣就把他們的政治自治根源劃除了。

法律的結果，就是在法律公佈後的第二年沒有一個芬蘭人去入伍充當兵士。所謂有名的“消極抵制”開始了。沙皇政府同他爭鬥，漸漸把所有自治的殘痕餘跡通通破壞，只是沒強迫學校和法庭中採用俄語罷了（郵局和鐵路上的都須懂得俄文）。簡言之，芬蘭人只是剩下文化的自治了，但是俄國國家主義讓他明白這只是"暫時"而已，最後的芬蘭俄國化不過是時間的問題；並且明顯的提出割併近於彼得格勒的蔚鮑爾哥省的計劃。

這次的爭鬥——從沙皇政府利益的觀點說來，開始的太無道理，因爲芬蘭人迄今是可爲他人模範的"忠順之民"——日漸劇烈起來了：從消極的抵制，轉到"積極"的爭鬥，一九〇四年六月，就殺死派去實行新政策的芬蘭督都鮑布里考夫。

但是這個暗殺的武裝爭鬥形式，在芬蘭沒有根深蒂固：除去鮑布里考夫被殺外，在整個的革命中，只還有一個暗殺的事件。隨着工業的發展而發展的無產階級（說芬蘭話的）也很快增加起來。工人運動潮流也日日高漲。一九〇三年芬蘭社會民主黨就組織成立革命運動的先鋒就是這個黨，而不是瑞典——芬蘭的"積極派"，他們（積極派）的成績，只是殺死鮑布里考夫罷了。工人運動在芬蘭和在波蘭一樣，沒有停住於經濟爭鬥的階段就不前進，很快的就變爲政治的爭鬥，到了一九〇五年十月看來，好像有羣衆武裝暴動的可能。

芬蘭有利於武裝暴動順適的條件。在森林彌佈的芬蘭，每個農民是一個獵人，很能玩弄武器；爭鬥的時期，芬蘭的暴民和瑞典的軍隊同樣的對於俄國有危險。長大的海岸，容易秘密輸入武器，就是俄國當時的艦隊去防備也是十分困難的。有數隻軍艦，專事搜查，而俄海關的巡洋艦，還是不能常常捕到他們。俄國駐於芬蘭的陸軍同波蘭一樣，是很少——近鄰瑞典老早就失去軍事大敵的意義，費些軍隊去防備他是不值的。這個艦隊水兵的精神十分革命，很怕他加到暴動一方去，希望他去壓下暴動，是不甚可靠的。最後還有一件，就是繼續在羣衆中流通的芬蘭語，是俄國憲兵和他在芬蘭所巡查的對象間的很厚的障壁——他還能懂點瑞典話，但是芬蘭話他是不合呢，人們可以在他面前高喊"打倒沙皇政府"而他還莫明其妙！

因爲這些條件，芬蘭人就能組織和武裝起來，無論在"帝國"境內什麼地方，還是有這樣的自由。所以鮑布里考夫後新派的督都，奧保林斯基(就是一九〇二年用力摧殘鮑爾塔夫的哈爾考夫農民的那一個）看見面前暴動起這樣武裝的工農，這樣鞏固的羣衆，他除去投降外沒有別的方法。 因他的堅持的請求，尼古拉於一九〇五年十月頒佈一道命令，不但是恢復了芬蘭的政治的自治（但是除去軍隊）並且中世紀的那樣國會也換了根據俄國式平等直接不記名投票的普選原則所舉的國會了。 軍隊沒有恢復起來，但是無產階級還是保留着武器，而組織了俄國革命運動史上第一次的紅衞軍。 這個組織繼續到一九〇六年七月，就隨着斯外堡暴動一同消滅了，鎮壓他的還有該爾與哥伏爾斯瑞典資產階級所組織的白軍參加。赤軍和白軍這兩個名詞，就是那時產生的。

政治的自治保持的還長久些，實際上一九〇五年，尼古拉才能摧殘（但是自一九〇七年起就部局的破壞起來了）。 這種自治權此時也是穩固後方的方法，而對付俄國的革命罷了。 離彼得格勒五十分鐘路程的芬蘭境地內，凡"帝國" 內所"嚴加禁止"的行動都出現了。 政治職業協會的大會，革命政黨的大會，革命委員會的常會，革命刊物的印行等。 只是一九〇五年末，斯韜里平的政府才決意破壞這個俄國革命的根據地，只是自一九〇九年芬蘭人民的自治國家才不爲俄國革命家的避難所。但是實際上只是芬蘭工農的武器才保持住這個自治權。

武裝暴動的結果就是在羅馬諾夫的“帝國”的一隅的窄狹之地，也是很大的。

波蘭和芬蘭的革命在組織上沒有密切的和俄國革命連通起來，可是在這兩國內無產階級通通居於指導的地位，而全世界上的無產階級運動是緊接相連的。 但是芬蘭和波蘭資產階級的革命，有時反對俄國的革命，現在這個時候也就這樣的。 他們和俄國中央的運動的關係可說是表面的。 革命的潮流，激起全國痛恨“羅馬諾夫皇”——痛恨“波蘭沙皇”和芬蘭的親王的程度，也不次於痛恨沙皇。

高加索革命運動的潮流，和俄國革命更有密切的關係，高加索的地方在不和俄國以及歐洲自然相同的天然美景中，產生了全俄無產運動階級巴庫這樣大的一個中心，其作用影響，我們除去彼得格勒和中央工業區及烏拉嶺外，簡直尋不到比他再大的了。於俄帝國境界上開掘的煤油井旁，就生起了一個各民族工人會聚的雄大城市，高加索各民族的人都有，但是最熟練的工人還是俄國人。巴庫於一九〇三年南方總罷工時，巳曾積極的參加。 業主新的蠻橫無禮引起新的爆發，結果就是我們曾提過的一九〇五年八月的大屠殺大焚燒；這次運動對於俄國內部運動的影響我們已經講過了。

高加索各民族以巴庫和全俄的無產階級運動發生連帶的關係。但是講起高加索的革命時，普通不是指巴庫而言，而是指乍看來在歷史上比波蘭和芬蘭還遠隔俄國本部的地方，但是這個地方的革命比波芬二國和俄國革命的關係還要密切。這個地方就是哥魯金；特別是他的西部古里亞不大的一塊地方，人民不到百萬，只有數十萬，他給了俄國革命兩個榜樣，給多數派的，就是武裝暴動這個口號的解釋，給少數派的就是他們"革命自治"的榜樣。

哥魯金是古文明的國家（哥魯金歷史起自亞力山大馬金唐斯基就是說在俄國開世千餘年前呢），不幸居於由黑海到裡海由歐到亞的要道的交义之處。因此他的歷史只是侵戰頻仍的歷史。馬克唐斯基戰勝者以後，到此地的有羅馬人，波斯人，維簪奇人，土耳其人，以後又有波斯人。波斯和土耳其人兩個先後的戰勝者蹂躪的更厲害：波斯人於十八世紀末焚燒奇富利斯，只餘下兩間房屋，其餘的通被焚毀。此戰以後，俄國不必用力去侵佔哥魯金——波皇的軍隊只是簡單的佔領罷了（一八〇一年）哥魯金人戰的力盡精疲，簡直不能用力抵抗。沙皇政府聲說，他用軍隊佔領哥魯金，是爲“保護”他呢。“保護者”對於哥魯金的過去和哥魯金的文化自然毫無所知。只有一個本地的制度，是俄國大地主將領所明白的：哥魯金還保持着封建制度的餘孽，有很多的貴族和農奴制度。俄國的將領允許拿哥魯金的貴族當人看待，雖然只是以他們當作二等人。爲數很多的哥魯金的地主等級，照成分說，是近於波蘭的小地主，——幾個大地主，領得俄國侯爵的頭銜，其餘的小地主只領得數十俄畝。這個等級變爲俄國統治的工具，不懂哥魯金話的俄國軍事當局，就可藉此在哥魯金“恢復秩序”。大地主變爲俄國的將領和省長。或俄國省長的幫辦，而小地主得到區長和村長，也就心滿意足了。

一八六四年，哥魯金的農奴制度也廢除了，但是哥魯金的貴族，大大的利用邊界的特別情形及俄國中部對於哥魯金的情形完全隔膜的條件。此地的“解放”完全有名無實，有幾個俄國的作者，還說在哥魯金農奴制度完全沒有取消，只是稍稍減輕而已；若是看看哥魯金農民還担負許多中世紀的租稅，那俄國的作者是有些對的地方。他們得到的土地是非常之少——平均每戶收到的不過是一俄畝而已。按“分禾的章程”説，解放後的收入是依下列的比例分配的：在奇富利斯省地主得到的各種租稅，每畝有十三個盧布五十個哥比，而農民分得的不過是八個盧布五〇哥比，庫坦依省（哥魯金只有這兩省）地主分得的有十六盧布六十哥比，而農民分得的只是十三個盧布三十哥比。許多遊牧的農民沒能把土地收爲私產，而地主幾時高興時，就可以驅逐他們。

處於這樣情形的農民，只是出外工作，才能養生，“古里亞大部分的農民”——不是獨立自主的主人，而是近於半無產者以至眞正的無產者，他們的農村經濟在農奴制度廢除後所形成的土地的關係之下，至好也不過能使他們餓不死罷了。

“如黑吉斯塔夫，亞馬格里巴，蘇里比，橋漢韜里，等鄉村，把大部分的工人送到高加索工業的中心，送到巴徒木，鮑吉，諾夫俄羅斯去，沿着黑海岸的工業工人，大部分是古里亞人，大部分人去當塔上的工人，並且到奇富里斯和別的城去作工。因貧窮所迫，他們散於全俄尋找工作，並且他們到亞洲東部，作工的人數約有數萬。”

（參看加拉達謝和姆赫伊謝所著之“古里亞的革命運動大綱”——註） 舉幾個數目字就瞭解他們走出人數的多少了：一個古里亞鄉村五二〇家走外謀生的有三二二個人，另一個鄰村共有三五〇家，走外營生的有二六六個人，還有一個鄰村共有四七三家，走出的有三〇〇（看夏赫納察列所著的哥魯金的農民運動 ——註）。

鄰近的巴徒木充滿了古里亞的工人，一九〇二年二月結果被鎗殺的（殺死十九個工人）巴徒木的大罷工，給了古里亞革命運動第一次推動。 農民早就用普通鄉間所採的方法和地主爭鬥了：殺牲畜，放牲畜踏毀禾苗，砍毀物件等。 從巴徒木遣回國的工人，就把新思想和些組織的方法帶回本地來了（關於工人的影響，我們以下還得引出親眼目覩者的有趣的話）。 一九〇三年四月，在古里亞的鄉村間就舉行了數百人的農民游行，高擎紅旗，大喊社會民主黨所提出的口號。 第二年二月古里亞的組織正式加入黨了。 政治會議開慣了，一九〇四年四月警察解散了一次大會，就引起羣衆憤怒，以為這是破壞已得的權利。 追悼被難的農民的送殯，變成廣大的遊行。

一月以後古里亞的警察就遇到俄國所不常有的事件了：農民的抗稅。這年十二月（正是在日俄戰爭劇烈之際）古里亞人不允入伍，並且拒稅不納。一九〇五年正月九日波浪汹湧的大會和示威就舉行起來了。

該年二月十八日古里亞就下了戒嚴令。但同時又派了一個省長到古里亞去調查農民的“奢望”。自然這個官僚和農民一句話也沒有談過，——他拿俄國社會民主工黨之最小限度的政綱當作農民的要求。大官離開後，農民就要用“反抗的方法”實現這個政綱了。所有“農村的管理局”繼續着通通焚毀了（只是三月一日——十一日之間就燒壞了十六處），村長和區長不是驅走就是打死了，地主投降而開始和農民締訂條約，農民的租稅只是土地收入的十分之一就成了——農民願意付稅，地主就樂不可支了。想藉哥薩克之力消滅運動，在古里亞人民人人武裝（雖是武裝不完備）情形之下，一點結果也沒得到。調遣步兵數隊，但是在高加索沒有採用沙皇政府在波蘭所採用那樣嚴防的方法：駐紮高加索的軍隊中有很多的本地人民。久駐古里亞的軍隊——地主自己也是阻擋軍隊進攻，怕他們也被殺了——是受了宣傳的，所以軍事當局怕軍隊暴動起來，就於七月間調開古里亞。古里亞實際上是落到暴動人民的手中。

一個公正無偏的親眼目睹的參觀者，資產階級的教授馬爾，形容古里亞恢復的制度最是詳細，雖是有數個高加索的同志說，他有宣傳反對社會民主黨的事實。他敘述的事實本身是很有價值的材料——再者馬爾生於古里亞，對於那裏的語言及生活很熟悉。以下就是他敍述一九〇五年八月各地方的情形。"鄉村中的社會生活都緊張起來。會議不斷的開，身受田中工作之累的農民那樣的各處照應，積極參與談論，數時或數日的去參與會議，那眞是令人驚異呢。今日審判，明朝討論根本的社會問題，及聽著名巡回演說家的講演，過天又是表决地方上的事務：學校的道路的以及土地的事務。各地先前的當局人員不見了，就是還存在的地方，也是不去行動而竭力隱起來，組起了他們所謂的秘密會社。所以當着在當地總督最近宣言上稱說到了停止秘密會社及組織的時際，本地人民就不明眞相了。在古里亞所謂秘密會社者是指的警察，官僚的組織等。古里亞公然的分爲數區，每區由處長管理。區長又有段長服從他。每個段長管理三村，每村之首爲佰長，什長又屬佰長。什長爲十人一組的組長，而他自己也是十人之中的一個。他口頭上通知每個組員會議怎樣舉行，收集各組員的會費，每人應納十哥比（從前每人交納二十哥比）再就是在一村或數村（看問題之大小）居民關於他的組員控告的會議上報告。公文的來往，完全取消。所有的事情都由口頭傳達。法庭所有的控訴，都受理解決，一錢不納，判決一定須奉行，若有人違反不服，全社就起來反對他。”……“女子也同男子一樣參加會議。會議或露天舉行，或在學校及教堂的會堂舉行，全視天氣晴雨而定。有遲到的就敲教堂的大鐘催他。會場中興趣很濃，討論原則上的社會的以及科學的問題。這樣的會議通是所有男女居民參與，雖然能積極參加的只是最有覺悟的——通常都是從城中來的能自修的工人和本地的智識分子。鄉村有智識的工人——特別還有一種富於同情的人，嗜好學問而高視科學，不管科學實用的意義怎樣。我很驚奇的說，這樣的觀點，就是在智識階級中間也是很少見的，就是在教育界中科學都是照其用途之大小而估計其高低，一個工人就向我說，不能盼望現在的智識份子有別樣的態度，因爲現下的智識分子是從資產階級隊伍中出來的，而是代表資產階級的宇宙觀的；自然他們也是用資產階級唯利的見解去看科學呢。”……“但是要知道有幾個活動家，不是感覺精神上根本的缺陷，就是感覺民衆教育之不足，有時至於目不識丁。但是這幾個活動家不是出自智識階級，而是出自工人階級，眞是令我驚異；智識發達的工人痛憂這個缺陷，他們與民衆相近，能以計量出這個缺陷在進步發展的進程上有怎樣的影響。”一個智識發達的工人對我說，“我們現在的缺點，就是自由忽然莫測的臨來了：我們沒受教育，先就有了自由。”“他們——工人——滿腔熱力的自己研究並且組織自修研究的團體——在爭鬥的時候，”他們還是孜孜不倦呢。”……“古里亞人要聽各種大會對於原則問題的爭辯，以廣其見識，這樣的大會可說是特別大學的初型了。在一次這樣會議上，一個周圍鄉閭著名的演說家霍梯斯茨卡洛巴出席演說，實際上他也是理論淸楚明瞭事務的人。發生了社會民主黨所謂“多數派”和“少數派”兩個黨團的爭論。霍梯斯茨卡洛巴是多數派的演說家，但只是他自己呢。他的很多的敵人，就出席反對他。他們的爭辯近似大學的辯論會的爭辯，特別準備出自己的題目，聽衆中他的許多在原則相反的人物和他爭論起來。霍梯斯茨卡洛巴的對方竭力想用洪亮精練的辭藻，討論羣衆有趣味的社會問題，把沒有根底的智識淺陋的羣衆引到自己這方面來。但是我們這方的演說家，並不燥急，一步步的把對方駁倒了。到會的人有許多雖是和我們的演說會和辯論會一樣打呵欠，但是有許多人也是息氣消聲的去靜聽。大部份題目是工人的作用的問題，及馬克思創造科學的社會主義的問題。我們看討論常由下午二點延至夜晚，而大部分的聽衆竟開會到底，就知道民衆一般的興趣了。”（馬爾著的“在古里亞的考察和感想”。——註）

從以下關於一個示威遊行的描寫，我們知道古里亞的當局雖是存留着，但是沒有什麼大的作用：“區長很怕強迫他舉着紅旗站在遊行的前面。”

這樣的小國用自已的力量從沙皇羈絆之下解放出來，是在一九〇五年夏秋間，同志們用了無上的努力才完成的。讓少數派看來，這裏實現了他們的“革命自治”的理想了：奇富利斯那裏有沙皇的總督坐鎮，而離奇富利斯很近的古里亞就享有完全的自由了！多數派補說，自由是用武器爭到的，這就是給你一個俄國武裝暴動能成功的先例。

當然多數派和少數派要趕快的看見自己理想的實現，第一古里亞有高山阻隔，滿地森林，就是因這些自然環境的條件，也不能和中俄相比。進攻沒有巷欄之阻的古里亞，也比進攻一個滿阻巷欄的莫斯科街道上還要困難。第二點，只是遠處的人，才以為古里亞的獨立是和常備的軍隊爭鬥而得到的。雖然“肅清”鄉村管理處的時候，持鎗相搏，但是對方的衞兵和哥薩克為數不多，只是小隊相鬥；諾薩凱拉爾附近那次最大的戰爭時（一九〇五年十月），只是一百哥薩克步兵與三十個武裝精備的古里亞自衞團兵和數百武裝農民相戰。在實際上，這些戰爭並不比當年十一月莫斯科街上的搏殺那樣大，古里亞的衞兵也積極的參加過莫斯科的巷戰。高加索的總督，沒決定調動大批的軍力，——我們知道這是有原因的，“生力的”沒有受過宣傳的軍隊，由俄國調來了，他就於下一月開始進攻，自己毫無損失的就恢復了秩序，這次在古里亞的爭鬥的結果，就是遺下鄉村焚燒血尸滿地的結果。古里亞人所聊以自慰的就是指揮沙皇劊子手的肅清司令亞利漢諾夫以後被刺手的炸彈送了他的命。此時的古里亞已經是瀰漫了墓地中的靜寂。

所以古里亞的事件未能成爲武裝暴動準能成功的先例(“帝國”的別個隅角芬蘭,作了這個先例了),他的意義就是資產階級的教授也看得出來：這是很少見的純粹的無產階級指導的農民運動的小模型。

還有一個俄國的區域，無產階級運動和農民運動這樣緊密相聯:這就是拉梯維亞。

拉梯維亞變爲羅馬諾夫皇朝的藩屬，比起波蘭芬蘭古里亞早得多。沙皇軍隊第一次侵入拉梯維亞是在十六世紀羅馬諾夫皇朝以前（所謂里主戰爭）。第二朝羅馬諾夫皇帝（眞正的不是有名無實的）亞利塞伊於十七世紀中葉就佔取瑞里加,沒有成功。十八世紀初俄帝國形成之時,拉梯維亞和愛斯坦尼亞同時加入帝國,只是二十世紀帝國崩壞才脫離出去。羅馬諾夫皇在此地的統治,非常穩固，因爲此地是已被蹂躪過的。兩國早已就不自由了，德國的“十字軍”自十三世紀就佔據兩國而爲其統治階級,新的征服者能以依靠舊的。拉梯維亞和愛斯坦尼亞的德國貴族，變爲比哥魯金貴族還忠順的羅馬諾夫的臣奴：後幾朝的沙皇並且還以爲他們比俄國的貴族還可靠，所以後數朝的沙皇的宮臣以及高級的警官都是"東海"(德人稱波羅底海爲東海，因住於德國之東故也——註)貴族充當。末朝沙皇的一個最親信的人，就是弗立得立克斯男爵，一個宮臣，——無能的庸人，但是皇宮的眞正"自己的人"。東海的貴族教給俄人很多的妙法，從他們的手中傳到中俄來了，譬如用籐條代替梃杖之類。俄國地主也是從他們知道把麥子釀爲酒比到市場去賣麥粒或麵粉有利的多："一個馬馱的酒所值之價，等於六個馬所馱之麥。"就是他們第二次作出怎樣"解放"農民的先例：一八一九年拉梯維亞和愛斯坦尼亞的農民解放時，所有農民的土地都被拿去了，從此拉梯維亞和愛斯坦尼亞的農民只是作地主的租地戶或農村工人罷了。

這些農民在德國地主眼中。只是下層的種族而已。中世紀奪取該地的武士後裔，連想也不能想拉梯維亞人或愛斯坦尼亞人算作人呢。在農奴時期，他們的關係大概同美國的白種地主和黑奴的關係一樣。地主也同在美國一樣，還有牧師的幫助（十六世紀前牧師是天主教的，以後是新教的牧師），牧師勸告奴隸要和氣安分。在俄國沙皇之下，與他競爭的又有正統教的牧師。農民看到二種牧師相爭，心樂神悅，而希望由此改善他們的命運。拉梯維亞就開始漸漸跑到正統教這方面來了。但是不久農民相信，無論牧師怎樣的爭鬥，沒有和地主相競的，就是把牧師驅逐完盡，地主還是仍然如舊的。此後農民對正統教的態度冷淡下去。已經說過"俄國化"就須禁止本地語言而使全國充滿俄國官吏，他們可藉翻譯和本地人民談話。

這事發生於全帝國中幾乎最歐洲式的國家內：十九世紀末，歐俄的城市人民的數率平均不過十三，在拉梯維亞就合三十一了。此地幾乎三分之一的人民是城市的居民。而大部分的鄉村人民又是無產階級。本地三百萬人民之中租地農民不過六十萬(家口在內)；純粹無產者至少有百三十萬，其餘的就是地主和農村工人了。地主的經濟帶有資產階級的性質，在俄國別處還沒有這樣情形：地主和田莊是很大的農村經濟的企業，有時雇用數百工人。因此鄉村的階級衝突也就特別顯然了：沒有別地的鄉村比這裏的容易受社會民主黨的宣傳，就是古里亞的鄉村也比它不上。除此，這塊地方還有兩個很大的城市中心，後來成爲拉梯維亞和愛斯坦尼亞兩共和國的都城。里加可說是帝國中大的工業和無產階級中心之一；列威爾在工業上說來，意義是較小的，但是一個大海港，工人佔大多數。

自十九世紀末，工人運動已經有很大的規模。一九〇三年產生了拉梯維亞的社會民主黨，差不多是純粹多數派的，少數派在拉梯維亞沒有什麽勢力。很快的該黨就成了拉梯維亞全體無產階級的政黨，不只是城市無產者。這黨在自已的宣傳中，找到了特別的地點。因地主以爲宗教是他們的奴隸唯一的精神上的需要——超脫靈魂農民也是需要的！——那末教堂就是鄉村中唯一的社會中心，農民可以在那裏開會討論。社會民主黨的宣傳者就利用教堂或教堂附近的飯館（因爲在教堂內有時有牧師以及司祭員及護衛的干涉）當作俱樂部。祈禱漸漸就變爲開會很好的緣由。就在牧師宣教的時候，羣衆中一個人跳起來，提議不聽這些無稽之談，而聽宣傳者的演說。羣衆擁隨着他到教堂前的門廊和院落去，讓驚怪的牧師看來，新教的傳敎現在又被社會民主黨的宣傳取而代之了。因此在拉梯維亞革命運動之發展中就產生一個完全沒料到的現象——關閉教堂。正在一九〇五年拉梯維亞運動最緊張的時候，數十教堂被當局關閉了。

城市中也開始了公開的運動。一九〇五年正月里加差不多過了和窩爾沙夫所過的那樣的事變。列威爾於該年十月也是無產階級於幾日之內變爲全權主人逼迫督都投降的城市了。這樣的城市當時在帝國中是不多見的。雖然這裏那裏工人武裝起來，並且在里加以至發生巷戰，但是像芬蘭和古里亞的那樣的武裝爭鬥，是不能發生的，原因也同在波蘭一樣：里加和列威爾是軍事的保壘（里加的保壘是特紋斯哥河口，相隔有一七俄里），有大批的軍隊集中於此，軍隊又是新到的，於本地人民漠不相關，若是要把他們引到民衆這邊來是很困難的。所以在拉梯維亞的無產階級的革命情緒之下，只能在鄉間用武力起來爭鬥。

拉梯維亞以及愛斯坦尼亞的鄉村，除帝國內大工業中心以外，是武裝暴動廣遍的唯一的地方。運動的特質，就是他有顯然的階級性。在莫斯科，洛斯韜夫沿西伯里亞鐵路，在古里亞，工人和農民自衛團和沙皇的軍隊相廝殺搏鬥：在此地農民就直接的和地主及照軍隊組織的家僕相鬥。在此之外，這些十字軍的後裔又得到整隊騎兵而和武裝的農民拚命戰爭。但是十字軍東征的時期，早已過去了，在二十世紀農民比起“武士”來，還有力量呢，暴動的人搶了焚了毀了三百地主的邸府。東海的貴族嚇的跑到鄰邦普魯士去了，而威廉氣憤不滿的寫給尼古拉信說：怎樣尊貴的公爵夫人差不多當掃地婦和洗衣女維持生活了。從各方面看去，拉梯維亞的運動很像一九〇七年全俄所重演的事變一樣。

自然沙皇政府不能忍耐這種景象。調了精選的衛隊到東海各省去，好像調軍隊到莫斯科那樣似的：目的是救沙皇宮朝的忠順之僕。把從一九〇五年十月在客浪士塔梯暴動的水兵組織的一隊人，調到愛斯坦尼亞：這本是酩酊大醉的不幸之人，要忠順沙皇撲滅自己的農民弟兄們以救“恩赦”，而這些農民弟兄的話他們又不懂。這次鬥爭的首領，是那些東海的地主，不是將領就是軍官——他們效奉沙皇是有利的，但是今次征伐時，更高興的參加了。

拉梯維亞和愛斯坦尼亞的農民隊伍，自然不能抵禦大批的常備軍。最勇敢的就跑到樹林去，有時出來和軍隊作小的撕鬥。 許多人就在當地鎗决。 不經審判而處死刑,這在中俄是罕有的現象,在波蘭就成了慣例,而在此地成了毫無例外的定例了。 指揮征伐軍的東海地主的慘酷,甚至引起維特的不滿。 肅清之役所死的人達至萬餘。 地主特別憎恨社會民主黨:只要加入該黨的就放逐作苦工。 一九〇五冬至一九〇六年,拉梯維亞的無產階級受過了慘苦的敎訓——所以以後十月革命就出了那樣的堅忍耐勞的戰鬥員。

結　　論

第一次俄國革命終歸失敗了。“旋風旋起旋滅”一切仍舊未變。” 不是一個右派少數派，就是一個立憲民主黨的政論家這樣說過（在那時去分別右派少數派和立憲民主黨派已經非常困難了）。

實際上是如此嗎？實際上是一切“仍舊未變”嗎？

我們仔細一看，就知道我們方才引過的這個少數派——立憲民主黨派的幻想，在立憲民主黨的所有幻想中是對資產階級最危險的一個了。

第一次革命的總結，我們可以說是：民衆不再怕暴動了。從前暴動看是奇怪的東西；好像舉手去反抗當局，他們就把你用火藥崩炸，電火灰化了。但是民衆失望無路就決定"暴動起來"了。此次暴動，民衆付了浩大的代價，而他們許多子弟就橫遭摧殘，打死的，絞死的，放逐的，驅出的，受辱的，通通都有。但是還沒有"完全殺掉"，"完全放逐"。工人階級和農民還是留在本地從事工作。大地沒有陷落把他們吞噬，天火沒有暴發把他們焚化。可是民衆却憶着膽怯的四處藏匿或諂諛羣衆的當局了。雖是現在這個當局又出世露面，趾高氣揚，但"遭受失敗"的民衆却笑嬉的看着他，自己想道："時候到了，我們就讓你看看我們的利害呀。"

杜把梭夫的轟轟以後，莫斯科的愚庸的民衆——不只是無產階級——顯然是不大怕當局了；民衆被鎗擊了，但是戰鬥時鎗斃一個兵士，就須換上三個生兵。這是普魯韜蒲蒲夫於一九一七年滿佈大礮於列甯格勒的房頂上時，沒有算到這一層。一九〇五年前，或者這是實在的，但是一九〇五年後，要恐嚇受鎗轟過的民衆是不可能的了。

這個"慣於暴動"的事實，就是第二次革命爲什麼那樣如"合音拍"似的那樣平和，一致，迅速的完成了。因爲在一九〇五年已經將歌唱好了。

從此我們知道，此年的第三個結果，就是羣衆心理的改變。"奴隸"變爲"暴徒"，若是再將他變爲"奴隸"那就爲人力所不及了。

但是比這個心理變動更深刻的，就是羣衆思想的變動。沙皇早就把眞正的事相隱起來不讓民衆知道。他老早就想他是全人民的保佑神父並且有時還是有効力的。也有腦筋簡單的人民，想信沙皇是神父。我們還記得彼得格勒的無產階級，於一九〇五年正月九日怎樣虔敬的走向冬宮去呀。但是沙皇政府久和革命面面相搏，不能長久保持着這個假面具。面具投入爭鬥的火焰中，最近視的人也看見業主地主的沙皇的野獸蠻像了。一九〇五年初，就是工人階級聽見"打倒專制政府"還嚇呆了呢。一九〇六年末就是農民也會唱："國家的鬼——沙皇，剝民衆之膏，喝民衆之血。"我們知道第二屆國會選舉時，所有的工人及許多地方的農民，不加疑慮的投票舉革命政黨的代表，他們知道革命政黨是反對沙皇的。

在組織上說，這時的革命已經是摧殘凈盡了，得到教訓的時候很晚，但是以後這個教訓為用却不小。

若說一九〇五年一九〇六年的農民已經有了準備，能以在一九一七年淡然的看見羅馬諾夫朝之亡；那麽工人就更不惜沙皇之倒了。一九〇七年若說“專制政府”是工人政府，固然是可笑的，但是向工人說卡旁牧師“比社會民主黨遠大些”，他們也是一笑置之。一九〇五年初，多數派，少數派和社會革命黨的爭論，讓俄國的工人看來是格格不入的“主爺的愚行”，只是損失爭論者的名望而已。工人跑在多數派少數派或社會革命黨那兒去，只是全視個個煽動者的才幹罷了。但是現在少數派和社會革命黨都被棄了，而工人還是整羣整隊的走向各派去。社會革命黨人數最少：“工人選舉團”舉社會革命黨的老是一個尾巴，在莫斯科這個尾巴更短。幫助少數派的是一部貴族工人，他們在革命的時候犧牲太大，所以他們就更覺得“公開活動”合口味了。大多數的羣衆是擁護多數派的。

工人舉出他的黨來，他們就堅決的去保持他。“小組織"在革命前或在革命開始是組織過，但一九〇五年要在多數派的政黨中形成新的小組織就絲毫得不到工人的幫助。分出來的智識分子的團體就懸在空中，毫無勢力之可言。工人階級根性就明白，工人階級只要一個政黨，革命只是在一個指導之下才能得到勝利。

俄國第一次革命這個結果是怎樣的重要——我們看看現下西歐工人運動的情形就能估計得出來了。西歐現下在千苦萬難之中，正在產生這樣統一的革命的工黨，但在俄國，一九〇七年前就形成了。俄國無產階級政治成熟之早，就是他們第一次失敗的爭鬥的結果。就是失敗的革命，也是"歷史的推動機"。

一九〇五年對於這個統一的工黨說，是浩大的實際教訓。多數派在革命前就知道要作什麽了；但是怎樣去完成，還是不清楚的。看來只是"宣布"民衆全體武裝，從地中生出打敵人的準備好了的軍隊，這就夠了。

一九〇五年十二月以後，我們估量馬克思說的"武裝是藝術"這句話；我們不但空汎的並且實在的明白了革命，他的戰略和策略，並不遜於世界大戰的戰略及策略，我們知道得不到這個革命的軍事科學的秘訣，是沒有什麼結果的。一九一七年就證明敎訓是有用於將來的。一九一七年沒有重犯一九〇五年所犯的一切錯誤。一九〇五年失敗的客觀結果，使俄國歷史上將來的發展免於重蹈覆轍。只要俄國的封建餘孽，沒有法國一七八九年那樣的勢力，國內市場之擴充和工業資本主義的發展就全看農民革命的成功而決定。只是把用以剝削農民的大批土地歸於這樣農民所有，就能造成將來工業發展的鞏固基礎。農民革命的失敗，大大的縮小了國內的市場，一定逼得資本家去尋求國外市場。俄國資產階級很早就走向帝國主義，也是因爲第一次俄國革命的結果。假設資產階級居於麥價在世界市場上昂貴條件之下而有收穫很富及需要他們商品的農民，那麼無論什麼達丹奈爾海峽對於他們就沒有什麼用途了。我們知道只是高昂麥價，就足使一九〇九年後這樣的工業發展了，以前俄國工業的歷史上還沒有這樣的發展。假設農民的土地再增加倍半，那將怎樣的發展呢？

這次的"旋風"不只是周旋於一個地方的。這個旋風是有他的一定方向的。他把俄國的民衆大大的颺向左邊，而終結又把一九〇五年被他颺動的那些人旋到俄國境外去了。 報復女神涅米金達還沒有時候跟上在二十世紀的俄國飛翔的那樣快捷，好像這個女神是乘飛機似的呢。 在別世紀和別的國家，人們經過了數代才報復了用暴力壓迫他們的人。 但是在俄國罪與罰在一代之中就完成了。（這就是說一九〇五年革命所反對的那些貴族及地主，後來逃到國外的意思。——註。）

——完——

敬啟

“民國專題史”叢書，乃民國時期出版的著名學者、專家在某一專題領域的學術成果。所收圖書絶大部分著作權已進入公有領域，但仍有極少圖書著作權還在保護期内，需按相關要求支付著作權人或繼承人報酬。因未能全部聯系到相關著作權人，請見到此説明者及時與河南人民出版社聯系。

聯系人 楊光
聯系電話 0371-65788063
2016年3月28日